职业院校人才培养的研究与实践
——陕西省2022年职业教育国家级教学成果奖汇编

主　编：刘建林
副主编：崔　岩

北京理工大学出版社
BEIJING INSTITUTE OF TECHNOLOGY PRESS

内 容 简 介

2022年职业教育国家级教学成果奖已经公布。继2019年1月《陕西省2018年度高职教育国家级教学成果奖汇编》出版后，作者按计划编撰了《职业院校人才培养的研究与实践——陕西省2022年职业教育国家级教学成果奖汇编》。

《职业院校人才培养的研究与实践——陕西省2022年职业教育国家级教学成果奖汇编》涉及21项成果，内容主要包括五个方面：成果主持人简介、成果完成单位、成果团队、成果简介、成果总结报告等。全书图文并茂，全面反映了陕西职业教育在教育教学改革创新方面所取得的成就，书中详细介绍了每一项成果的内涵、所要解决的教学问题和解决教学问题的方法、成果的创新点和推广应用效果，便于各职业院校学习和借鉴，为培育校级、省级和下届职业教育国家级教学成果打好基础，从而引领全省职业教育不断深化改革、强化内涵建设、实现职业教育高质量发展。

版权专有　侵权必究

图书在版编目(CIP)数据

职业院校人才培养的研究与实践：陕西省2022年职业教育国家级教学成果奖汇编 / 刘建林主编. -- 北京：北京理工大学出版社, 2023.9

ISBN 978-7-5763-2862-2

Ⅰ. ①职… Ⅱ. ①刘… Ⅲ. ①职业教育-人才培养-成果-汇编-中国　Ⅳ. ①G719.2

中国国家版本馆 CIP 数据核字(2023)第172080号

责任编辑：李慧智　　**文案编辑**：李慧智
责任校对：周瑞红　　**责任印制**：李志强

出版发行 /	北京理工大学出版社有限责任公司
社　　址 /	北京市丰台区四合庄路6号
邮　　编 /	100070
电　　话 /	(010) 68914026 (教材售后服务热线)
	(010) 68944437 (课件资源服务热线)
网　　址 /	http://www.bitpress.com.cn
版印次 /	2023年9月第1版第1次印刷
印　　刷 /	三河市华骏印务包装有限公司
开　　本 /	787 mm×1092 mm　1/16
印　　张 /	17.25
字　　数 /	312千字
定　　价 /	88.00元

图书出现印装质量问题，请拨打售后服务热线，负责调换

编委会

主　　　任：刘建林
副 主 任：崔　岩
委　　　员：王　鹏　周　杰　刘永亮　王周锁　张敏华
　　　　　　焦胜军　刘敏函　朱忠军　杨卫军　赵春平
　　　　　　杨云峰　程书强　全卫强　王晓江

前 言

2023年7月，《教育部关于批准2022年国家级教学成果奖获奖项目的决定》（教师〔2023〕4号）（以下简称《决定》）发布，经国家级教学成果奖评审委员会评审确定的2022年国家级教学成果奖共计1 998项。其中，职业教育国家级教学成果奖572项（特等奖2项，一等奖70项，二等奖500项）。在教育部公布的2022年职业教育国家级教学成果奖评审结果中，陕西省职业院校共获奖21项（以陕西省教育厅推荐、第一完成单位统计，中职1项、高职20项），其中，一等奖3项、二等奖18项，总获奖数居全国职业院校前列。

《决定》指出：在全国开展教学成果奖励活动是加快建设教育强国、落实立德树人根本任务的重要举措，是对学校人才培养工作和教育教学改革成果的检阅和展示。本次获奖项目，是广大教育工作者坚守三尺讲台、潜心教书育人取得的创新性成果，充分体现了近年来广大教育工作者在立德树人、教书育人、严谨笃学、教学改革方面所取得的进展和成绩。希望获奖集体和个人珍惜荣誉，牢记为党育人、为国育才的初心使命，坚定理想信念、陶冶道德情操、涵养扎实学识、勤修仁爱之心，积极探索新时代教育教学方法，不断提升教书育人本领，为培养德智体美劳全面发展的社会主义建设者和接班人做出新的更大贡献。《决定》要求：各地教育部门和各级各类学校要以习近平新时代中国特色社会主义思想为指导，深入贯彻党的二十大精神，主动超前布局、有力应对变局、奋力开拓新局，结合实际情况认真学习和应用好获奖成果，全面提高人才自主培养质量，加快建设高质量教育体系，更好发挥教育在社会主义现代化建设中的基础性、先导性、全局性作用。

为了更好地学习、宣传、推广和应用陕西职业教育所取得的国家级教学成果，让更多的职业院校老师、相关管理人员和教育工作者学习、借鉴并从中受益，以成果为引领更好地落实立德树人根本任务，持续深化产教融合、校企合作、"三教"改革，不断更新教育教学理念、创新人才培养模式、优化课程和评价体系，进一步加强专业（群）内涵建设、"双师型"教师队伍建设、专业（群）数字化教学资源建设、质量保证体系建设和实践教学，探索现代职业教育体系建设、"岗课赛证"综合育人，传承优秀文化和工匠精神，形成良好育人环境，推进陕西职业教育数字化转型，不断提升职业院校人才培养质量，服务人的全面发展、服务教育强国的国家战略、服务陕西经济社会高质量发展，我们对本届成果奖获奖项目进行了收集和汇编。

本书汇编了陕西省 11 所职业院校获得的 2022 年职业教育国家级教学成果 21 项（一等奖 3 项，二等奖 18 项）。每项教学成果从 7 个方面向读者予以呈现，包括成果名称、获奖等级、主持人简介、完成单位、团队成员、成果简介、成果总结报告等，内容翔实，图文并茂，全面反映了成果内涵，便于学习和借鉴。

由于编者水平有限，书中难免有不妥之处，敬请读者提出宝贵意见。

编　者

2023 年 7 月

陕西省2022年职业教育国家级教学成果奖获奖成果名单

一等奖成果

序号	成果名称	成果完成人	成果完成单位	成果推荐单位
1-63	制造强国背景下高职"红色匠心"文化育人体系的创建与实践	刘永亮、郑丽梅、付胜利、王金辉、郝军、卢文澈、王超联、刘雪飞、田昊、郝平、何奇彦、张翔、姜庆伟、张磊	陕西工业职业技术学院、机械工业教育发展中心、中国航天科技集团公司第六研究院	陕西省教育厅
1-64	高职飞机机电设备维修专业"标准融通、军民两用"人才培养体系创新与实践	张超、吴冬、焦旭东、边娟鸽、秦伟艳、刘志武、王炳坤、杨帆、高北雄、张艳、石日昕、陈星、白冰如、王瑜瑜、杜平生、翟勇、周教练	西安航空职业技术学院、中国人民解放军第五七〇二工厂、东方航空技术有限公司西北分公司	陕西省教育厅
1-65	面向智能制造"军工文化铸魂，协同平台赋能"的专业群建设与实践	李俊涛、张永军、张志军、张晨亮、李成平、李会荣、孙永芳、王新海、张新停、赵小刚、党威武、潘冬、易楠、赵彦邦、梁静	陕西国防工业职业技术学院、西北工业集团有限公司、中国兵器工业集团第二〇二研究所、北京发那科机电有限公司	陕西省教育厅

二等奖成果

序号	成果名称	成果完成人	成果完成单位	成果推荐单位
2-458	残健融合 校院共育 就业帮扶：视障生人才培养的创新与实践	祁淑红、李乐、罗蓉、张成全、张宝康、郭天祥、杨晓沛、党苏苏、赵荣、戴静宜、李金红、夏文涛、颜学千、屈双宁	陕西省自强中等专业学校、中国盲人按摩指导中心（行业）、湖北康之道健康管理有限公司（企业）、江门市蓬江区环市康体盲人按摩中心（企业）	陕西省教育厅
2-459	德技融通 四阶递进 五方协同——高职航空机务士官人才培养模式的创新与实践	周岩、王颀、吴玮、史小英、张俊、安娜、李信言、康卉、王瑜瑜、高北雄、贾德宇、翟勇	西安航空职业技术学院、中国人民解放军空军工程大学、中国人民解放军第5702工厂	陕西省教育厅

续表

序号	成果名称	成果完成人	成果完成单位	成果推荐单位
2-460	涉农高职院校与农业示范区创新产教融合"四维四化"育人模式的探索与实践	王周锁、王云江、党养性、郑爱泉、周博、张英杰、郑伟、杨波、裴红波、张振仓、何瑞林、张清杉、田煜宇	杨凌职业技术学院、杨凌示范区生产力促进中心	陕西省教育厅
2-461	涉农高职院校职业农民（村干部）学历教育"334"人才培养模式创新与实践	祝战斌、范学科、郑爱泉、王燕、张雯、马文哲、周济铭、尚晓峰、沈静、杜璨	杨凌职业技术学院	陕西省教育厅
2-462	试点引领 分类实施 高职教学工作诊断与改进制度建设的"陕西方案"	梅创社、刘引涛、蒋平江、王天哲、张永良、贺天柱、王晓江、杨建民、苏兴龙、苟琦智	陕西工业职业技术学院、陕西省高职院校教学工作诊断与改进专家委员会、陕西铁路工程职业技术学院、陕西交通职业技术学院、杨凌职业技术学院	陕西省教育厅
2-463	从黄土地走向深蓝："五彩两栖型"西部航海人才培养模式创新与实践	杨延存、韩涛、吴晓赟、程才乾、黄锦鹏、刘正江、王晔征、刘月梅、王婧、王永军	延安职业技术学院、江苏海事职业技术学院、大连海事大学	陕西省教育厅
2-464	对接关键岗位 实施"四化协同 五课堂联动"高铁施工类专业课程改革与实践	张福荣、焦胜军、赵东、朱永伟、李立功、郝付军、章韵、庞旭卿、何文敏、袁曼飞、张飞	陕西铁路工程职业技术学院、中铁上海工程局集团第七工程有限公司	陕西省教育厅
2-465	协同共生 项目引领：面向智慧矿山的测绘人才现代学徒制培养模式创新与实践	龚小涛、张敏华、田方、吴新社、耿铭、刘晓帆、冯加渔、史佳豪、曹祺、王朋飞、臧世忠、李昊燔、张爱琴、马晶、李万军、杨帆、宋凯利、叶婷、马卓齐、雷伟斌	西安航空职业技术学院、淮南职业技术学院、大同煤炭职业技术学院、陕西师范大学、中国煤炭教育协会、广州南方测绘科技股份有限公司	陕西省教育厅
2-466	实施数字化教学改革，培养高速铁路智慧运营人才的创新与实践	滕勇、张刚毅、邹星、负晓晴、刘力郡、李益民、徐小勇、刘飞、王梦迪、耿乔、王昕敏、惠叶婷、王奇、金祥海	西安铁路职业技术学院、中国铁路西安局集团有限公司	陕西省教育厅

序号	成果名称	成果完成人	成果完成单位	成果推荐单位
2-467	三匠四创两融合 四方协同五递进——航天工匠人才培养探索与实践	罗继军、孟繁增、修学强、姜鑫、杨维、沈博、杨峰、钱丹、韩征、潘文宏、崔屹嵘、张俊勇、孙亚波、赵鹏、吴玮玮	陕西国防工业职业技术学院、西安航天发动机有限公司、中国航天科技集团有限公司第九研究院第七七一研究所、中国重型机械研究院股份公司	陕西省教育厅
2-468	大师引领 六化联动——高职铁路类专业学生职业素养培养体系的构建与实践	车绪武、窦铁成、吴海光、曹喜龙、胡海东、张福荣、李昌锋、李新萍、孟红松、李莉、赵东、刘喆、周永胜、叱培洲、任文	陕西铁路工程职业技术学院、中铁一局集团有限公司	陕西省教育厅
2-469	支撑高铁建设 铸就筑路先锋——高铁工程专业集群的创建与实践	王津、蒋平江、刘明学、张团结、宋德军、叶超、吴海光、南黄河、魏彬、贺建锋、张玉鹏、李兵方、王云波、罗田郎、徐宏、任少强	陕西铁路工程职业技术学院、中国中铁股份有限公司西北区域总部、中铁一局集团有限公司、中铁二十局集团有限公司	陕西省教育厅
2-470	校企"双主体 六对接"培养现代煤矿土建类技术技能人才的创新与实践	杨建华、朱忠军、张京、苏晓春、王洁、梁博、程良、杨伟樱、王明智、杨洋、武文贤、李振林、吴海龙、王亚娟、李永怀、李浩、齐瑛、李快社	陕西能源职业技术学院、陕西煤业化工建设（集团）有限公司	陕西省教育厅
2-471	高职自动化类专业"情境化沉浸式"人才培养模式的创建与实践	夏东盛、卢庆林、董佳辉、张维、蒋超、段峻、朱震忠、胡平、侯伟、武帆	陕西工业职业技术学院、西门子工厂自动化工程有限公司	陕西省教育厅
2-472	岗位连通 专业联动——高职城市轨道交通复合型人才培养体系的创建与实践	何鹏、李军、史望聪、梁娟、卢剑鸿、卫小伟、宋薇、刘莉娜、石静泊、曲秋莳、梁晨溪、王维华	陕西交通职业技术学院、北京交通运输职业学院、西安市轨道交通集团有限公司运营分公司、北京市地铁运营有限公司	陕西省教育厅

续表

序号	成果名称	成果完成人	成果完成单位	成果推荐单位
2-473	财经高职院校"五位一体"厚德育人模式的探索与实践	窦曼娟、程书强、张志华、邓迪夫、常茹、严丽丽、阎平、雷旭、王玉芳、杜凯、周辉辉、郭彦朋	陕西财经职业技术学院、铜川照金干部学院	陕西省教育厅
2-474	高职院校"德技相融、四方协同、多元并举"实践育人体系的构建与实践	张晓云、李龙龙、何奇彦、舒蕾、苏宏志、胡平、张磊、苏兴龙、段峻、杨少斌、磨莉	陕西工业职业技术学院	陕西省教育厅
2-475	对接产业高端 依托高职集团化办学 协同培养数控技术专业人才的创新与实践	祝战科、卢文澈、许世杰、刘其兵、杨延波、李晓鹏、刘艳申、陈会玲、韩伟、段峻、梁盈富、段文洁、马海彦、罗联合、吴兵、朱瑨、王帅、魏康民、王彦宏、郝军、孙荣创	陕西工业职业技术学院、陕西机电职业技术学院、咸阳职业技术学院、陕西法士特汽车传动集团有限责任公司、北京精雕科技集团有限公司	陕西省教育厅

目　录

成果一　制造强国背景下高职"红色匠心"文化育人体系的创建与实践／1

成果二　高职飞机机电设备维修专业"标准融通、军民两用"人才培养体系创新与实践／12

成果三　面向智能制造"军工文化铸魂，协同平台赋能"的专业群建设与实践／25

成果四　残健融合　校院共育　就业帮扶：视障生人才培养的创新与实践／35

成果五　德技融通　四阶递进　五方协同——高职航空机务士官人才培养模式的创新与实践／47

成果六　涉农高职院校与农业示范区创新产教融合"四维四化"育人模式的探索与实践／59

成果七　涉农高职院校职业农民（村干部）学历教育"334"人才培养模式创新与实践／71

成果八　试点引领　分类实施　高职教学工作诊断与改进制度建设的"陕西方案"／84

成果九　从黄土地走向深蓝："五彩两栖型"西部航海人才培养模式创新与实践／97

成果十　对接关键岗位　实施"四化协同　五课堂联动"高铁施工类专业课程改革与实践／107

成果十一　协同共生　项目引领：面向智慧矿山的测绘人才现代学徒制培养模式创新与实践／116

成果十二　实施数字化教学改革，培养高速铁路智慧运营人才的创新与实践／131

成果十三　三匠四创两融合　四方协同五递进——航天工匠人才培养探索与实践／147

成果十四　大师引领　六化联动——高职铁路类专业学生职业素养培养体系的构建与实践／158

成果十五　支撑高铁建设　铸就筑路先锋——高铁工程专业集群的创建与实践／168

成果十六　校企"双主体 六对接"培养现代煤矿土建类技术技能人才的创新与实践／176

成果十七　高职自动化类专业"情境化沉浸式"人才培养模式的创建与实践／187

成果十八　岗位连通　专业联动——高职城市轨道交通复合型人才培养体系的创建与实践／198

成果十九　财经高职院校"五位一体"厚德育人模式的探索与实践／210

成果二十　高职院校"德技相融、四方协同、多元并举"实践育人体系的构建与实践／224

成果二十一　对接产业高端　依托高职集团化办学　协同培养数控技术专业人才的创新与实践／233

附件

附件一　教育部关于批准2022年国家级教学成果奖获奖项目的决定／245

附件二　教育部关于开展2022年国家级教学成果奖评审工作的通知／247

附件三　关于2022年职业教育国家级教学成果奖推荐成果的公示／252
　　　　关于2022年职业教育国家级教学成果奖拟授奖成果的公示／253

附件四　陕西省教育厅办公室关于开展2022年国家级教学成果奖申报工作的通知／254

附件五　关于对2022年职业教育国家级教学成果奖申报情况进行公示的公告／257
　　　　关于对2022年职业教育国家级教学成果奖陕西省拟推荐成果进行公示的公告／258

附件六　陕西省2014年职业教育（高职）国家级教学成果奖获奖成果名单／259
　　　　陕西省2018年职业教育（高职）国家级教学成果奖获奖成果名单／260

成果一 制造强国背景下高职"红色匠心"文化育人体系的创建与实践

(成果序号：1-63)

🌀 获奖等级

一等奖

🌀 完成单位

陕西工业职业技术学院、机械工业教育发展中心、中国航天科技集团公司第六研究院

🌀 主持人简介

刘永亮，男，中共党员，陕西工业职业技术学院党委副书记、校长，二级教授，兼任全国机械行业教学指导委员会副主任、全国普通高校毕业生就业创业指导委员会装备制造行业委员会委员、陕西省职业技术教育学会副会长、西部现代职教研究院主任等职。先后入选2023年全国职业教育活动周宣讲团，荣获陕西省第四届黄炎培职业教育杰出贡献奖。主持参与国家级课题研究项目7项、省级课题研究项目16项。公开发表教学、管理论文40余篇，发表理论、宣传文章30多篇；主编专著3本，主参编教材7本。获国家级教学成果奖一等奖1项（主持）、二等奖2项；省级教学成果特等奖2项（主持1项）、二等奖3项。

🌀 团队成员

刘永亮、郑丽梅、付胜利、王金辉、郝军、卢文澈、王超联、刘雪飞、田昊、郝平、何奇彦、张翔、姜庆伟、张磊

🌀 成果简介

2012年，党的十八大提出培育社会主义核心价值观。学校将文化育人作为推进核心价

值观教育的核心载体，围绕建设制造强国的技术技能人才培养之需，针对文化育人体系不健全等问题，着力传承首任校长1950年提出的"用革命的精神，创办革命的学校"的办学初心和与共和国装备制造业同生共长的工业基因，启动实施"红色匠心"文化育人工程。按照"理念引领、标准贯通、系统设计、品牌推广"的思路，依托全国文明单位等10个国家级建设项目、11个省级以上课题，历经10年研究实践，创建了"红色匠心"文化育人体系，首创全国机械教育行业文化育人标准，育人成效被国务院副总理孙春兰高度赞誉为"有精神"，学校入选国家"双高"A档院校，实现了"知识育人"向"文化育人"的转型升级。

（1）界定"红色匠心"文化育人核心内涵，研创全链文化育人理论。基于整体论的视角，融合萃取民族之根、陕西之特、产业之基、学校之魂，经省文化厅主管的第三方文化研究机构论证，界定出"理想信念铸魂、道德品质立身、人文素质固本、精艺强技筑基、创新创业赋能、劳动实践乐业"的"六位一体"文化育人内涵，研创了链条式融通育人、链路式融汇路径、链接式融合评价的全链文化育人理论，出版专著《高职院校文化育人的理论与实践探索》。

（2）开发装备制造类高职文化育人标准，设计"红色匠心"文化育人实施方案。联合机械工业教育发展中心、装备制造企业，提炼岗位最关键、最具辨识度的核心职业素养，结合"红色匠心"内涵，开发涵盖6个一级、20个二级、135个指标的文化育人标准，在160余所职业院校中推广应用，并据此顶层设计包含6大模块、18个项目、107个任务的"红色匠心"文化育人实施方案，使文化育人有规可依。

（3）构建"三链融通"的运行机制，形成"学做润"一体化文化育人模式。整合校企资源，将文化育人列入专业人才培养方案构建"教学链"，形成理论课程学分；依托第二课堂成绩单构建"实践链"，形成"红色匠心"积分；优化形象识别系统构建"环境链"，形成操行评议赋分；形成以课堂主渠道"学"为认知引导，以活动主阵地"做"为行为塑造，以氛围主旋律"润"为情感濡染的一体化文化育人模式。

该成果获得省级特等奖等教学成果4项、全国二等奖等文化成果21项、全国大学生艺术展一等奖等实践成果170项；出版专著3本、教材8本、发表论文36篇；制定文化育人制度、标准、方案38项；《新闻联播》《光明日报》等主流媒体专题报道117次。

成果总结报告

"制造强国背景下高职'红色匠心'文化育人体系的创建与实践"教学成果总结报告

一、成果背景与问题

2012年,党的十八大提出了社会主义核心价值观,校园文化是培育和传承核心价值观的有效载体。高职院校作为一种类型教育,传承革命精神、工匠精神是新时代赋予高职院校的神圣职责。陕西工业职业技术学院将文化育人作为推进核心价值观教育的核心载体,围绕建设制造强国的技术技能人才培养之需,瞄准学生未来职业生涯的成才目标,针对装备制造类高职文化育人类型特色不鲜明、标准不明确,文化育人与知识传授相脱节,课程体系不完善,文化育人考核评价不科学,长效机制不健全等三类问题,着力传承首任校长1950年提出的"用革命的精神,创办革命的学校"的办学初心和与共和国装备制造业同生共长的工业基因,启动实施"红色匠心"文化育人工程,倾力"办有灵魂的教育、建有品位的学校、创有境界的文化、育有底气的人才"。按照"理念引领、标准贯通、系统设计、品牌推广"的思路,依托全国文明单位等10个国家级建设项目、11个省级以上课题,历经10年的研究实践,创建了"红色匠心"文化育人体系(见图1-1),首创了全国机械教育行业文化育人标准,育人成效被国务院副总理孙春兰高度赞誉为"有精神",学校入选国家"双高"A档院校,实现了"知识育人"向"文化育人"的转型升级。

二、主要做法与经验成果

该成果获得省级教学成果特等奖等教学成果4项、全国校园文化成果二等奖等文化成果21项、全国大学生艺术展一等奖等实践成果170项;出版专著3本、教材8本,发表论文36篇;制定文化育人制度、标准、方案38项,建成红色广场、机床园等12个文化教育基地;《新闻联播》《光明日报》等主流媒体专题报道117次;成果在160余所职业院校中推广应用。

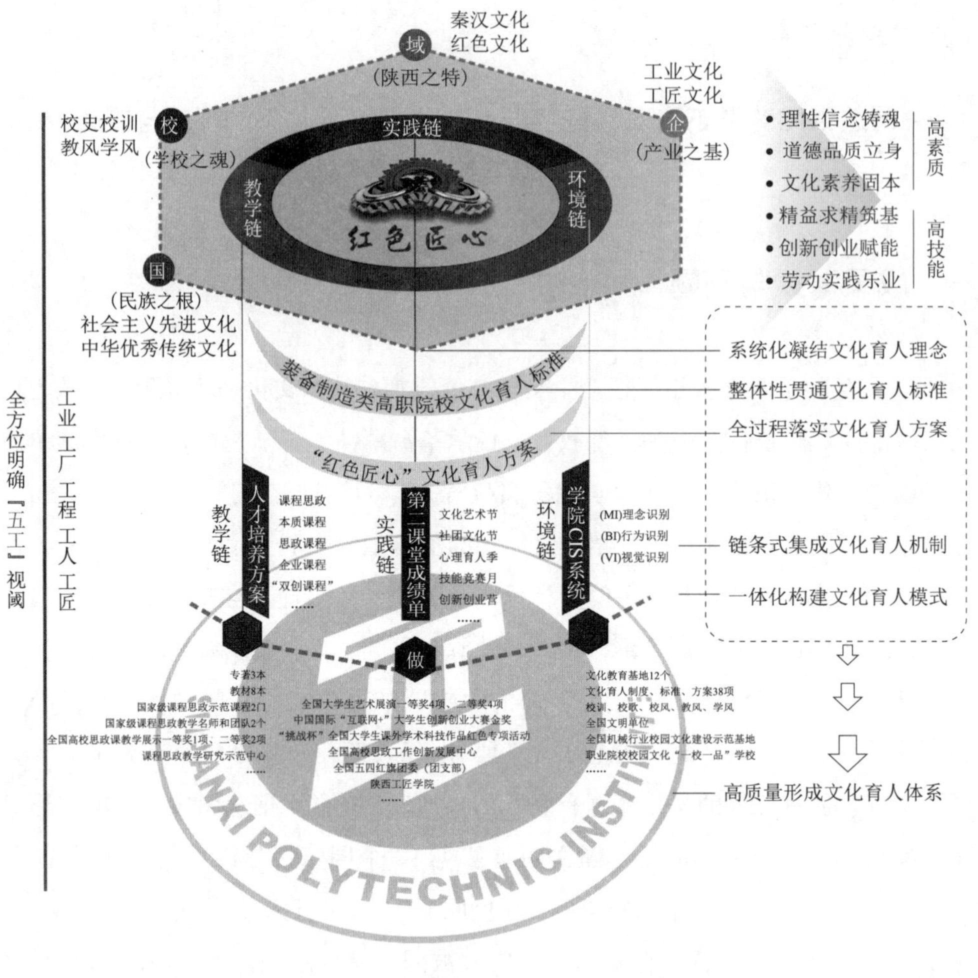

图 1-1 "红色匠心"文化育人体系

（一）立足装备制造行业，坚守工匠初心，界定"红色匠心"文化育人核心内涵，创新文化育人特色标准，研创全链文化育人理论，推动知识教学向文化实践转变

围绕服务制造强国建设，立足工业，围绕工厂、工程，面向工人、工匠，依托陕西装备制造职教集团调研，明晰岗位驱动要素，对接人才培养目标，找准企业文化育人需求点；"行企校"协同分析国家职业标准，结合岗位能力标准，厘定装备制造行业文化素养核心点；基于整体论的视角，融合剖析需求点、核心点，萃取"国、地、企、校"文化元素，界定"红色匠心"文化育人"六位一体"内涵要素（见图1-2）；借鉴岗位职业标准构架，解构思想素质、道德素质、人文素质、科学素质、职业素质、创新素质的典型要求，系统形成装备制造类高职特色标准，贯通实施于学生三年全周期、全方位的文化实践。有效体现高素质与红色育德一以贯之、高技能与匠心成才耦合共生,研创了链条式融通育人、链路式融汇路径、链接式融合评价的全链文化育人理论(见图1-3),出版了专著《高职院校文化育人的理论与实践探索》,奠定了文化育人的理论基础。

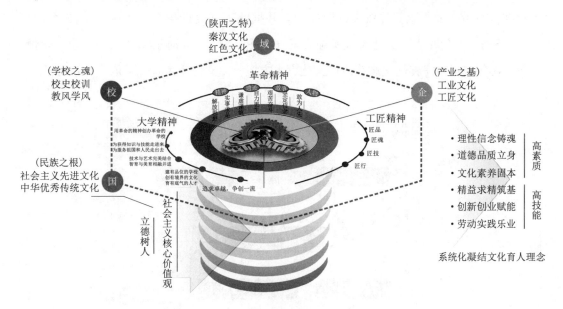

图1-2 "红色匠心"文化育人核心内涵

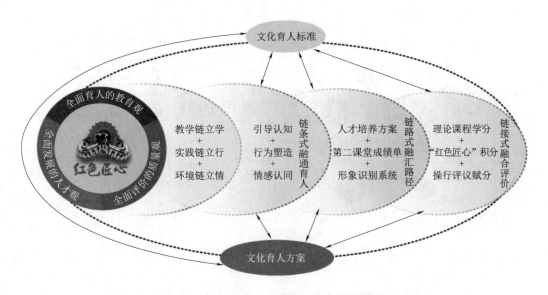

图1-3 "红色匠心"全链文化育人理论模型

(二)行企校联合,工业文化基因融汇,践行社会主义核心价值观,开发了装备制造类高职文化育人标准和实施方案

立足服务制造强国建设,坚守为"工"育英才的优良传统,传承学校"用革命的精神,创办革命的学校"的办学初心,联合中国机械工业教育发展中心、中国航天科技集团公司,根据时代要求进行深入调研,结合"红色匠心"内涵,共同开发编制涵盖6个一级、20个二级、135个三级指标点的文化育人标准,被认定为全国机械职业教育行业文化育人标准,在160余所职业院校中推广应用。并据此顶层设计包含6大模块、18个项目、107个任务的"红色匠心"文化育人实施方案(见图1-4),同时根据"企业需求、学情分析"等5份年报不断完善优化螺旋改进文化育人方案,使文化育人有规可依、有章可循。

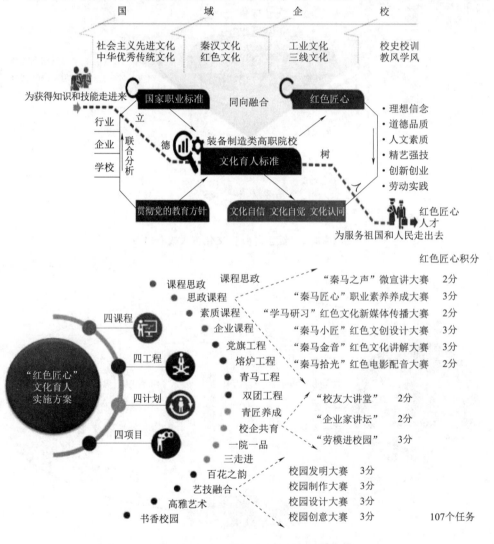

图1-4 装备制造类高职院校文化育人标准和实施方案

(三)遵循人才培育规律,对接标准,统筹规划,凸显课程知识的文化性,形成"一体两翼"的课程体系

围绕课程主渠道改革核心,聚焦课程文化育人价值指向,着力将课程知识的文化元素

内嵌于课程标准、教材开发、课堂教学改革之中,构建以"思政+专业课"为主体,职业课和人文课为辅助的"一体两翼"课程体系。专业课程与思政耦合共生,立项448门课改项目,培育181门金课;职业课程校企共建,联合开发"5S管理"等68门"理实一体化"课程,开设"大学生创新创业基础","理实一体化"教学培育新能源协会、"C+创能空间"等一批知名创客项目;人文课程多元拓展,开设"美育与音乐鉴赏""大学生礼仪美"公共必修课,"职业生涯指导""心理健康"必选课,以及文艺和艺术等5个模块140门公选课。荣获全国高校思政课教学展示一、二等奖3项,教育部课程思政示范课程2门,教学名师和团队各2个,获批教育部"课程思政教学研究示范中心""全国高校思政工作创新发展中心",出版了专著《职业教育课程思政设计》。

(四)立足"接班人和建设者"的培养目标,顶层设计规划,建立三维评价,构建"三链融通"诊断改进长效机制

根据文化育人方案,打破领域壁垒,按照"教学认知引导、实践行为塑造、环境濡染滋养"的思路,将核心素养融入课堂教学、实践活动、日常管理,通过"教学链"落实于人才培养方案,贯穿课程设置、教材开发、教学设计全过程,形成理论课程学分;通过"实践链"实行第二课堂成绩单,组建106个社团,搭建240多个校内外载体平台,年均开展思想引领等7+X类文化活动1 100余项,形成"红色匠心"积分;通过"环境链"软硬并举,持续优化形象识别系统,建成12个文化育人基地,规范完善配套制度体系,形成操行评议赋分。综合理论课程学分、"红色匠心"积分、操行评议赋分进行发展性评价。根据企业调研等5个年度分析报告,不断优化完善文化育人方案,形成诊断改进长效机制。

(五)先行试点集团化办学,内外衔接、融合联动,构建全要素、多领域、高质量的校企联合文化育人共同体

按照"跨界、融合、共享"的思路,行、企、校紧密合作,成立校企协同育人战略联盟等3个集团化合作育人平台,形成了企业文化进校园、企业工匠进教室、企业标准进方案、企业项目进课堂、企业管理进班级、企业大赛进基地的校企合作"六进"育人新范式。建成"5S素养实训基地"等一批合作育人基地;催生出"校友大讲堂""劳模进校园""企业家讲坛"三大活动品牌,"十大优秀毕业生""协同育人好师傅""协同育人好导师"三大育人品牌,校企合作"航天发动机""中船重工""中核工业"三大订单品牌,合作育人经验50多次在全国和机械行业相关会议宣传推广;荣获全国首批示范职教集团(联盟)、全国工人先锋号、全国职业教育先进单位等称号。

(六) 基于"五工"视阈，系统集成、写意物化，形成了"学做润"一体化文化育人模式

基于学校70年装备制造工业背景，遵循"红色匠心"文化育人理论、标准、方案，形成以课堂主渠道"学"为认知引导、以活动主阵地"做"为行为塑造、以氛围主旋律"润"为情感濡染的一体化文化育人模式，系统集成构建起以"五工"视阈为"外环"，文化育人标准为"内环"，文化育人方案为"上横"，"三链融通"为"竖轴"，"学做润"一体化模式为"下横"的"工"字特色"红色匠心"文化育人体系（见图1-5），并写意物化为"校徽"图案，打造品牌，示范推广。充分体现文化育人贯穿人才培养全过程，覆盖教育教学全环节，融入学习生活全层面，实现品德、知识、素质、能力的协调发展，突破了文化育人整体性和有效性的现实难点。

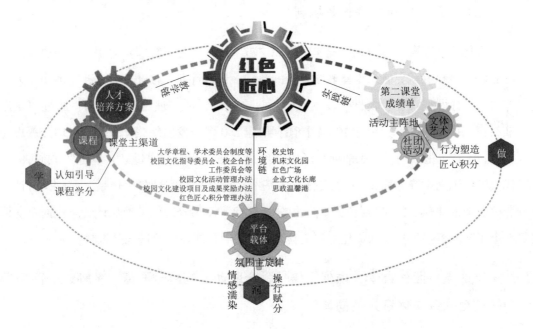

图1-5 文化育人"学做润"一体化模式

三、创新与特点

（一）创造性地提出全链"红色匠心"文化育人理论，深化了全国高职院校文化育人的改革实践

本成果围绕立德树人的根本任务，及时回应建设制造强国的时代之需，准确把握"红

色匠心"文化育人的内涵特征,遵循高素质与红色育德一以贯之、高技能与匠心成才耦合共生的目标定位,以"学做润"为牵引,通过"教学链立学+实践链立行+环境链立情",立足全面育人的教育观,构建"认知引导+行动塑造+情感认同"的链条式融通育人;立足全面发展的人才观,构建"人才培养方案+第二课堂成绩单+形象识别系统"的链路式融汇路径;立足全面评价的质量关,构建"理论课程学分+红色匠心积分+操行评议赋分"的链接式融合评价,创造性地形成了全链"红色匠心"文化育人理论,在此指导下探索出了文化育人改革的新路,走在了全国高职院校的前列。

(二) 率先开发《装备制造类高职院校文化育人标准》,填补了全国机械职业教育行业的空白

基于学校70年装备制造工业背景,紧扣"红色匠心"文化育人的素养要求,"行企校"协同,立足社会主义核心价值观公民层面"爱国、敬业、诚信、友善"的价值准则,分析陕西重工业基地对岗位核心素质"精益求精、开拓创新、知行合一"的要求,结合学校"明德、笃学、精艺、强身"的校训,归纳提炼135个指标点,构建以"六位一体"育人内涵为核心的装备制造类高职院校文化育人标准,凸显了装备制造类高职文化育人的鲜明特色,被机械工业教育发展中心认定为全国机械职业教育行业文化育人标准,省内外160多所院校予以借鉴应用,对高职文化育人具有重大示范引领作用。

(三) 集成创新"红色匠心"文化育人体系,实现了"知识育人"向"文化育人"的转型升级

立足培养合格公民—合格大学生—大国工匠—社会主义建设者和接班人的目标路径,从理论、内涵、实践、机制、模式五个维度,通过全方位明确"五工"视阈定位,系统化凝结文化育人核心内涵,整体性贯通文化育人标准,全过程落实文化育人实施方案,链条式构建文化育人运行机制,一体化形成文化育人模式,集成构建起以"五工"视阈为"外环",文化育人标准为"内环",文化育人方案为"上横","三链融通"为"竖轴","学做润"一体化模式为"下横"的"工"字特色"红色匠心"文化育人体系,并写意物化为"校徽"图案,充分体现文化育人贯穿人才培养全过程,覆盖教育教学全环节,融入学习生活全层面,实现品德、知识、素质、能力的协调发展,突破了文化育人整体性和有效性的现实难点(见图1-6)。

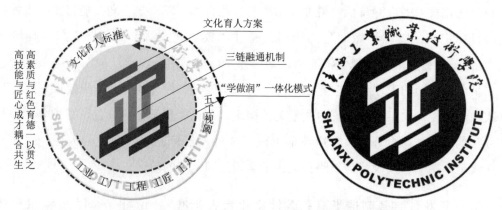

图1-6 "工"字特色"红色匠心"文化育人体系

四、应用推广效果

(一) 以文化人,立德树人成效不断攀升

在"红色匠心"文化的塑造下,近10年共培养毕业生71 533人,其中92%递交入党申请、85%扎根制造行业、75%服务陕西发展、65%在国家制造大类骨干企业就业。涌现出党的二十大代表、全国人大代表、全国劳动模范、全国技术能手以及全国五一劳动奖章、中国青年五四奖章获得者等161人次,何小虎、翁二龙等一批参与神舟飞天、嫦娥探月等重大项目的名片学生,成为支持制造强国建设的生力军;24名学生入职清华大学等高校担任实训教师。学生全国技能大赛获奖数量、等级均居陕西第一、全国前三,获全国大学生艺术展演一等奖4项、陕西高职"互联网+"大学生创新创业国赛首个金奖。学生社团获全国高校百强社团等省级以上奖项187项,年均3 100多人次。

(二) 以文培元,人才培养质量明显增强

"红色匠心"文化引领工院学子的人生规划更具导向性,毕业生邢小颖作为全国高职唯一代表在教育部"教育这十年"发布会上分享成长经历。近5年就业率保持在96%以上,毕业去向落实率超出全国高职平均水平5%、专业相关度超出15%、用人单位满意度超出10%,2022年陕西统招文理录取分数线均超二本院校。学校入选国家"双高"A档院校,先后荣获全国高技能人才培养基地、全国工人先锋号等国家级荣誉68项。

(三) 以文荣校,陕工经验引发强烈反响

"红色匠心"文化育人改革实践得到高度认可,国务院副总理孙春兰勉励学校"高职

就该这样办",教育部部长怀进鹏肯定学校"有关做法可研究推广",全国政协常委、教育部高校美育教指委副主任杜卫称赞学校"为培养高素质技能型人才树立了示范"。近5年,学校成为陕西省委副书记党建联系点,获评教育部思政工作创新发展中心(全国高职6所之一)、课程思政教学研究示范中心(全国高职10所之一)、全国党建工作示范高校培育创建单位(全国高职4所之一)、全国职业院校校园文化"一校一品"学校、全国机械行业校园文化建设示范基地。

(四)以文扬名,示范引领作用有效彰显

"红色匠心"文化品牌影响广泛,四度荣登《新闻联播》,中国教育电视台《梦开始的地方之"双高"100》首播我校,央视电影频道播放在我校拍摄的电影《穿工服的青春》,《人民日报》《光明日报》等主流媒体专题报道117次;为山西、江西等4省高职校级领导研修班举办专题讲座,在全国教育、机械行业会议主旨发言50多次,研究成果被无锡职业技术学院、河北工业职业技术大学等160多所院校借鉴应用,年均吸引70余所院校前来交流学习。

成果二 高职飞机机电设备维修专业"标准融通、军民两用"人才培养体系创新与实践

（成果序号：1-64）

获奖等级

一等奖

完成单位

西安航空职业技术学院、中国人民解放军第五七〇二工厂、东方航空技术有限公司西北分公司

主持人简介

张超，男，1975年4月出生于陕西省西安市。1998年7月本科毕业于西安矿业学院机械制造工艺与装备专业，获学士学位。2007年4月毕业于西安理工大学机械工程专业，获得工程硕士学位。2011年10月—2012年4月，作为访问学者赴冰岛大学KIT学院学习工业机器人技术。现任西安航空职业技术学院航空维修工程学院院长、二级教授、国家万人计划教学名师、陕西省特支计划教学名师，学校"双高计划"建设项目飞机机电设备维修专业群负责人、国家级职业教育教师教学创新团队负责人、全国黄大年式教学团队负责人、陕西省高校青年科技创新团队负责人。近年来发表核心期刊学术论文10余篇，主参编教材10余部。

团队成员

张超、吴冬、焦旭东、边娟鸽、秦伟艳、刘志武、王炳坤、杨帆、高北雄、张艳、石日昕、陈星、白冰如、王瑜瑜、杜平生、翟勇、周教练

成果简介

"军民融合"国家战略迫切要求军航和民航维修业深度融合,培养"军民两用"航空维修人才。2008年以来,团队针对航空维修领域"军民两用"人才培养体系不健全等问题,在国家示范院校建设、国家"双高计划"建设等11个国家级项目及课题支持下,按照"需求导向、标准融通、体系构建、实践优化"思路,深化专业人才培养改革,历经14年探索实践,形成以军航、民航"标准融通"为依据,以"军民两用"人才培养为目标,以"五阶递进"模块化课程体系为核心,以"互培共长"教师团队为保障,以"多维立体"教学资源为支撑,以"多元联动"人才培养评价机制为驱动的飞机机电设备维修(原航空机电设备维修)专业"标准融通、军民两用"人才培养体系并加以实施。

(1)形成"标准融通、五方共育"的人才培养模式。融通军航、民航维修人员准入资格标准,将"军航精技能、民航重规范"纳入人才培养规格,明确"强作风+遵规范+精技能+懂工艺"人才培养目标,实施"0.5+1+0.5+0.5+0.5"人才培养,政军行企校五方共育航空维修"军民两用"技术技能人才。获批西北高校首家CCAR-147培训机构,为空军、陆军开展定向军士培养。

(2)构建"任务依托、五阶递进"的课程体系和实践教学体系。面向航空维修5大核心岗位模块,以典型工作任务为载体,军、民航共建"航空基础+航修通用+机务核心+综合应用+岗位拓展"五阶递进职业能力培养的课程体系并形成"五模块+五阶段+四环节"的实践教学体系,牵头制定国家实践教学标准。

(3)建成"专兼共组、互培共长"的国家级教师团队。依托陕西航空职业教育集团,校际、校企共组航空维修教师团队,构建团队协同工作机制,互培共长,培养国家"万人计划"教学名师1人,建成全国高校黄大年式教师团队、国家级教师教学创新团队。

(4)建成"技术赋能、多维立体"的国家级教学资源。集成航空维修工作过程中新技术,开发虚拟实训项目,建成"虚实结合"的航空维修实训基地。建成国家级专业教学资源库、虚拟仿真实训基地、规划教材3部、优秀教材1部等教学资源。

(5)构建"多元参与、动态优化"的人才培养评价机制。建立军民航企业、学校、政府、学生、家长及第三方评价机构等多元参与评价反馈平台,跟踪监测教学与学习过程,创新评价反馈机制,实现专业动态优化,获全国技能大赛一等奖4项、"双创"大赛金奖2项。

专业培养"金牌蓝天工匠"叶牛牛等数千名高素质技术技能人才,成果经验被CCTV-1《新闻联播》等媒体推介50余次,吸引南京工业职业技术大学等50余家院校前来交流学习，引领航空维修专业发展。

成果总结报告

"高职飞机机电设备维修专业'标准融通、军民两用'人才培养体系创新与实践"成果总结报告

成果一览图如图 2-1 所示。

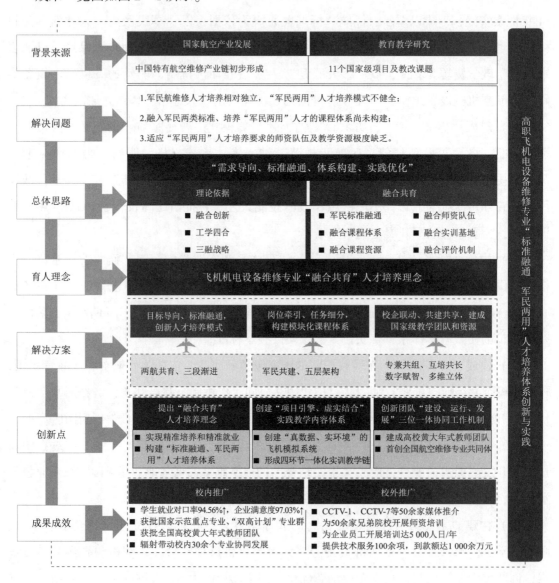

图 2-1　成果一览图

成果二　高职飞机机电设备维修专业"标准融通、军民两用"人才培养体系创新与实践

一、成果背景与问题

（一）成果背景

航空维修业是建设航空强国的重要保障。长期以来，我国军航、民航维修模式和标准存在差异，军航沿用苏俄维修体系，主要采用定时维修，保障设备完好率；民航采用欧美维修体系，以视情维修为主，兼顾安全性与经济性。随着我国航空行业的发展及歼20、运20和C919等国产飞机问世，我国特有的军民融合航空维修产业链逐步形成，培养"军民两用"航空维修人才迫在眉睫。

西安航空职业技术学院地处国家级航空产业基地，是全国航空类唯一入选高水平学校建设单位的院校。学校曾隶属空军40年，根植航空、情系职教、军民融合，传承军工基因，肩负航空报国使命，瞄准航空产业链中的产业高端——航空维修技术，为我国航空产业赶超世界先进水平提供人力支撑。

飞机机电设备维修作为国家"双高计划"专业群的龙头专业，秉承学校"工学四合""三融战略"办学理念，以服务军航和民航发展为宗旨，提出"融合共育"人才培养理念，构建飞机机电设备维修专业"标准融通、军民两用"人才培养体系并实施。

本成果按照"需求导向、标准融通、体系构建、实践优化"的思路，开展研究与实践（见图2-2）。

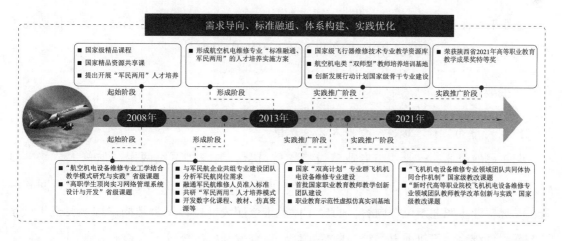

图2-2　成果历程

起始阶段：2008年，针对航空维修领域"军民两用"人才培养体系不健全等问题，依托"国家示范性高等职业院校建设计划重点建设专业"等3个国家级项目和"航空机电

设备维修专业工学结合教学模式研究与实践"等2个省级教改课题，团队提出开展"军民两用"人才培养。

形成阶段：专业与军民航企业共组专业建设团队，分析军航、民航岗位需求，融通军民航维修人员准入标准，共研"军民两用"人才培养模式、评价体系等，构建模块化课程体系，开发数字化课程、虚拟仿真、活页式教材等资源，于2013年完成航空机电设备维修专业"标准融通、军民两用"人才培养实施方案。

实践推广阶段：9年实践检验，在国家"双高计划"专业群建设等6个国家级项目和"飞机机电设备维修专业领域团队共同体协同合作机制"等2个国家级教改课题支持下，不断丰富和完善"标准融通、军民两用"的人才培养体系，主持国家教学标准，实现国家示范、骨干、"双高"、示范专业点等专业建设项目大满贯，并荣获陕西省2021年高等职业教育教学成果特等奖。

（二）成果解决的教学问题

（1）军民航维修人才培养相对独立，"军民两用"的人才培养模式不健全。

（2）融入军民航两类标准、培养"军民两用"人才的课程体系尚未构建。

（3）适应"军民两用"人才培养要求的师资队伍及教学资源极度缺乏。

二、主要做法与经验成果

紧跟航空维修行业发展，按照"目标导向创模式、岗位牵引建课程、校企联动优条件"的思路，解决"军民两用"人才培养的主要教学问题。

（一）主要做法

1. 目标导向、标准融通，创新人才培养模式

与军民航企业、行业共组专业建设指导委员会，围绕"军民两用"航修人才培养目标，深入调研、实地考察36家军民航维修龙头企业，对2 000名以上毕业生进行问卷调查，掌握毕业生职业定位等内容，明确军民航维修航线维护、飞机结构修理、飞机机械系统与部附件维修、飞机航电系统与附件维修、航空发动机维修等五大核心就业岗位。

分析职业岗位能力需求和典型工作任务，将军航《空军航空修理系统从业人员资格培训大纲》、民航《民用航空器维修人员执照基础部分考试大纲》等标准融入专业教学标准，归纳提出军民航"强作风+遵规范+精技能+懂工艺"的人才培养规格。

落实立德树人根本任务,依据学生成长规律,将军航"三个负责"、民航"三个敬畏"等航修精神及质量意识贯穿人才培养全过程,实施"学员—机械员—技术员"三段渐进式人才培养。第一阶段(第1、2、3学期):学习航空维修基础知识,培养学生的职业素养和专业基本能力;第二阶段(第4、5学期):掌握实际飞机修理过程核心技能,完成职业核心证书考证工作;第三阶段(第6学期):学生在企业进行顶岗实习,培养学生制定维修方案、编写维修工艺等综合职业能力(见图2-3)。

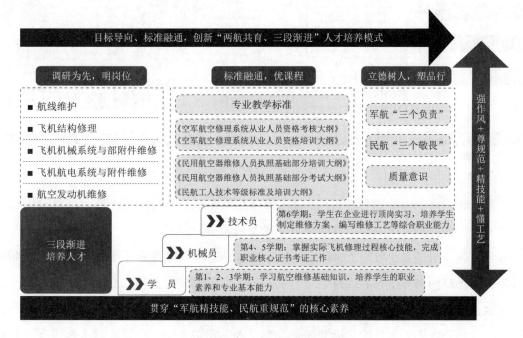

图2-3 人才培养模式

2. 岗位牵引、任务细分,构建模块化课程体系

与中国人民解放军第五七〇二工厂、东方航空技术有限公司等航空维修企业专家、技能大师成立相应课程建设团队,针对五大岗位核心能力,任务细分、求同存异,归纳出航线检查等20个典型工作任务,构建航前检查等92个典型能力模块(见图2-4)。

以航空维修过程为主线,融合军航、民航标准,凝练整合出航空概论等7门航空基础类课程、航空维修基本技能等6门航修通用课程、飞机结构修理等7门机务核心课程、飞机典型故障排除等4门综合应用课程,飞机数字化装配等4门岗位拓展课程,构建基于飞机维修工作过程的职业能力模块化课程体系(见图2-5)。

3. 校企联动、共建共享,建成国家级教学团队和资源

联合军民航龙头企业、航空维修特色院校共建专业领域团队共同体,构建团队协同工作机制(见图2-6)。

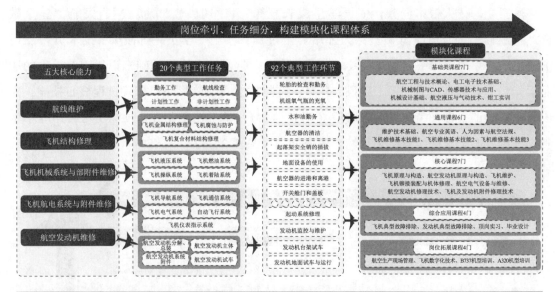

图 2-4 课程体系

专家互聘：聘请"全国劳动模范"薛莹等 12 位专家，23 名教师获聘"企业培训师"，建设名师和技能大师工作室等，打通人员互动交流渠道。

联教联训：通过专业教师下车间、"蓝天工匠"进课堂等方式开展人员互培，不断提高教师的飞机结构修理、标准线路施工等实践技能，同时提升企业员工专业理论水平。

融合视情维修新知识：校企共投入 7 890 万元建成"虚实结合"的实训基地，建设国家级专业教学资源库 1 个，教学标准 3 个，"1+X"证书 3 个，活页式、工作手册式教材 9 部，为企业制定培训标准 21 个等，开展线上线下相结合的教学模式改革，提高专业人才培养质量。

（二）经验成果

本成果提出了"融合共育"人才培养理念，形成以军航、民航"标准融通"为主线，"军民两用"人才培养为目标，"五层架构"课程体系为核心，"互培共长"教师团队为保障，"多维立体"教学资源为支撑，"多元联动"人才培养评价机制为驱动的"标准融通、军民两用"人才培养体系（见图 2-7）。

成果二 高职飞机机电设备维修专业"标准融通、军民两用"人才培养体系创新与实践

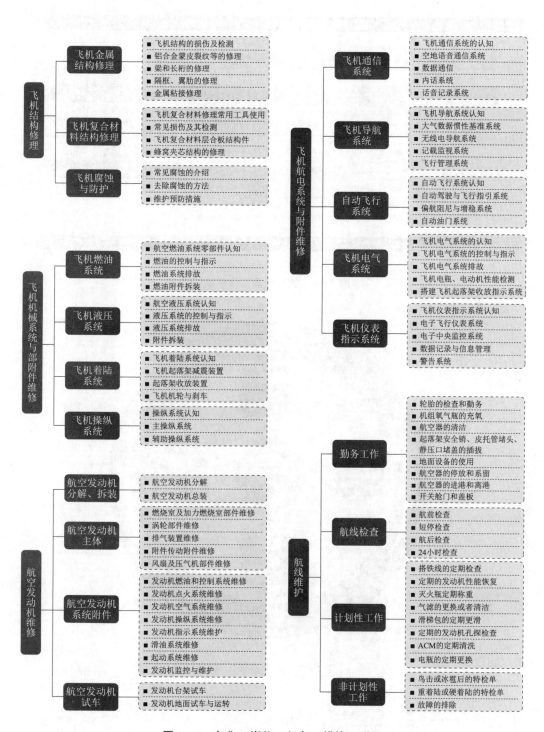

图 2-5 专业"岗位-任务-模块"详图

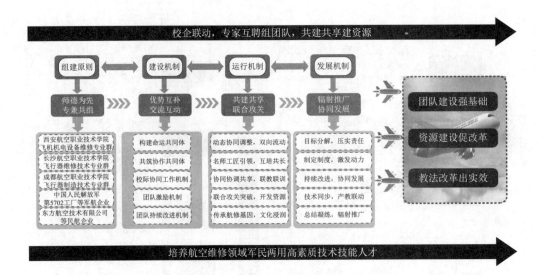

图 2-6　团队协同工作机制

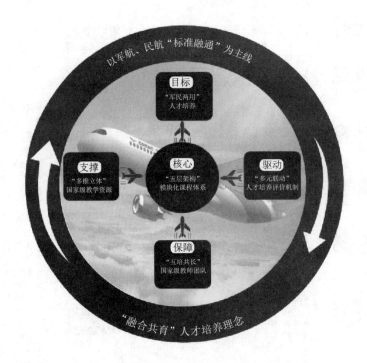

图 2-7　人才培养体系

1. 形成"两航共育、三段渐进"的人才培养模式

融通军民航维修人员准入标准,优化航空维修"军民两用"人才培养目标定位;贯穿"军航精技能、民航重规范"的核心素养,明确"强作风+遵规范+精技能+懂工艺"的人才培养规格;与军民航企业共同实施"学员—机械员—技术员"三段渐进式人才培养。

2. 构建"军民共建、五层架构"的课程体系

面向航空维修五大核心岗位模块,以典型工作任务为载体,与军航、民航行业企业共同研究,将军民航维修人员准入资格证书要求的知识与技能融合到教学内容中,构建"航空基础+航修通用+机务核心+综合应用+岗位拓展"五层架构职业能力培养的课程体系。与之相配套构建"项目引擎、虚实结合"的实践教学内容体系(见图2-8)。

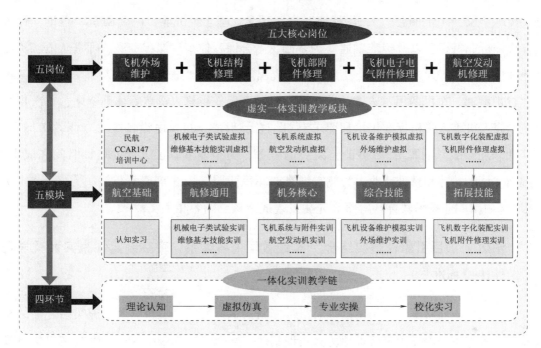

图2-8 实践教学内容体系

3. 建成"专兼共组、互培共长"的国家级教师团队

依托陕西航空职业教育集团,校际、校企共组航空维修"双师"教师团队,建立团队协同工作机制,互培共长,培养出集国家"万人计划"教学名师、全国高校黄大年式教师团队、国家级职业教育教师教学创新团队于一体的国家级教师团队。

4. 建成"数字赋智、多维立体"的国家级教学资源

借助"大智移云物"技术,集成智能工具管理等航空维修新技术,开发虚拟实训项目,建成"虚实结合"的航空维修实训基地。主持国家级飞行器维修技术专业教学资源库,建成国家级精品资源共享课2门、国家级规划教材4部、国家级优秀教材1部、国家级职业教育示范性虚拟仿真实训基地等系列教学资源。

5. 构建"多元参与、动态优化"的人才培养评价机制

建立军民航企业、学校、政府、学生、家长及第三方评价机构多元参与的评价反馈平台,创新评价反馈机制,适时进行专业建设预警,跟踪监测教学与学习过程,实现专业动态优化。

三、创新与特点

（一）提出"融合共育"人才培养理念，精准培养航空维修"军民两用"人才

传承学校"工学四合""三融战略"办学理念，基于经济学"融合创新"理论，针对航空维修行业特征，以"标准融通"为基础，融合课程体系、课程资源、师资队伍、实训基地和评价机制等人才培养核心要素，创新提出航空维修"融合共育"人才培养理念，构建"标准融通、军民两用"人才培养体系，打破军民航维修人员培养体系壁垒；首次将军民航维修人员准入资格标准化培训要求有机结合，形成飞机机电设备维修专业教学标准，培养"来之能战"的军士、"持证上岗"的机务，为企业节省了大量的培训时间和成本，实现人才精准培养和精准就业，为航空维修"军民两用"人才培养贡献解决方案。《光明日报》《中国职业技术教育》等报刊先后发表成果核心内容相关文章12篇。

（二）创建"项目引擎、虚实结合"实践教学内容体系，牵头制定国家实训教学条件建设标准

对接飞机表面修复、战伤抢修等航空维修新技术，创新"项目引擎、虚实结合"的实践教学内容体系，建设国家级虚拟仿真实训基地，并牵头制定《高等职业学校飞机机电设备维修专业实训教学条件建设标准》，形成可供兄弟院校参考借鉴的方案。针对传统航空维修实训中看不到、进不去、成本高等困难，与军民航企业合作，创建"真数据、实环境"的歼七、波音737NG等飞机模拟系统，开发"航空发动机试车"等虚拟仿真项目92个，有效地将实训场所与工作场所相结合，形成"理论认知+虚拟仿真+专业实操+校外实习"四环节一体化实训教学链，使学生身临其境学习航空维修技术技能，引发教学方法的巨大变革，拓宽专业实践教学的广度和深度。

（三）创新团队"三位一体"协同工作机制，首创全国航空维修领域专业共同体

支撑"军民两用"航空维修人才培养，坚持校企互惠共赢，构建"建设、运行、发展"三位一体的教师团队协同工作机制。首创全国航空维修领域专业共同体，搭建学校与军民航企业"跨地域、联行业"互动交流平台，推动教师团队在人才培养、资源建设、技术创新、就业创业、文化传承等方面优势互补，对我国高职教师团队建设具有重要示范效应。坚持教师个人发展与团队发展相结合，消除对教师自主发展的制度束缚，使教师成为

改革的主体和发动机，形成自下而上的内生动力，实现教师个人发展与团队建设同向同行。基于成果，牵头主持教育部团队教学改革、体系化课题2项，建成全国高校黄大年式教师团队，成果核心内容被西部媒体专题报道。

四、应用推广效果

（一）校内推广

1. 人才培养质量显著提升

实践期内共计培养5 000余名"军民两用"技术技能人才，据麦可思调查显示，到航空类企业就业率达94.56%，企业满意度高达97.03%；中国民航局数据显示，民航维修执照持有人数来源排全国高校第5。

涌现出军航"大国工匠"刘瑞、八个月两立三等功的军士刘海博、"成都工匠"川航王凯等大批行业精英。学生在全国技能大赛获奖20余项，其中一等奖4项、"双创"大赛金奖2项。毕业生受到军、民航维修企业好评，形成"飞机维修找西航"的良好口碑。

2. 专业品牌效应持续增强

获批国家示范重点专业、"双高计划"专业群、创新发展行动计划骨干专业、教育部交通运输类示范专业点、定向军士培养学校，取得西北高校首家CCAR-147维修培训机构合格证。

教学团队获批全国高校黄大年式教师团队、国家级职业教育教师教学创新团队。教师获国家"万人计划"教学名师、全国职业教育先进个人、全国教师教学能力大赛一等奖2项等。

主持国家级教学标准1个、专业教学资源库1个、精品资源共享课2门、规划教材4部、优秀教材奖1部、全国课程思政示范课程1门，立项建设国家级虚拟仿真实训基地。

3. 专业辐射带动效果显著

专业人才培养模式、教师团队建设机制等成果辐射带动校内航空发动机制造技术等30余个专业协同发展。无人机应用技术专业入选国家"双高计划"专业群建设，航空发动机制造技术专业入选省级"双高计划"专业群建设，飞行器数字化制造技术等专业获评省级一流建设专业。

（二）校外推广

1. 院校推广

牵头制定《高等职业学校飞机机电设备维修专业实训教学条件建设标准》，在全国推广。主持国家级资源库，在嘉兴职业技术学院等40余所院校及航空维修企业应用。主编9部教材，被无锡职业技术学院等40余所院校选用。人才培养方案被金华职业技术学院等30余所院校采用或借鉴，深度参与北京电子科技职业学院等10余所院校专业建设，引领全国航空维修领域专业发展。

2. 媒体报道和会议推介

该成果中的产教融合、军士培养模式分别被CCTV-1《新闻联播》、CCTV-7《军事报道》节目报道，教师团队建设经验先后被《教师报》、陕西省教育厅官微等50余家媒体推介，获评工信部现代产业学院示范案例、中国高等教育学会"校企合作双百计划"典型案例等，团队成员在中国高等职业教育与非洲合作研究等会议上交流发言。

（三）社会服务

依托国家级"双师型"教师培养培训基地、陕西省高校工程研究中心等平台，先后为陆军航空兵学院等50余家兄弟院校开展师资培训，并为军、民航维修企业员工开展培训达5 000人日/年，提供技术服务100余项，到款额达1 000余万元。

成果三 面向智能制造"军工文化铸魂，协同平台赋能"的专业群建设与实践

（成果序号：1-65）

获奖等级

一等奖

完成单位

陕西国防工业职业技术学院、西北工业集团有限公司、中国兵器工业集团第二〇二研究所、北京发那科机电有限公司

主持人简介

李俊涛，教授，现任陕西国防工业职业技术学院教务处处长，陕西高校工程研究中心主任。于2004毕业于北京理工大学，先后任机械工程学院院长，智能制造学院院长；主持或作为主要参与人完成省级及以上教科研课题10余项；以第一作者公开发表学术论文20余篇，其中SCI全文收录1篇、EI收录2篇、CSCD收录3篇、核心10余篇；主编并公开出版教材2部；负责推进机电一体技术国家高水平专业群建设工作，主持完成职业教育国家级"工业产品质量检测技术"专业教学资源库；先后获职业教育国家级教学成果奖二等奖，陕西省教学成果奖特等奖2项（其中主持1项），陕西高校科技成果奖2项；曾荣获陕西高校优秀党务工作者、陕西国防科技系统优秀教师、学校优秀中层干部等荣誉称号。

团队成员

李俊涛、张永军、张志军、张晨亮、李成平、李会荣、孙永芳、王新海、张新停、赵小刚、党威武、潘冬、易楠、赵彦邦、梁静

成果简介

服务制造强国战略，装备制造业不断发展和军工企业转型升级，专业群建设文化引领不够、与产业发展不同步、人才培养模式创新不足等问题随之显现。项目团队紧密对接智能制造产业发展趋势，紧跟国家军工装备重大需求，以机械制造及自动化、机电一体化技术等5个专业组成专业群，坚持立德树人，改革创新。在"高职创新发展行动"计划、"双高计划"等9个国家项目支持下，结合省级教改重点课题等21项研究，经过7年实践，取得了丰硕成果。

（1）形成了"军工文化铸魂"引领专业群发展的理念。发挥军工特色院校的行业资源优势，将军工文化"浇铸"到专业群建设全要素，"熔化"到立德树人全过程。赓续红色血脉，擦亮专业群鲜红底色，将先进的文化优势转化为专业群建设的独特优势，润物无声地激励师生树立军工报国之志，树牢国家利益至上的文化自觉，凝聚起强大的培根铸魂精神力量，引领专业群高质量发展，建成了全国军工文化教育基地、全国党建工作样板支部。

（2）创建了"平台赋能、迭代调优"的专业群建设机制。在全国机械职业教育教学指导委员会（简称"机械行指委"）的指导下，联合军工集团、智能制造头部企业，建成"协作联盟、产业学院、工匠学院"专业群建设平台，集聚优质资源双向融通，赋能专业群调高调优，形成随动产业发展动态调整的专业群建设机制。典型成果入选全国机械行业职业教育产教融合十佳案例。

（3）构建了"多元协同，互促共升"的专业群建设路径。"行企校所"共守契约、共享利益、互商互通，协同共建管理、专业、师资、课程、实践基地、社会服务六个共同体，强化校企合作、深化产教融合，产业引领专业升格、专业服务产业升级，专产双融互促共升，构建了专业群建设路径。建成国家骨干专业4个、国家教学团队3个、国家实践基地3个、国家级专业教学资源库3个、省级以上在线开放课程5门。

（4）形成了"专产耦合、两境共育"的专业群人才培养模式。将军工文化融入人才培养全过程，育人要素和产业要素深度耦合：能力复合与岗位集群、课程模块与技术链环、教学团队与产业工匠、实践条件与关键装备、评价体系与质量体系，学习情境和工作情境工学交替，培养心红技高的军工传人。7年来，涌现出以全国五一劳动奖章获得者、全国技术能手、陕西首席技师为代表的优秀毕业生2 100余人。

取得了以中国特色高水平专业群建设立项及入选国家职业教育示范性虚拟仿真实训基地、国家教师教学创新团队为代表的系列建设实效，学生全国职业院校技能大赛获奖11项，人才培养质量显著提升，成果被全国机械职业教育教学指导委员会推广应用。

成果总结报告

"面向智能制造'军工文化铸魂,协同平台赋能'的专业群建设与实践"成果总结报告

一、成果背景与解决的问题

(一)成果背景

制造业是立国之本、强国之基,我国正由制造大国向制造强国迈进,培养满足行业需求的技术技能型人才,已成为高职装备制造大类专业建设的出发点和落脚点。专业群建设是职业教育与社会对人才需求的桥梁和纽带。我校传承军工文化,坚持立德树人,深化专业改革。2010年在国家示范性骨干高职院校建设中,依托机电一体化技术、机械制造及自动化重点专业,带动数控技术等专业同步发展,形成专业群建设雏形;2011年我校牵头组建陕西国防工业职业教育集团,搭建校企合作平台;2013年建成全国军工文化教育基地,军工文化融入专业群建设,实现兵器概论、精密加工技术等课程实景育人;2015年,依托协同平台开展专业群建设,建立专产互融互促的格局,形成本成果。随着产业升级,人才需求趋向高端复合型,专业群动态调整,组建了机电一体化技术、机械制造及自动化、数控技术、工业产品质量检测技术、工业机器人技术专业群,在高等职业教育创新发展行动计划、中国特色高水平专业群建设中持续创新,结合陕西省教改重点课题"产教融合背景下高职智能制造产业学院建设的研究与实践"等21项课题研究,经过7年实践,成效显著、成果丰硕。

(二)解决的问题

(1)专业群建设文化引领不够。学生吃苦耐劳、爱国奉献精神不足,不完全满足军工行业人才品质需求。

(2)专业群建设机制有待优化。专业群建设与智能制造产业发展不同步。

(3)专业群人才培养模式创新不足。人才职业能力与新岗位需求匹配度不高。

二、主要做法与经验成果

(一) 主要做法

1. 军工文化融入专业群建设，涵养军工传人优良品质

厚植军工文化沃土，将"国家利益至上"、"把一切献给党"、自力更生、吃苦耐劳、甘于奉献等军工文化融入专业群建设关键要素：一是融入专业文化，建成国防科技工业展览馆、吴运铎广场、军工文化场景、长廊、网络平台，将参观馆、场、景、廊作为新生第一课，将军工人物、装备等作为课程延伸阅读内容，将包含实境教学、示范课程等专题模块军工文化网络平台作为供给军工精神的阵地，厚植专业群红色底蕴。二是融入人才培养模式，坚持立德树人，践行全人教育理念，将吃苦耐劳、爱国奉献等优良品质浸润人才培养全过程，将军工文化印刻在学生心中。三是融入课程资源，挖掘思政元素，开发《军工装备数控编程与加工》等军工特色教材6部，打造《机械制造工艺》等课程思政示范课和红色实景课12门，以学生担任军工文化传播主体，成立军工精神研习团，打造"行走的思政课"，接受军工文化的浸润，坚守红色育人主阵地。四是融入教师培养，轮派教师入驻军工企业思政育人基地，锤炼道德品质和思政育人能力，坚定献身职教事业的初心和使命。五是融入实践基地，采用展板、浮雕等形式，建设军工文化墙，营造浓厚文化育人氛围。显性教育和隐性教育相结合，文化浸润和技能提升相结合，激励学生励志报国和文化自觉，潜移默化涵养优良品质，如图3-1所示。

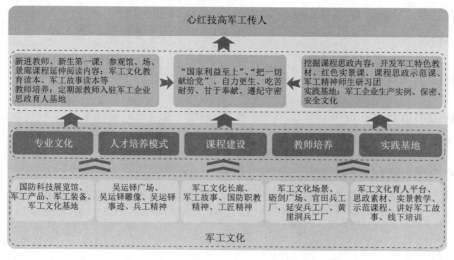

图3-1 军工文化融入专业群建设

2. 协同平台赋能，专业群建设随动产业同步发展

一是联合中国兵器二〇二所、西北工业集团等大型军工单位，携手北京发那科等智能制造头部企业，组建全国机械行业智能制造人才培养联盟、军工装备智能制造产教协同创新联盟，共建智能制造产业学院和陕西国防科技工业工匠学院。二是整合行企校所资源配置，打造六个共同体：产业学院和工匠学院实施理事会领导下的院长负责制运营模式，形成管理共同体；共同修订专业群人才培养方案、研制专业教学标准，形成专业共同体；柔性引进张新停大国工匠等共建教学创新团队，形成师资共同体；共同制定核心课程标准23项，合作开发《机电设备控制与检测》等教材51部，开发"弹箭装配工"等资源1 600 GB，形成课程共同体；共建生产性实训基地，开展实践教学和产品试制，形成实践基地共同体；建成智能制造培训等4个中心，联合培养企业新型学徒和员工，形成社会服务共同体。汇聚优质资源，两个联盟定期发布并传导智能制造产业动态和需求预测等信息，行企校所通过六个共同体实时响应，动态调整专业群组成和专业方向，优化人才培养方案、重构课程体系、培养双师团队、共建实践基地、提升服务能力，两个学院实践验证并反馈完善，全面赋能专业群随动产业规格调宽、定位调高、结构调优。

3. 面向智能制造开展人才培养供给侧改革，人岗匹配度不断提高

一是依托协同平台，面向智能制造装备应用等岗位群，建立岗位能力模型图谱，匹配技术技能要素，调整人才培养定位迈向高素质技术技能复合型，重构"基础融通、核心强化、拓展互选"专业群课程体系，开发模块化课程52门，新增"MES应用"等数字化课程21门。二是以校企"师资混编，岗位互聘"为原则，引进全国劳动模范张新停、杨峰，全国技术能手贾广杰等49人，构建"大国工匠"引领、校企专家带头、青年骨干中坚的"双师"创新团队。三是对接智能控制、智能检测等技术领域，新建西门子工坊、智能检测实训中心，改造升级现代电气控制、智能工装中心等实训基地11个，建成有力支撑人才培养供给侧改革的实践教学基地。四是携手北京发那科等头部企业，开设工匠班8个、英才班2个、订单班29个，新开设工业机器人系统操作员等技能工种16个，培养智能制造领域产业高端人才，为产业升级提供坚实的人才支撑。

（二）经验成果

1. 形成了"军工文化铸魂"引领专业群发展的理念

发挥军工特色院校的行业资源优势，把军工文化"浇铸"到专业群建设的全要素，"熔化"到立德树人的全过程。根植红色基因，赓续红色血脉，擦亮专业群鲜红底色，将兵器二〇二研究所等军工企业先进的文化优势转化为专业群建设的独特优势，激励学生树立军工报国之志,树牢国家利益至上的文化自觉,形成深厚的文化底蕴和价值导向,凝聚起强大的培根铸魂精神力量,引领专业群高质量发展。建成了全国军工文化教育基地,数控教师党支部获全国党建工作样板支部。

2. 创建了"平台赋能、迭代调优"的专业群建设机制

机械行指委指导,联合军工集团、智能制造头部企业,建成"协作联盟、产业学院、工匠学院"专业群建设平台,将产业链发展需求嵌入专业群,坚持围绕产业链部署专业群,保持专业群优化与产业转型升级同步。依托两联盟、两学院,调研智能制造产业技能人才需求,编制智能制造产业链岗位能力图谱。依据两联盟提供的前端技术信息,进行前瞻性布局,坚持产教融合,构建专业群和产业链互利共升模式;依托两学院坚持校企协同和模式再造,开展专业改革,集聚优质资源双向融通,建立随动产业发展动态调整的专业群管理机制,产业发展动态监测机制,行企校所等多方参与评价制度,专业群可持续发展机制,赋能专业群调高调优,推动人才链整合提升。"平台赋能、迭代调优"的专业群建设机制如图3-2所示。典型成果"聚焦高水平专业群建设,践行深度产教融合,协同服务制造升级"入选全国机械行业职业教育产教融合十佳案例。

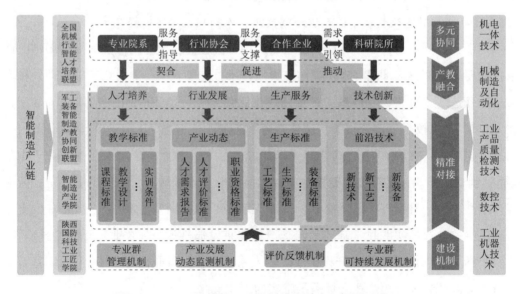

图3-2 "平台赋能、迭代调优"的专业群建设机制

3. 构建了"多元协同,互促共升"的专业群建设路径

行企校所寻求利益共同点,施行契约设计、利益分配、互商互通合作机制,多元协同打造管理、专业、师资、课程、实践基地、社会服务6个共同体,促进了产业链、技术链、人才链、创新链有机融合,产业引领专业升格、专业服务产业升级,双融互促共升,构建了"多元协同,互促共升"的专业群建设路径。建成机械制造及自动化等国家骨干专

业4个、国家教学团队3个、教育部工业机器人应用人才培养中心等国家实践基地3个、工业产品质量检测技术等国家级专业教学资源库3个、"机器人制作与编程"等省级以上在线开放课程5门。

4. 形成了"专产耦合、两境共育"的专业群人才培养模式

面向智能制造岗位群,与头部企业深度合作,资源集约共享,促进人才链与产业链有机衔接。将军工文化融入人才培养全过程,实现专业群育人要素和产业发展要素深度耦合:能力复合与岗位集群耦合、课程模块与技术链环耦合、教学团队与产业工匠耦合、实践条件与关键装备耦合、评价体系与质量体系耦合,在学习情境和工作情境中工学交替,形成了专业群人才培养模式,如图3-3所示。

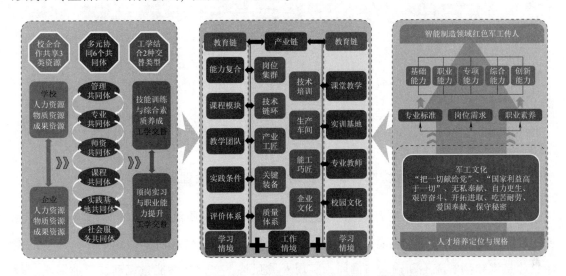

图3-3 "专产耦合、两培共育"专业群人才培养模式

依据专业群"强素养,厚基础,精技能,宽口径"的人才培养规格,搭建通识课程、通用课程、核心课程、拓展课程模块,开发了专业群课程体系(见图3-4),培养心红技高的军工传人。

7年来,专业群7 300余人在改革中受益,学生全国职业院校技能大赛获奖11项,军工企业就业2 208人,1 200余人成为技术骨干,涌现出以"全国五一劳动奖章获得者"蒋楠、全国技术能手赵晓刚、陕西产业工匠赵彦邦为代表的优秀毕业生2 100余人。专业群入选中国特色高水平专业群建设、国家职业教育示范性虚拟仿真实训基地、教育部紧缺人才培养基地等,人才培养质量显著提升,成果被全国机械职业教育教学指导委员会推广应用。

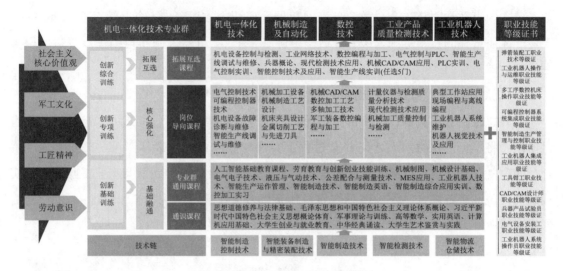

图 3-4 专业群课程体系架构图

三、创新点

（一）融合形成了"多元协同+循环驱动"专业群建设理论

引入"协同理论"和生态系统中能量流、信息流和物质流概念，丰富形成了"多元协同+循环驱动"专业群建设理论，如图 3-5 所示。行企校所协同共建平台，产生能量流、信息流和物资流不断输入与循环，实现人员互聘、文化互融能量流动，行业需求、评价反馈信息传递，资源共享、基地共建物资循环。以共享利益为动力，以共同体为载体，建立合作共生、互利共赢的循环驱动生态，产生 1+1>2 的协同效应，共育产业高端人才，助推专业群始终保持有序化的高质量发展。发表相关研究论文 12 篇，其中获奖 3 篇，为同类院校专业群建设提供了借鉴。

（二）外组协作联盟、内建产业学院，创新了专业群动态优化模式

依托全国机械行业智能制造人才培养联盟和军工装备智能制造产教协同创新联盟，定期召开理事会议，实施专业群共建，人才共育，技术共研，资源共享，形成了行企校所协同发展的格局。精准识别和定位智能制造产业需求，探索"1校+1头部企业+N个细分领域企业或区域紧密合作企业"模式，共建智能制造产业学院，实施理事会领导下的院长负责制管理运行方式，构建了产业更新快速传导，产教精准对接，专业群建设实时响应的机制，形成了专业群随动产业发展动态优化模式。陕西省教改重点课题"产教融合背景下

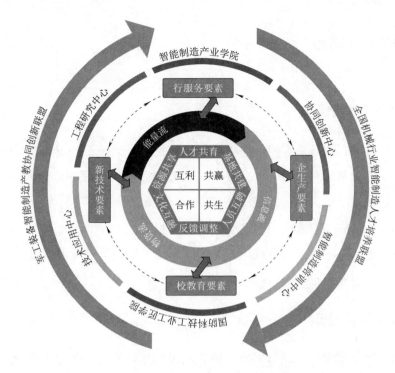

图 3-5 "多元协同 + 循环驱动"理论指导专业群发展

高职智能制造产业学院建设的研究与实践"首次构建了该模式,获得了专家一致认可和广泛关注。

(三) 红色根脉滋养军工传人,创新了军工文化涵育课程思政范式

深挖军工文化资源,开发课程思政元素:依托中国兵器二〇二所等思政育人基地,发掘吴运铎等典型人物的红色军工故事,转化为课程思政元素,沁匠心、励匠志、铸匠魂,推动军工文化"落实、落细";育人无声无形。深化军工文化内涵,丰富课程思政内容:深悟军工保密等文化和"把一切献给党"等精神内涵,建立案例库,制成微视频,编著特色教材,开发红色实景课,坚持正确政治方向,推动军工文化"入脑、入心",坚定学生理想信念。发掘军工文化价值,增强课程思政引力:聘请军企全国劳模张新停等入校授课,塑造亲和力强的课堂,将书本故事呈现在学生身边,推动军工文化"见人、见物",引导学生将爱国热情转化为行动自觉,做到德技并修、内化外行。《中国教育报》首次专题报道了"构建大思政育人格局,培养红色军工传人","课程思政厚植红色基因,产教融合共育军工工匠"的观点和做法在中国青年发展高端峰会上介绍后,获得普遍认可。

四、应用推广效果

（一）专业群建设成效显著

人才培养质量显著提升。在世界500强企业就业比例提高了35.3%，涌现出全国技术能手3人，五一劳动奖章获得者3人，省市工匠42人、技术能手300余人。

专业群建设成果丰硕。获国家级荣誉37项、省级荣誉216项，专业群立项中国特色高水平专业群建设计划，综合实力位居全国前列。

成果示范带动效果明显。引领校内新能源汽车技术等9个专业群建设，其中5个入选陕西省高水平专业群建设计划。

（二）服务能力明显提升

标准引领。制定国家专业教学标准3项，制定军工特有工种职业技能等级标准2项，在中国兵器工业集团30余家子集团全面推广，累计3.1万人受益。

助力产业。为智能制造示范企业培训员工11 682人次。创新智能化铝加工设备核心技术，获得授权的发明专利22项、实用新型专利268项，新增经济效益2 700万元。

服务军工。举办陕西国防科技工业系统职工技能大赛5次、技术培训113次，参与3项军工产品设计及生产技术创新。

（三）辐射推广效果良好

国内借鉴。17门课程在全国76所院校推广应用，20万人次选学；11所院校的"双高"专业群建设均借鉴了本成果。

国际交流。输出专业教学标准2套，课程标准11项，课程及资源在巴基斯坦、泰国等"一带一路"共建国家应用超过1.8万人次。

媒体报道。《中国教育报》、人民网、西部网等17家媒体对成果进行报道，点击量超100万次。

会议推广。主持人及团队成员在全国智能制造人才培养联盟年会、机械行指委等14次会议上，就成果相关内容进行了交流发言，在全国产生了较大影响。

成果四　残健融合　校院共育　就业帮扶：视障生人才培养的创新与实践

（成果序号：2-458）

 获奖等级

二等奖

 完成单位

陕西省自强中等专业学校、中国盲人按摩指导中心（行业）、湖北康之道健康管理有限公司（企业）、江门市蓬江区环市康体盲人按摩中心（企业）

主持人简介

祁淑红，女，中共党员，硕士研究生，高级讲师。陕西省自强中等专业学校党委委员，教学副校长。全国中职教学工作诊断与改进委员会专家，陕西省中职教学工作诊断与改进委员会专家，陕西省人民政府教育督导委员会聘任的陕西省特约教育督导员，陕西省教科院兼职教研员。研究方向为职业教育管理与改革、残疾人职业教育与教学研究。

主持的教学成果"'残健融合，校院共育，就业帮扶'视障生人才培养的创新与实践"荣获2022年职业教育国家级教学成果二等奖。主持的教学成果"特教中职中医康复保健专业'残健融合'人才培养模式的创新与实践"荣获陕西省第二届中职教学成果特等奖。主持的两项省级课题"特教中职中医康复保健专业'残健融合'学业水平测试模式研究"和"特教中职学校教育扶贫模式的实践探索"结题。参与建设陕西省人民政府教育督导委员会关于第四轮中职教育高质量发展"316工程"教育督导的指标建设。多次参与国家级中职教学工作诊断与改进国家级复核工作。多次参与陕西省教育厅关于中职办学规范、教学诊改、双达标、高水平示范校项目的省级复核工作。参与陕西省教科院3项省级课题结题。公开发表论文10余篇。

团队成员

祁淑红、李乐、罗蓉、张成全、张宝康、郭天祥、杨晓沛、党苏苏、赵荣、戴静宜、李金红、夏文涛、颜学千、屈双宁

成果简介

残疾人教育是我国教育事业的重要组成部分，视障生是残疾人教育的重要群体，其教育水平是实现教育公平的重要体现。针对中医康复技术专业视障生人才培养与岗位需求有一定差距的问题，2013 年，依托国家级课题"特教中职学校教育扶贫模式的实践探索"、省级课题"特教中职中医康复保健专业'残健融合'学业水平测试模式研究"，形成了方案，在特殊教育提升计划项目和省级高水平示范校项目支持下，历经 5 年实践，形成成果如下：

（1）创新了"残健融合、校院共育"的人才培养理念。在全纳教育理念指导下，传承 70 余年"残健融合"特色积淀，区别于"以健全生为主，残疾学生融入"的大众化、随班就读"残健融合"方式，构建了"以视障生为主，健全生融入"的新型"残健融合"方式，实现 1 + 1 > 2 的视障生育人成效。依托学校附属按摩医院、中国盲人按摩指导中心和国内近 20 所中医推拿机构，校院合作，协同育人。

（2）构建了"岗课对接、康体励德"的特色育人方案。依据岗位需求及盲人医疗按摩人员从业资格考试标准和康复治疗师从业资格考试标准，优化育人目标，构建"岗课对接、康体励德"的特色育人方案。开齐开足中职公共基础课，吸纳盲医考国家规划统编教材（大字版、盲文版、语音读屏和 TXT 格式资源）为专业核心课程，引入国务院特殊津贴专家先进推拿技术，新增康复基础课程，增设盲文基础、盲人读屏软件信息技术、推拿功法和定向行走课程，建设了 15 门校本专业课程标准。该方案在残健学生培智育体、健全人格、职业道德、品德素养等方面取得了成效。2013 年至今，860 人次残健学生参与推拿技能竞赛，273 人次获奖；113 人次在省市级和学校各类才艺展示中获奖。

（3）搭建了"公平公正、就业帮扶"的育人环境。创设教育公平、消除歧视的育人氛围。建设无障碍环境、混合编班、"残健互助、分组施教"的教学方式，实行以赛促教，宣传中医文化等，营造良好育人环境。2013 年至今，累计培养残健学生 1 200 余人，对口就业率达 93%。对 72 名毕业生的统计显示，其收入平均年薪 7.64 万元，就业满意度高。

（4）建立健全了"政府、行业、企业、学校"四方协同育人机制。依托国家级残疾人职业教育基地，整合政府、行业、企业和学校资源，协调四方，搭建高质量育人机制，

保障视障生高质量融入社会。

本成果受到教育部副部长宋德民高度赞扬，他祝愿学校残疾人教育事业越办越好；吸引北京盲校、山西特教中专等 12 所院校前来交流，被中国教育电视台报道。

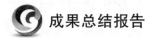 **成果总结报告**

"残健融合 校院共育 就业帮扶：视障生人才培养的创新与实践"
成果总结报告

一、成果背景与问题

（一）背景

残疾人教育是我国教育事业的重要组成部分，视障生是残疾人教育的重要群体，其教育水平是实现教育公平的重要体现。陕西省自强中等专业学校，1951 年建校初，首批开设"盲人中医按摩"专业，1984 年更名为"按摩医士"专业，20 世纪 90 年代初更名为"针灸推拿"专业，2010 年更名为"中医（针灸推拿方向）"专业，2014 年更名为"中医康复保健"专业，2021 年更名为"中医康复技术"专业。该专业每年招生 130 余名，其中视障生占 78%、健全生占 22%。

（二）存在的教学问题

中医康复技术专业视障生育人定位不准确，学生社会适应能力较弱，不利于其融入社会，不能满足其全面发展的需求；教学内容滞后，与中医推拿医院岗位需求脱节，视障生的技能培养供给侧与需求侧不匹配；校院合作不充分，视障生就业能力不足，高质量就业保障机制不完善。

（三）解决方案

依托项目建设、国家级和省级课题研究，在深入调研的基础上，提出精准定位、对接岗位、完善保障的建设思路。遵循中职层次人才培养规律，找准视障生融入社会切入点，重新设计定位人才培养目标；分析研究职业岗位能力需求，校院合作，构建兼顾残健学生的特色课程体系；梳理整合校内外办学资源，规划设计"残健融合，公平育人"的人才培养运行机制。

二、主要做法与经验成果

2013年，依托国家级课题"特教中职学校教育扶贫模式的实践探索"、省级课题"特教中职中医康复保健专业'残健融合'学业水平测试模式研究"，形成了方案，在特殊教育提升计划项目和省级高水平示范校项目支持下，历经5年实践，形成成果如下：

（一）创新了"残健融合、校院共育"的人才培养理念

在全纳教育理念指导下，传承70余年"残健融合"特色积淀，区别于"以健全生为主，残疾学生融入"的大众化、随班就读"残健融合"方式，构建了"以视障生为主，健全生融入"的新型"残健融合"方式，实现1+1＞2的视障生育人成效，解决了将视障生孤立、隔离、受歧视的不科学教育方式。"残健融合"从无到有，从被动选择到主动适应，从粗放发展到高质量发展，视障生受益颇多。

依托学校附属按摩医院、中国盲人按摩指导中心和国内近20所中医推拿机构，校院合作，协同育人。

与学校附属按摩医院合作，人才培养理论与实践一体化组织实施，教师进医院临床实践，服务社区群众，积累临床经验，教学内容引入临床案例，教学内容与岗位需要紧密对接。

与中国盲人按摩指导中心合作，借助其盲医考（即"全国盲人医疗按摩人员考试"）政策、标准和考试设备标准、考试教材研发、试题库研发、考题测试的资源优势，课程教学、技能训练与盲医考标准对接，培养视障生成为合格的从医人员。

与国内多所品牌中医推拿机构合作。在学校设立王结技能大师工作室和何建青中医名师工作室（享受国务院特殊津贴专家，专业技术二级，1991届优秀盲人毕业生）；在4个企业建立校外实习基地，累计培养实习学生920余人；企业参与人才培养方案修订和省级课题研究；校企双主体开展现代学徒制人才培养；2个企业连续5年在学校设立"康体励德""康之道励志"奖学金，累计投入9万元，90名品学兼优、家庭困难学生受益。校院深度合作，为人才培养注入活力。

（二）构建了"岗课对接、康体励德"的特色育人方案

依据岗位需求，按照全国盲人医疗按摩人员从业资格考试标准和康复治疗士医技类从业资格考试标准，优化育人目标，构建"岗课对接，康体励德"的特色育人方案。

落实教育部关于中职学校公共基础课程标准的新要求；吸纳盲医考国规教材《正常人体学》《中医基础学》《按摩学基础》和《经络腧穴》（大字版、盲文版、语音读屏和TXT格式资源）为专业核心课；新增"康复基础"，引入康复治疗士资格考试内容；增设"盲文基础"，提高盲生盲文摸读扎的"读写"本领；增设"推拿功法"，开展服务专业能力的俯卧撑、马步、站桩、臂力、腿功等特色体能训练；增设"定向行走"，把校园地图绘制成为盲生大脑地图，提高盲生定向行走生活技能；计算机信息技术课程引入盲人读屏软件技术；引入享受国务院特殊津贴专家的多指连按推拿法和中医推拿复合手法的医学临床先进技术；引入企业小儿推拿、小儿视力五行按摩保健特色技能；企业在实习环节强化新技术实训教学；建设了15门校本专业课程标准。该方案在残健学生培智育体、健全人格、职业道德、品德素养等方面取得显著成效。"残健融合"中医康复技术专业课程体系结构、课程标准统计如图4-1、图4-2所示。

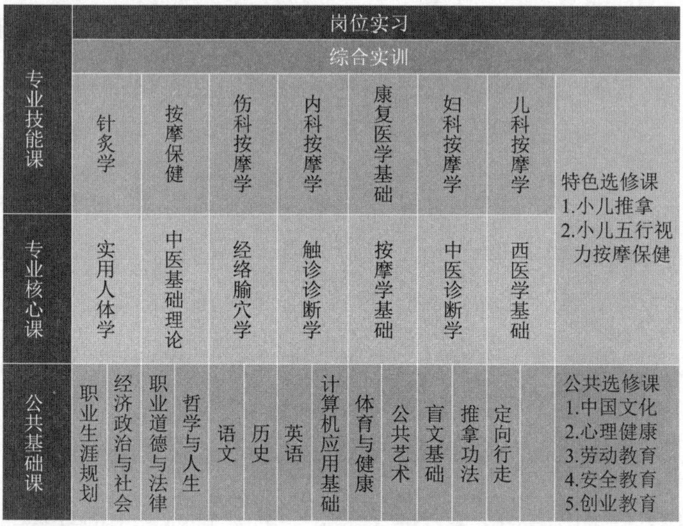

专业技能课	岗位实习						
	综合实训						
	针灸学	按摩保健	伤科按摩学	内科按摩学	康复医学基础	妇科按摩学	儿科按摩学
							特色选修课 1. 小儿推拿 2. 小儿五行视力按摩保健
专业核心课	实用人体学	中医基础理论	经络腧穴学	触诊诊断学	按摩学基础	中医诊断学	西医学基础
公共基础课	职业生涯规划	经济政治与社会	职业道德与法律	哲学与人生	语文	历史	英语
	计算机应用基础	体育与健康	公共艺术	盲文基础	推拿功法	定向行走	公共选修课 1. 中国文化 2. 心理健康 3. 劳动教育 4. 安全教育 5. 创业教育

图4-1 "残健融合"中医康复技术专业课程体系结构

（三）搭建了"公平公正、就业帮扶"的育人环境

创设体现教育公平、消除歧视的育人氛围。通过建设无障碍环境和设备，残健学生进行混合编班，培养学生职业道德、健全人格和就业创业能力素养，"残健互助、分组施教"，以赛促教技能训练和培养中医文化自信等措施，营造良好的育人环境。应用功能补偿理论，重视并发展视障生记忆力强和触觉敏感的功能特长，有针对性地组织教学。一是面向盲生普及盲文，引入通用盲文知识，发展盲人的读写能力。二是理论课突出知识和技能要点的总结提炼，采用歌诀记忆法、横向比较记忆法、内外上下对照记忆法、部位记忆

	序号	课程名称	国家课程标准	校本课程标准
专业技能课	1	针灸学		校本课程标准
	2	保健按摩		校本课程标准
	3	伤科按摩学		校本课程标准
	4	内科按摩学		校本课程标准
	5	康复医学基础		校本课程标准
	6	妇科按摩学		校本课程标准
	7	儿科按摩学		校本课程标准
专业核心课	1	正常人体学		校本课程标准
	2	中医基础理论		校本课程标准
	3	经络腧穴学		校本课程标准
	4	触诊诊断学		校本课程标准
	5	按摩学基础		校本课程标准
	6	中医诊断学		校本课程标准
	7	西医学基础		校本课程标准
公共基础课	1	职业生涯规划	教育部课程标准(2020版)	
	2	经济政治与社会	教育部课程标准(2020版)	
	3	职业道德与法律	教育部课程标准(2020版)	
	4	哲学与人生	教育部课程标准(2020版)	
	5	语文	教育部课程标准(2020版)	
	6	历史	教育部课程标准(2020版)	
	7	英语	教育部课程标准(2020版)	
	8	计算机应用基础	教育部课程标准(2020版)	
	9	体育与健康	教育部课程标准(2020版)	
	10	公共艺术	教育部课程标准(2020版)	
	11	推拿功法		校本课程标准

图4-2 "残健融合"中医康复技术专业课程标准统计

法、分类记忆法、顾名思义记忆法等，增强学生记忆。三是实践课突出按摩技能的体验式和案例式教学特色，让学生在实践触摸中准确学习和练习技能；组织学生"一对一"互助小组，发挥小组的互助帮带作用，提升整体学生技能。四是建设盲文阅览室，购置盲文文献书籍、大字版的文学作品和专业书籍，引入盲文点读机、放大器和助视器，扩大学生阅读面，拓展其知识和视野。五是突破生理残疾限制，拓展其参与英语社团、田径运动、广播播音工作等。六是开展盲人日常行为训练，锻炼盲人掌握整理内务的生活自理能力和良好的生活作息习惯。七是学校户外楼内整体铺设盲道和坡道，教学楼、学生公寓和食堂全部配备无障碍带盲文数字的电梯，方便盲人行走，优化视障生生活环境。

建设就业用人单位考察、遴选和退出动态管理机制和毕业生就业跟踪服务机制。与近20家企业合作，有效实施残健学生就业安置工作。明确三方责任和义务，保障学校培养企业需要的人才，保障学生深度融入企业，保障企业用人满意度。编撰《自强人》一书，遴选和宣传32位优秀残健毕业生成长成才、创业成功、反哺社会的典型事迹案例，每年请他们回到母校做创业励志报告，使在校残健学生学有榜样。

（四）建立健全了"政府、行业、企业、学校"四方协同育人机制

依托国家级残疾人职业教育基地，整合政府、行业、企业和学校资源，协调四方的政策、人力、财力、物力、硬件和软件资源，搭建高质量育人机制，保障视障生高质量融入社会。

三、创新与特点

（一）丰富了全纳教育理念内涵，实现了"以视障生为主，健全生融入"的新型"残健融合"方式

全纳教育是1994年世界特殊需要教育大会通过的一种新的教育理念和教育过程；它容纳所有学生，反对歧视排斥，促进积极参与，注重集体合作，满足不同需求，是一种没有排斥、没有歧视、没有分类的教育。在全纳教育理念指导下，传承学校70余年"残健融合"特色积淀，区别于"以健全生为主，残疾学生融入"的大众化、随班就读"残健融合"方式，构建了"以视障生为主，健全生融入"的新型"残健融合"方式，实现1+1＞2的视障生育人成效，解决了将视障生孤立、隔离、受歧视的不科学教育方式。扶助视障生学习文化、掌握技能，树立乐观自信和健康向上的生活态度；引导健全生主动扶残助困，培养仁爱、互助、奉献的协作精神等，丰富了全纳教育理念内涵。

（二）创新了我国特教中职教育"残健融合，康体励德"的人才培养路径

基于市场对职业岗位需求、盲医考标准和康复治疗士考试标准，结合视障生与健全生特点，优化人才培养目标，重构专业特色课程体系。在教育行政部门未建该专业教学大纲和课程标准的情况下，首创了该专业人才培养方案、课程体系和15门专业核心课程标准。突出德技并修，针对视障生触觉敏感、记忆力强和动手能力强的特点，挖掘其潜能，激发其内在动力。思政课程与课程思政同向而行。理论教学突出知识框架构建和技能手法的总结提炼；实践教学采用残健组队，教师手拉手指导学生，在触摸中精准取穴、掌握按摩技能精髓；技能大赛引入医学资格考试标准，以赛促教；注重学生身心健康和体能训练，以优秀毕业生典型案例事迹激励残健学生学有榜样；依托课题研究，改进育人举措，全面提升育人质量。这一"残健融合，康体励德"的人才培养路径，在国内特教中职领域中起到了引领作用。

（三）视障生和健全生同课堂，形成教育公平、消除歧视、就业帮扶的"陕西方案"

坚持人格平等、互相尊重的人道主义精神，视障生和健全生同课堂，同培共育，创设教育公平、消除歧视、就业帮扶的育人氛围。通过不断创新教育模式和教学方法，因材施教，因人施教，"扶志""扶智""扶技"，让众多视障生学有所长，学有所成，自强自立，

靠技能生存,凭特长发展,实现高质量就业及创业。视障生和健全生享受公平的教育资源,共享教育改革发展成果。视障生和健全生同课堂,形成了教育公平、消除歧视、就业帮扶的"陕西方案"。

四、推广应用效果

(一) 校内应用效果好

(1) 学生培养质量显著提升。吸引国内 15 个省份众多视障生慕名来校求学。2013 年至今,累计培养残健学生 1 200 余人,对口就业率达 93%。对 72 名毕业生的统计显示,就业收入平均年薪 7.64 万元,32 名学生成长为企业骨干人才,毕业生就业满意度高。35 名毕业生创业成功,9 名视障生升入高校深造。王亚莉 2019 年在"中华中医药学会首届中医少儿推拿技能提升行动"中获保健组"十佳少儿推拿能手"称号,在陕西省首届小儿推拿大赛中获二等奖。毕业生武杨勇成长为静修健康科技(天津)有限公司股东兼董事会成员。毕业生孟秦东和李博成长为广东江门市康体盲人按摩院的项目技术总监。毕业生取得的成就如图 4-3 所示。

2014级6班武扬勇
静修健康科技(天津)有限公司
股东兼董事会成员

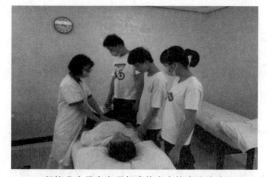

2015级毕业生孟秦东现任康体盲人按摩院脏腑调理
项目技术总监

图 4-3 毕业生取得的成就

成果四 残健融合 校院共育 就业帮扶：视障生人才培养的创新与实践 43

2016级毕业生李博现任康体盲人按摩院
正骨疗法项目技术总监

优秀毕业生创业实践报告会

图4-3 毕业生取得的成就（续）

（2）专业教学质量显著提升。本成果推动中医康复技术专业人才培养进入高质量发展阶段。成果主持人是中职国家级和省级专家；9人是全国盲医考考官；获评"全国优秀教师"称号1人，中残联"交通银行特教园丁"称号1人，陕西省特殊教育先进工作者1人，陕西省教学能手2人，高级讲师7人。持有医师资格证7人，医师执业证6人，高级和中级按摩师技能证3人。中国第三届百强推拿按摩师大赛金奖1人，省级教师教学能力大赛等比赛中8人次获奖。本成果荣获省政府教学成果特等奖；国家级课题"特教中职学校教育扶贫模式的实践探索"、省级课题"特教中职中医康复保健专业'残健融合'学业水平测试模式研究"、参与的省级课题"陕西省残疾人职业教育发展规划与策略"结题；建成校级精品课"经络腧穴学"和传承课"按摩学基础"；参与国家级盲医考教材、习题册和试题库建设。专业教学成果如图4-4所示。

图4-4 专业教学成果

图 4-4 专业教学成果（续）

（二）校外推广借鉴广泛

本成果向北京、山西等 12 所特教中职累计 165 人线上线下交流推广，1 628 名视障生受益。在国家级知名校长培训、全国现代服务业职业教育集团西北分部年会、西部三省职业教育论坛、昆明第一职业中等学校骨干教师培训等会议上，向累计 960 余人交流推广。主编教材《初级盲人保健按摩培训教程》出版发行 3 000 册，在全国残联系统推广；参编全国统编教材《中医基础理论》《内科按摩学》《按摩学基础》和《经络腧穴学》，出版大字版和盲文版 19 000 册，作为盲医考考试用书，被国内盲人中专学校如北京盲校、山西特教中专、南京盲校、河南推拿职业学院等作为专业教材推广；参编的按摩学基础、伤科和妇科按摩习题集即将出版，印刷 2 000 册；培训盲医考考官 88 人次，培训参考人员2 200人次。校外推广及参编教材如图 4-5 所示。

图 4-5 校外推广及参编教材

图 4-5　校外推广及参编教材（续）

（三）领导、行业认可度高

2022 年 3 月，教育部副部长宋德民在陕西省常务副省长王晓和副省长方光华陪同下，视察了学校人才培养情况并给予高度赞扬和认可，他祝愿学校残疾人教育事业越办越好。多年来，中国盲人按摩指导中心依托学校开展全国盲医考水平测试工作。领导视察如图 4-6 所示。

图 4-6　领导视察

图 4-6　领导视察（续）

（四）国内主流媒体报道

典型案例《自强不息逐梦，大爱无疆树人》被教育部选中，2022 年 8 月 23 日，中国教育电视台在世界职业技术教育发展大会特别节目——职业教育改革发展国际交流合作特色案例栏目中进行了宣传。视频中还展示了学校盲人毕业生王结在当选第四届全国道德模范颁奖大会上受到习近平总书记亲切接见的珍贵图片。该案例于世界职业技术教育发展大会期间，在中国教育电视台、中国教育网络电视台、"职教筑梦"公众号等国家级媒体推广。主流媒体报道如图 4-7 所示。

图 4-7　主流媒体报道

成果五 德技融通 四阶递进 五方协同
——高职航空机务士官人才培养模式的创新与实践
（成果序号：2-459）

获奖等级

二等奖

完成单位

西安航空职业技术学院、中国人民解放军空军工程大学、中国人民解放军第五七〇二工厂

主持人简介

周岩，男，汉族，1964年1月生，三级研究员，中共党员，广东潮阳人，现任西安航空职业技术学院党委书记，兼任中国高等教育学会美育分会理事，全国高职高专党委书记论坛主任委员会副主任委员，《军工文化》首席专家等职务。先后主持省部级课题10余项，发表高水平论文40余篇，出版教材4部，主持的教学成果获职业教育国家级教学成果奖二等奖1项、陕西省教学成果奖一等奖1项、教育部航空行指委教学成果特等奖2项、全国职业院校文化素质教育教学精品成果奖1项。先后荣获"陕西省高等教育优秀管理者""陕西省高校优秀党务工作者""陕西省高校思想工作先进个人""陕西省高校精神文明建设先进个人"等荣誉称号及"陕西省黄炎培职业教育奖杰出校长奖"。

团队成员

周岩、王颇、吴玮、史小英、张俊、安娜、李信言、康卉、王瑜瑜、高北雄、贾德宇、翟勇

成果简介

空军新型战机更新换代，部队实战化训练增强，对现代航空机务保障人员提出更高要求，政治过硬、技能精湛、素质卓越成为现代航空机务士官人才核心要求。传统机务士官人才培养难以满足新时代"为战而育、德技兼修"的人才强军需要，2013 年，项目团队依托"基于军工企业岗位需求的航空维修类专业人才培养研究"等 5 项省级教改课题，联合空军工程大学、五七〇二厂等单位开展研究。历经 6 年实践，形成"德技融通 四阶递进 五方协同——高职航空机务士官人才培养模式"，实现机务士官学生"毕业即入伍、入伍皆能战"，成效显著。

（1）形成了"姓军为战、德技融通"的育人理念。紧盯新时代强军兴军目标，紧扣航空机务人才培养规格，形成机务士官育人理念。姓军为战：突出献身国防、能打硬仗的军人素养；德技融通：突出政治过硬、技能精湛的专业素养。

（2）构建了"五方协同、多元融合"的育人机制。凝练"产教融合、军民融合、校地融合"战略，与政军行企共同成立陕西航空职教集团，组建士官人才培养指导委员会，共建士官学院，创建了"政府搭桥、军队协同、行业参与、企业融入、学校主导"的协同育人机制。

（3）创建了"紧贴实战、四阶递进"的课程体系。聚焦部队作战需求，突出能力递进，划分了 1 年（通用基础能力）+1 年（专业核心能力）+0.5 年（战机维修能力）+0.5 年（作战保障能力）四个阶段，设置思想政治、军事素质、组训管理、专业技能四模块课程，课程贯穿四个阶段，形成递进式课程体系。

（4）共建了"真岗实做、文化沁润"的实践基地。整合五方资源，与五七〇二厂、西飞公司共建机务维修等"真岗实做"实践基地 15 个，与航空产业基地、试飞院共建航空科技馆、薛莹德育班等"文化沁润"实践基地 16 个，聘请国家技能大师叶牛牛、中航技术能手万胜强、试飞英雄黄炳新、全国劳模薛莹担任实践教师，突出大师引领，匠心铸魂。

（5）建立了"五方参与、多维观测"的评价体系。构建了政府侧重社会服务、部队侧重军政素质、行业侧重职业标准、企业侧重技能水平、学校侧重学业成绩的 3 级 48 个测评指标。通过过程+结果、定性+定量、线上+线下等多维评价，结果动态调整人才培养过程。

经 6 年实践检验，部队对士官生满意度从 90% 增至 98%，入伍率增至 99%，招生计划数较 2016 年翻 5 倍，学校获全国国防教育特色学校，试点专业入选全国"双高计划"

专业群,成果入选《全国定向士官人才培养成果案例集》,项目团队主持人在空军军地联席会上做主旨发言,成果经验被认可并推广。《中国教育报》等多家媒体对教学成果进行了报道,285家单位来校学习。

成果总结报告

"德技融通 四阶递进 五方协同——高职航空机务士官人才培养模式的创新与实践"教学成果总结报告

随着人才强军战略和军民融合战略推进,国家亟须大批担当强军重任的新型军事人才,为地方高校服务强军建设提供了重大机遇。定向培养士官成为新时代军事人才的重要组成部分,是实现强军目标的重要举措,开展定向士官人才培养研究有其重大的现实意义。

一、成果背景

航空技术装备升级换代、部队实战化训练强度加大、飞行科目和机务保障难度增强、军政素质要求不断深化,对航空机务士官人才提出了更高要求,传统机务士官培养难以满足新时代"为战而育、德技兼修"的人才强军战略需要,士官培养难以在"人才强军"战略目标中凸显作为。

西安航空职业技术学院是一所因航空而生、伴航空而长、随航空而强的具有40年军工基因的高职院校,作为全国首批、陕西唯一空军定向士官人才培养院校,多年来为部队培养了大批优秀士官人才。然而随着部队对现代新型航空机务士官人才的要求,如何培养出政治过硬、素质卓越、技能精湛的优秀军事人才成为当前研究的重点。2012年,研究团队先后赴空军装备部、省军区、中航工业等全国30多所航空企业和军工企业调研,总结出只有对标岗位、贴近部队,创新人才培养模式,整合多方育人资源,才能培养出军队、企业所需要的士官人才。围绕这一主题,项目团队从2013年依托省级教改课题"基于军工企业岗位需求的航空维修类专业人才培养研究"等5项省级课题,依托阎良航空城区位优势,联合空军工程大学、五七〇二厂、国家航空产业基地等单位开展研究,于2016年形成研究成果,后经6年实践,形成"德技融通 四阶递进 五方协同——高职航空机务士官人才培养模式",实现机务士官学生"毕业即入伍、入伍皆能战",育人成效显著。高职航空机务士官人才培养模式如图5-1所示。

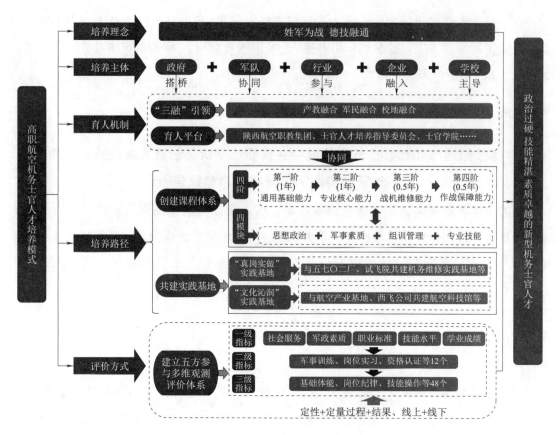

图 5-1 高职航空机务士官人才培养模式

二、成果基本内容

（1）形成了"姓军为战、德技融通"的育人理念。紧盯新时代强军兴军目标，紧扣航空机务士官人才培养规格，姓军为战：突出献身国防、能打硬仗的军人素养；德技融通：突出政治过硬、技能精湛的专业素养。

（2）构建了"五方协同、多元融合"的育人机制。凝练"产教融合、军民融合、校地融合"的"三融"战略，与政军行企共同成立陕西航空职教集团，组建士官人才培养指导委员会，共建士官学院，创建了"政府搭桥、军队协同、行业参与、企业融入、学校主导"的协同育人机制。

（3）创建了"紧贴实战、四阶递进"的课程体系。聚焦部队作战需求，突出能力递进，创建了1年（通用基础能力）+1年（专业核心能力）+0.5年（战机维修能力）+0.5年（作战保障能力）四阶培养阶段，贯穿设置了思想政治、军事素质、组训管理、专业技能四模块课程，形成了递进式模块化课程体系。建成国家级精品课程3门、国家级资源库

2个，获评全国优秀教材1部。

（4）共建了"真岗实做、文化沁润"的实践基地。整合五方资源，与五七〇二厂、西飞公司共建机务维修等"真岗实做"实践基地15个，与航空产业基地、试飞院共建航空科技馆、薛莹德育班等"文化沁润"实践基地16个，聘请国家技能大师叶牛牛、中航技术能手万胜强、试飞英雄黄炳新、全国劳模薛莹担任实践教师，突出大师引领、匠心铸魂。入选国家级实训基地3个。

（5）建立了"五方参与、多维观测"的评价体系。构建了政府侧重社会服务、部队侧重军政素质、行业侧重职业标准、企业侧重技能水平、学校侧重学业成绩的三级48个测评指标点。通过过程＋结果、定性＋定量、线上＋线下等多维评价，评价结果动态调整人才培养过程。

经6年实践检验，部队对士官生满意度从90%增至98%，入伍率增至99%，招生计划数较2016年翻5倍，学校获全国国防教育特色学校，试点专业入选全国"双高计划"专业群，成果入选《全国定向士官人才培养成果案例集》，项目团队负责人在空军军地联席会上做主旨发言，成果经验被认可并推广。《中国教育报》等多家媒体对教学成果进行了报道，285家单位来校学习。

三、成果解决的教学问题

（1）多元协同育人机制还不健全，平台搭建、育人合力还不够。
（2）课程体系不够聚焦岗位要求，专业技能、军政素养融合不够。
（3）实践育人资源开发不足，资源整合、效益发挥不充分。
（4）评价体系针对性不强，测评指标、评价方式不健全。

四、解决方案

（一）平台搭建＋多元融合，构建五方协同育人机制

搭建育人平台：与省军区、五七〇二厂等单位36家共同成立陕西航空职教集团、士官人才培养指导委员会，组建士官学院，下设军地联合培养研究室等机构7个；制定《士官人才培养指导意见》等规定12条。突出多元融合：以"产教融合、军民融合、校地融合"的"三融"战略为引领，形成与部队人才需求对接，与区域经济发展融合，与产业

升级结合的发展格局，分析学校与企业、军队、地方的协同关系，明确了以组织机构为依托、政策制度为保障、专家团队为核心、各方资源为纽带的五方育人共同点，政府出台《人才引进激励办法》等政策，行业确定技术标准，企业提供团队、设备，军队开展训练指导、岗前培训。政军行企校五方协同育人平台如图5-2所示。

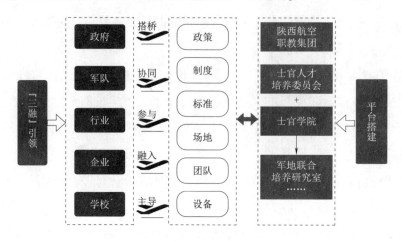

图5-2 政军行企校五方协同育人平台

（二）能力导向+实战需求，构建"四阶四模块"课程体系

聚焦能力培养：分析航空机务岗位群核心能力，梳理为保障基础能力、转场运输机动能力、战伤抢修维护能力、部队综合保障能力，按照"能力目标对标岗位要求"划分四阶，前两阶在学校培养，政行企深度参与，着力加强国防教育、军事训练、专业教学、身心素质等。第三阶在军工企业实习，着力加强军航"三负责"机型维修能力训练。第四阶在部队育训，着力加强"敢打必胜"战斗精神教育、机组协同保障等岗前实践。紧贴实战需求：分析恶劣战场环境下机务士官素质需求，按照"课程内容融入军政素质，教学项目对接工作任务"的原则开发课程体系，开发了思想政治、军事素质、组训管理、专业技能四模块课程，增设"空军航空机务史"等军政素质课程12门，建设"航空机务保障"等课程思政专业示范课25门，在四阶中递进设置。"四阶四模块"课程体系如图5-3所示。

（三）真实装备+特色文化，共建协同育人实践基地

真实装备为载体：按照"实岗、实装、实做"，整合军工系统、中航工业等五方优质资源，与五七〇二厂、试飞院、空军工程大学等共建飞机排故检修、试飞地面保障、H6及JH7等15个"真岗实做"实践基地，加大机务士官在真实条件下体能水平、心理素质、维护作风、专业技能等方面的训练强度，磨炼在恶劣环境下完成任务的能力。特色文化为

引领:按照"文化赋能涵养军政素质",融合军工、航空、企业、区域历史四种文化,与西飞公司、航空行指委等共建功勋飞机园、西飞"薛莹班"、航空科技馆等16个校内外"文化沁润"实践基地,整合军队优秀典型案例、航空英模典型人物、老一辈机务兵典型事迹、特色文化实践活动,铸就机务士官献身国防、能打胜仗的精神品质。协同育人实践基地如图5-4所示。

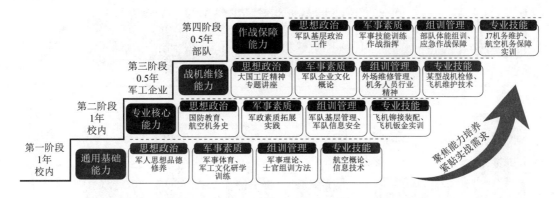

图5-3 "四阶四模块"课程体系

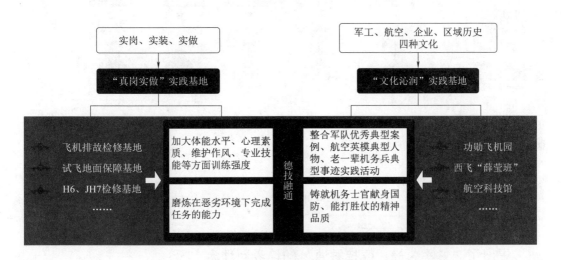

图5-4 协同育人实践基地

(四)多元评价+动态调整,构建五方多维评价体系

构建五方多元评价:引入"政军行企"多元主体,围绕各自观测点共同制定了军政素质、机务维修、职业标准、社会服务、学业水平5个维度的一级指标,突出体能测试、军事训练、岗位实习、课程考试等12个二级指标,体现基础体能、战术训练、技能操作、理论课程等48个三级指标,形成了航空机务士官学生的评价标准。按照过程+结果、定性+定量方式,通过课程考核、体能测试、部队集训、社会实践、资格认证等方式进行评

价,形成学生军政素质、岗位技能、课程成绩等分值。适时动态调整:适时掌握士官学生培养效果,引入教学诊断与改进,跟踪监测教学与学习过程,调整教学思路、教学内容,反哺人才培养过程。"五方多维"评价体系如图5-5所示。

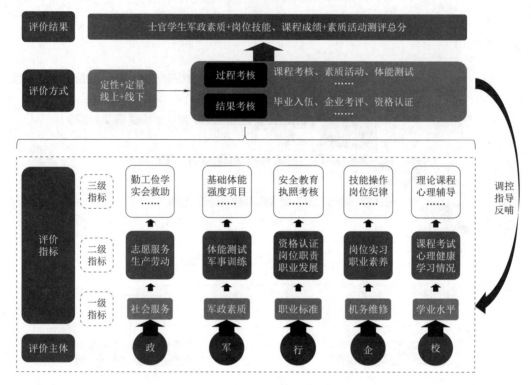

图 5-5 "五方多维"评价体系

五、创新点

(一)提出了"姓军为战、德技融通"的培养新理念

首次在定向培养士官院校中提出"姓军为战、德技融通"的机务士官人才培养理念,明确为谁培养人、培养什么人、怎样培养人的问题。理念面向部队、面向战场、面向装备,聚焦强军需要、机务岗位需要,形成人才培养目标和导向,即:突出思想政治、军事素质、专业技能3个维度,强化重政治、铸军魂、强体能、宽基础、精技能5个层面,既体现了维修岗位需要的专业技术能力,又凸显了军政素质能力。以此引领推进教学改革创新,打造政治过硬、技能精湛、素质卓越的新型机务士官人才,使人才培养供给侧与未来战场需求侧精准对接。航空机务士官人才培养理念如图5-6所示。

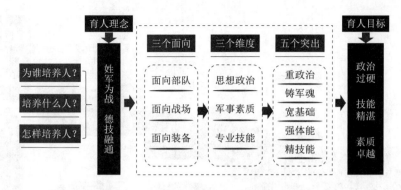

图 5-6 航空机务士官人才培养理念

(二) 创建了"贯穿军政素质、凸显能力递进"的育人新路径

突出军政素质培养，重构课程体系，分四段开设军政素质课程，打造专业课课程思政，形成德技融通的模块化课程；构建教师团队，建成试飞英雄黄炳新、全国劳模薛莹为导师的育德教学团队；重组实践育人基地，打造校内军校，开展军工文化教育；校企共建试飞英雄教育基地，开展企业文化教育；校行共建航空科技馆，开展航空文化教育；校地共建习仲勋陵园爱国基地，开展区域历史文化教育。率先优化士官"2.5+0.5"传统培养模式，按能力递进划分为"1+1+0.5+0.5"四段，对应突出通用基础能力、专业核心能力、战机维修能力、作战保障能力，将军政素质与专业技能按阶段贯穿其中，增设军工企业岗位实践的 0.5 年，重点培养学生战机维修能力，实现了教学设备与武器装备、实习环境与实战需求的紧密对接。通过课内外"全融通"、时间上"全沉浸"、空间上"全覆盖"，打通了贯穿军政素质，凸显能力递进的育人新路径。如图 5-7 所示。

(三) 构建了"五方协同、多元融合"的育人新机制

创新以产教融合为主体、军民融合、校地融合为两翼的"三融"战略，以该战略为引领，理清"政军行企校"五方主体关系与动力因素，明确"政府协调、契约保障、利益共享、协同实施"的育人思路，创新实践了"政府搭桥、军队协同、行业参与、企业融入、学校主导"的五方协同育人机制。打破了传统士官"校军"培养主体，吸纳"政行企"，成立士官人才培养委员会，共建士官学院，出台政策、制度、标准，明确五方的组织架构、制度体系、运行模式、职责要求，五方从方案制定、课程设计、团队组建、实践教学、就业创业等方面深度参与，探索出共规划、共组织、共建设、共管理、共享成果的"五共"融合育人模式，体现了"同在航空城，心怀航空梦，共育航空人"的育人氛围，形成航空机务士官人才培养生态链。五方协同发展、多元融合育人机制如图 5-8 所示。

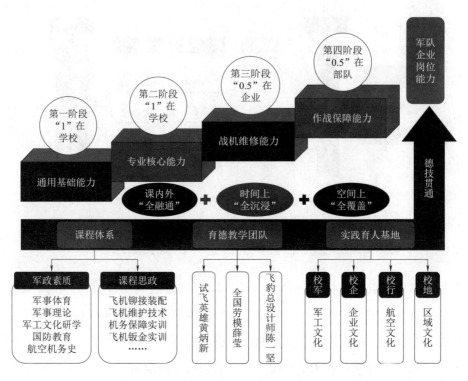

图 5-7　贯穿军政素质、凸显能力递进育人路径

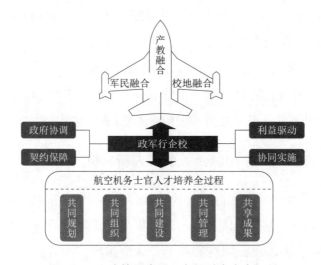

图 5-8　五方协同发展、多元融合育人机制

六、推广应用效果

(一) 人才培养质量提升

6 年来,为部队培养 2 000 余名航空机务士官人才,入伍率从 95% 增至 99%,部队满

意度从90%增至98%，每年30人获部队优秀生，25人获三等功，536人被评为"四有"优秀士兵，士官学院5次被部队授予先进集体，机务士官学生在部队综合测评名次位列全国第二；全国职业技能大赛、"互联网+"大赛士官学生获奖34项，其中一等奖10项；东部战区刘海博一年两次荣获三等功，士官生雷大奔、巨文轩等8名同学在2019年国庆阅兵中获荣誉奖章及重大任务纪念章，士官生于锦飞原创作品《雄鹰》等在国防军事频道播放，引发较好的反响。

（二）专业建设成效显著

士官专业入选全国"双高计划"专业群；建有国家重点建设专业8个；取得西北高校首家CCAR–147维修培训机构合格证。主持国家级教学资源库2个；获国家级教学成果奖2项；北大核心期刊发表论文10篇，多篇转载千余次，出版专著2部，主编"十三五"国家规划教材3部，国家级优秀教材1部；入选国家级实训基地3个；获评国家"万人计划"教学名师1名，全国优秀教师3名，全国高校黄大年式教师团队1个，国家职业教育教师教学创新团队1个，黄炎培职业教育杰出校长2人。

（三）社会服务效果突出

招生计划数比2016年翻5倍，覆盖四川、西藏、新疆等9省，社会效应增强；获批西安市高技能人才培训基地、西安市退役军人培训基地，为空军西安军械修理厂培训士官1 000余人次，为现役军官、五七〇二厂员工等开展技能培训43项，达8 057人日；为中航工业、中航发等军机制造企业开展科研攻关课题85项；承担军训及国防教育10 000余人次，协同当地政府成立民兵应急连，为地方维稳发挥重要作用。

（四）社会各界高度评价

成果得到空军装备部、省教育厅等上级领导高度肯定；中国工程院院士向巧讲到"学校能贴近部队、贴近岗位，培养的士官生核心竞争力强"，空军装备部政委冯世平讲到"学校特色鲜明，士官生技能水平高，军政素质硬，为部队输送了大批优秀人才"；CCTV–1、《中国教育报》以"政军行企校共同助推西航职院建设""两航齐追蓝天梦 五方共育航修人——士官人才培养成效显著"为题进行深度报道，教育部网站、《光明日报》、人民网等媒体跟踪报道。

（五）推广辐射作用显著

成果负责人在空军政治部组织的全国定向培养士官军地联席会议上作主旨发言，成果经验得到部队及培养院校高度认可；士官培养方案被西安航空学院、延安职业技术学院等15所院校采用或借鉴，主持国家级资源库被西安工程大学、五七〇二厂等单位应用，成果负责人在中国航空学会、中国职业教育学会、教育部文化素质教育指导委员会等会议上主题发言20余次。285所单位来校学习。

成果六　涉农高职院校与农业示范区创新产教融合"四维四化"育人模式的探索与实践

(成果序号 2-460)

🌀 获奖等级

二等奖

🌀 主要完成单位

杨凌职业技术学院、杨凌示范区生产力促进中心

🌀 主持人简介

王周锁，男，中共党员，三级教授，现任杨凌职业技术学院党委书记，兼任全国水利职业教育教学指导委员会副主任，陕西职业教育乡村振兴研究院院长，陕西省职业技术教育学会副会长。主要研究方向：职业教育产教融合、职业教育与乡村振兴。先后主持国家级、省级各类研究课题10多项，公开发表论文30余篇，独著、主编教材10部，荣获国家级教学成果二等奖、第七届全国黄炎培杰出校长奖、陕西省教学成果奖特等奖。

🌀 团队成员

王周锁、王云江、党养性、郑爱泉、周博、张英杰、郑伟、杨波、裴红波、张振仓、何瑞林、张清杉、田煜宇

🌀 成果简介

杨凌职院是国家首个农业高新技术产业示范区内唯一的高职院校。从2010年起，学院围绕如何服务示范区产业发展、促进产教融合、提高人才培养质量等问题，依托国家现代农业职业教育改革试验区建设和陕西省探索职业教育集团化办学试点项目，运用教育生态

学及协同理论，将人才培养置于农业示范区产业生态圈，基于融合机制、育人体系、培训范式、双创基地"四个维度"，系统研究涉农高职院校与农业示范区产教不同主体协同育人规律，经过3年研究和8年实践检验，形成了区校"三共三融"运行机制、"五对接"育人体系、农民技术职称认证范式、"一站式"双创基地，实现了区校发展一体化、人才培养精准化、技术培训系统化、就业创业园区化"四化目标"。

产教融合"四维四化"育人模式主要内容如下：

（1）基于融合机制，建立了"三共三融"区校融合机制，实现区校发展一体化。①区校签订融合发展协议，共建双理事长职教集团，形成基地共建、过程共管、成果共享"三共"格局。②成立区校融合办公室专门机构，建立定期联席会议制度，出台合作配套政策，实现区校需求、组织、资源"三融"目标。

（2）基于育人体系，构建了"五对接"校政企协同育人体系，实现人才培养精准化。①专业对接示范区农业产业链，打造了6个高水平专业群。②课程对接企业岗位标准，重构了融合"耕读教育"思政元素的模块化课程体系。③教师对接技师，建立了校企互聘互派师资机制。④实训对接生产环节，校企共建了生产性产教融合实训基地。⑤培养模式对接农业生产季节与企业需求，实施"季节分段、工学交替"。

（3）基于培训范式，建立了农民技术职称认证制度，实现技术培训系统化。①区校共建职业农民技术培训认定机构。②学院组织教师编大纲、定标准、建题库，示范区组织实施考评认证。③搭建"杨凌农科"培训平台，面向全省建立职业农民培育学院开展培训。

（4）基于双创基地，建立了"三阶六化四有"双创平台，实现就业创业园区化。①建立教育—实践—孵化"三阶"双创训练体系。②构建教育情境化、指导全程化、实践项目化、平台基地化、管理制度化、合作社会化"六化"管理模式。③形成创业有基金、实践有载体、培训有导师、训练有体系"四有"保障机制。

该成果达到国内领先水平，是国家农业示范区"杨凌模式"重要内容，2018年国务院发文在全国新建的30个农业示范区推广，先后在20多个高职院校应用，成为全国农业示范区、各省农业高新区内高职院校深化产教融合的范本。

成果总结报告

"涉农高职院校与农业示范区创新产教融合'四维四化'育人模式的探索与实践"成果总结报告

一、成果产生背景

（一）国家对职业教育改革发展的新政策

2013年，教育部全面启动产教融合工作。2014年，国务院《关于加快发展现代职业教育的决定》提出以立德树人为根本，深化产教融合、校企合作。2015年，教育部《关于深入推进职业教育集团化办学的意见》提出多元主体组建职教集团。2016年，教育部以"创新行动计划项目"持续推进产教融合。2017年，国务院《关于深化产教融合的若干意见》要求通过深化产教融合促进人才培养供给侧和产业需求侧要素融合。2019年，《国家产教融合建设试点实施方案》要求高职院校实施产教"双元"育人。2022年《中华人民共和国职业教育法》从法律层面明确深化产教融合、校企合作。

（二）农业示范区对职业教育提出的新需求

杨凌是首个国家级农业高新技术产业示范区，肩负着"通过体制改革和科技创新，支撑和引领干旱半干旱地区现代农业发展"的历史使命。现有注册涉农企业310余家，规模以上企业总产值2 000亿元。示范区六大现代农业产业集群转型升级对技术技能人才需求每年以15%增加，技能培训需求量大，要求区内高职院校必须创建满足区内产业发展的培训体系。

（三）学院自身深化教育教学改革的新要求

学院作为示范区内唯一高职院校，迫切需要依靠示范区体制、人才、科技、产业等资源优势，助力教育教学改革。多年来，学院按照"立足示范区、依托示范区、融入示范区、服务示范区"的发展思路，通过深化区校融合，促进人才培养与产业发展精准对接，已经形成了高职院校与示范区良性互动的格局。

二、成果形成过程

依托国家建设现代农业职教改革试验区、陕西省探索职业教育集团化办学试点项目等4个项目,运用教育生态学及协同理论,将学校人才培养置于示范区现代农业产业生态圈,基于融合机制、育人体系、培训范式、双创基地四个维度,全面系统研究涉农高职院校与农业示范区产教不同主体协同育人规律,经过3年研究与8年实践检验,形成了产教融合"四维四化"育人模式。

(一) 提出区校融合助推产业发展理念

2010年,学院与示范区联合成立杨凌现代农业职教集团。2011年,学院承担了陕西省探索职教集团化办学试点项目,同年,陕西省在杨凌示范区启动建设国家现代农业职教改革试验区。基于此,学院提出区校融合助推产业发展理念,开始了集团化办学实践探索。

(二) 实践探索孕育区校融合发展成果

2011—2013年,学院主动融入杨凌国家现代农业职教改革试验区建设,依托职教集团这一有效载体,区校全面推进集团化办学试点项目。经过三年研究、实践、探索,创新形成了学院与示范区全面融合发展的"四维四化"育人模式。

(三) 实践应用不断提升"四维四化"内涵

2014年后,学院依托"国家创新行动计划优质校""陕西一流高职院校""国家双高校"等重大建设项目,不断丰富产教融合"四维四化"育人模式内涵,成为国家农业示范区"杨凌模式"重要内容之一,先后在全国20多个涉农高职院校应用,为高职院校主动融入农业示范区产业发展提供了可复制路径。

三、成果主要内容

产教融合"四维四化"育人模式中的"四维"是"融合机制、育人体系、培训范式、双创基地"四个维度,"四化"是通过区校"三共三融"运行机制、"五对接"育人体系、农民技术职称认证范式、"一站式"双创基地,实现了区校发展一体化、人才培养精准化、技术培训系统化、就业创业园区化的"四化"目标（见图6-1）。

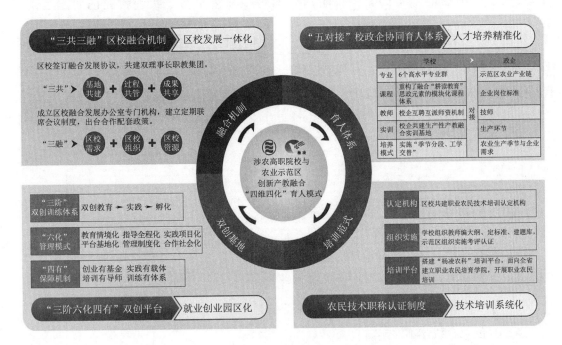

图6-1　产教融合"四维四化"育人模式

（一）基于融合机制，建立了"三共三融"区校融合机制，实现了区校发展一体化

区校签订融合发展协议，共建双理事长职教集团，形成基地共建、过程共管、成果共享"三共"格局。成立区校融合办公室专门机构，建立定期联席会议制度，出台合作配套政策，实现区校需求、组织、资源"三融"目标。

（二）基于育人体系，构建了"五对接"校政企协同育人体系，实现了人才培养精准化

专业对接示范区农业产业链，打造了6个高水平专业群；课程对接企业岗位标准，重构了融"耕读教育"思政元素的模块化通识课程体系；教师对接技师，建立了校企互聘互派师资机制；实训对接生产环节，校企共建了生产性产教融合实训基地；培养模式对接农业生产季节与企业需求，实施"季节分段、工学交替"。

（三）基于培训范式，建立了农民技术职称认证制度，实现技术培训系统化

区校共建职业农民技术培训认定机构。学校组织教师"编大纲、定标准、建题库"，示范区组织实施考评认证。搭建"杨凌农科"培训平台，面向全省建立职业农民培育学院开展技术培训。

（四）基于双创基地，建立了"三阶六化四有"双创平台，实现就业创业园区化

构建了"教育→实践→孵化""三阶"双创训练体系。建立了教育情境化、指导全程化、实践项目化、平台基地化、管理制度化、合作社会化"六化"管理模式。形成了创业有基金、实践有载体、培训有导师、训练有体系"四有"保障机制。

四、解决教学问题及方案

（一）解决的教学问题

（1）涉农高职院校产教融合育人机制不够健全。
（2）人才培养对接区域农业产业需求不够紧密。
（3）职业农民技术培训认证系统不够完善。
（4）双创教育载体不够丰富。

（二）解决问题的方案

学院充分发挥 80 多年浓厚的涉农人才培养积淀与国家支持杨凌示范区发展的优势，推进与示范区校政企全方位合作，通过搭建区校融合平台，构建"制度、育人、培训、双创"四大体系，有效解决以上四个教学问题。

1. 建立"共建、共管、共享"制度体系

聚焦区校协同发展，建立了基本制度（区校融合协议、区校融合发展意见）+专项制度（人才培养、技术创新、农民培训）的制度体系，通过区校领导定期协商、区内各单位分层对接，构建"多方参与、共同投入、利益共享、责任共担"的校政企协同育人机制，实施"基地共建、过程共管、资源共享"，有效解决了产教融合育人机制不够健全的问题（见图 6-2）。

2. 建立"专业、课程、师资、实训、培养模式"协同育人体系

聚焦人才培养适应性，坚持从专业、课程、师资、实训及培养模式等方面构建"五对接"校政企协同育人体系（见图 6-3），有效解决了人才培养对接区域农业产业需求不够紧密问题。一是对接示范区六大主导产业，打造国、省、校三级高水平特色专业群，实施专业（群）动态调整，推进专业集群式发展；二是对接生产岗位标准及人员素质要求，修订课程教学标准，构建了"底层共享、中层融合、高层互选"的专业群课程体系，开发了

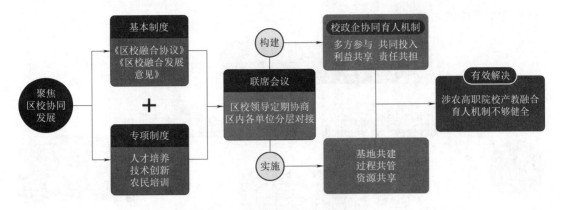

图 6-2　基本制度 + 专项制度

融合"耕读教育"思政元素的模块化通识教育课程体系；三是对接企业技术创新需求，建立校企人员互聘互派机制。学院聘请技能大师、"土专家"、"田秀才"组建"大师"工作室，企业聘请教师组建技术研发团队，使专业教学与技术创新有效协同；四是对接企业生产需求，校企共建生产性产教融合实训基地，使实习实训与企业生产过程协同；五是对接农业生产季节性，创新"季节分段、工学交替"人才培养模式，使人才培养与农业生产同步。

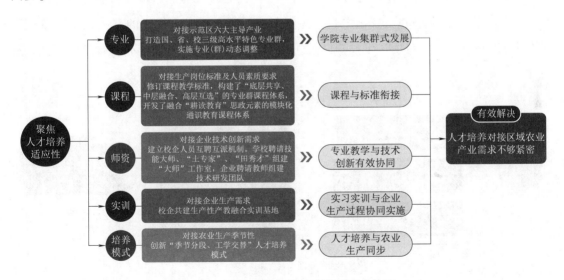

图 6-3　"五对接"校政企协同育人体系

3. 建立职业农民技术培训认证体系

聚焦技术培训，积极整合区内各类培训资源，创新培训体制，区校共建职业农民技术培训认定机构，由学院编制培训大纲、制定认证标准、建立考评题库，示范区开展考评认证。采用"走出去教和请进来学"相结合，搭建培训平台，建立职业农民培育学院，大力开展现代农业科技培训，形成职业农民技术培训认证体系（见图 6-4），有效解决了农民培训认证系统不够完善问题。

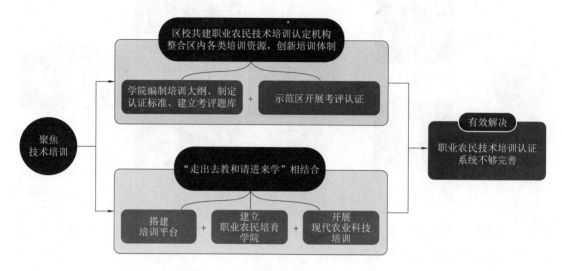

图 6-4　职业农民技术培训认证体系

4. 建立全方位、多层次"一站式"就业创业教育培训体系

聚焦双创孵化，依托国家级双创示范基地，实施"三阶六化四有"管理与辅导，构建"一空间"（就业创业实践资源空间）"二智库"（创业就业专家智库、行业企业与产业智库）"三中心"（实训中心、孵化中心、科创中心）全方位、多层次的"一站式"双创育训体系（见图6-5），帮助学生投身创新创业，有效解决了双创载体不够丰富的问题。

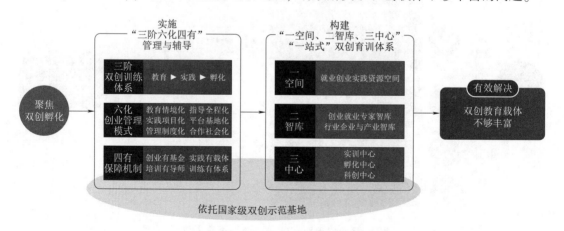

图 6-5　"一站式"双创育训体系

五、成果创新点

(一) 创新形成了高职院校与农业示范区政校企"金三角"合作运行机制

运用教育生态学及协同理论,有效整合示范区政策资源、学院科教资源、企业市场资源,将学院人才培养置于示范区现代农业产业发展生态圈,通过建立区校联席会议、签订合作协议,创新形成了以农业示范区为支点、职业院校为落点、区内企业为重点的政、校、企"三元"共建共享的"金三角"合作运行机制(见图6-6),并以协议契约形式明确三方的责、权、利,以利益共享激发三方融合动力,有效促进了区校在人才、智力、技术、资本、管理等要素的全方位、实质性的融合互补,实现区校"共生共荣、共建共享、互利共赢"良性互动发展。

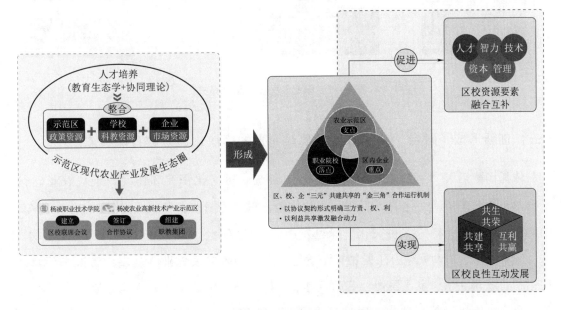

图6-6 政校企"金三角"合作运行机制

(二) 创新形成了高职院校与农业示范区开展职业农民培训技术职称认证范式

整合杨凌示范区各类资源,校政共建陕西(杨凌)职业农民培育学院,搭建"杨凌农科"培训平台,围绕果树管理、设施蔬菜、奶牛生猪养殖、食用菌等产业发展需求,编制《职业农民培训工作规范标准》《职业农民培训工作流程》等一系列文件,建立了一套符合干旱半干旱地区农业生产的职业农民培训与考评制度,实施"理论+实操"双项考核,系统性开展农业生产技术培训和"农技员、农技师、高级农技师"三级职业农民技术职称认定工作,形成了职业农民技术培训范式(见图6–7)。该范式推动了中国农民由身份向职业的重大转变,有效提升了从事现代农业生产管理的积极性和技能水平,促进了现代农业转型升级与高质量发展。

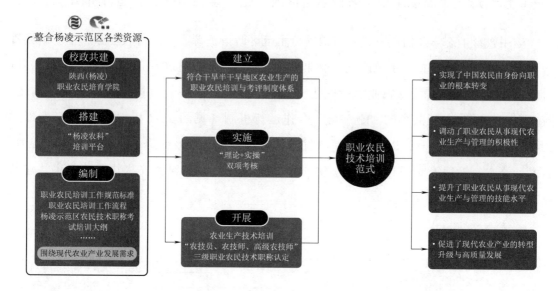

图6–7 职业农民技术培训范式

(三)创新形成了融合"耕读教育"思政元素的模块化通识教育课程体系

依托杨凌后稷"教民稼穑,树艺五谷"传统农耕文化积淀和杨凌"现代农业硅谷"新技术、新业态、新变化的"三新"文化优势,深度挖掘涉农专业课程知识体系中所蕴含的耕读教育元素,将"农耕文化、绿色发展、粮食安全、藏粮于技、生态文明、治水节水、健康养殖、劳动光荣、工匠精神"等思政元素纳入学院专业人才培养方案系统设计,构建了"农耕文明、乡土民俗、劳动教育、乡村治理、生态文明、大国三农、未来农业"等7个模块化耕读教育课程,通过文化浸润、典型引导、社会实践等方式,形成了融合"耕读教育"思政元素的模块化通识教育课程体系(见图6–8)。该体系实现了学生的学农、知农、爱农素养和强农、兴农能力双提升,丰富了新时代涉农高职院校耕读教育的内涵,学校产教融合育人特色更加鲜明。

六、成果实施及推广应用成效

经过8年校内外的实践应用与推广,该成果在深化产教融合、推进校政企合作、提高

成果六 涉农高职院校与农业示范区创新产教融合"四维四化"育人模式的探索与实践

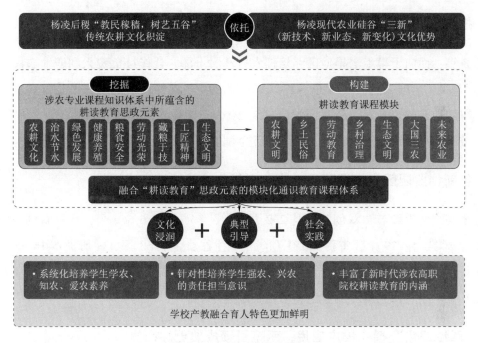

图 6-8 通识教育课程体系

人才培养质量、助推职业农民培训、促进双创教育等方面，取得了显著效果。2018 年，该成果成为国务院在全国新建的 30 个国家级农业示范区推广"杨凌模式"的主要内容之一，为高职院校主动融入农业示范区产业发展提供了可复制路径。

（一）区校融合发展平台作用凸显，办学空间显著扩大

学院依托区校融合发展平台，在杨凌示范区内建成了 8 个生产性产教融合实训基地、14 个产业（企业）学院、6 个国家级技术协同创新中心、3 个国家级双创基地。2018 年中华职教总社授予学院"职业教育促进经济社会发展示范校"，获陈昌智副委长高度评价。学校获评全国职业教育先进单位、国家"优质校"及"双高校"建设单位。

（二）区校协同育人体系更加完善，人才培养质量大幅提升

基于杨凌示范区主导产业建设的 6 个专业集群入选国、省高水平专业群建设项目，形成了专业教学、课程、岗位实习等系列标准体系，编制的 13 个专业教学标准成为国家标准。"双师型"教师比例提高 35%。学生报考率、报到率达 173.6%、95.2%，毕业生就业率稳定在 96%。技能大赛获国赛奖 109 项、省赛奖 399 项。45 名教师获国省教学名师，9 个专业为国家骨干专业，22 门课程获国省级精品在线开放课和课程思政示范课，14 门教材成为"十三五"规划教材。学院获国家技能人才培育突出贡献单位。

（三）技术培训体系更加完善，农民技术职称社会认可度大幅提高

近 8 年，面向干旱半干旱地区，培训农村基层干部、合作社负责人和职业农民累计超过 55 万人次。全国 23 省、116 市、274 县的 17 294 名农民获示范区农民技术职称，成为活跃在田间地头的土专家。新建产学研基地 24 个、职业农民培育学院 12 个，学院 60 余名教师被聘为培训讲师及考评员，学院获评全国乡村振兴优质校。

（四）创新创业园区化作用明显，毕业生创业热情持续走高

近 8 年，学生参与"双创"年均 2.2 万人次，参赛项目 6 669 个，获创新创业国赛金奖 1 个、银奖与铜奖 9 个，省赛奖 181 项。毕业生注册企业 63 家，注册资本 16 955 万元，涌现了吕江江、李松等 10 余名全国大学生创业明星，学院入选全国首批创新创业教育实践基地、全国校企协同就业创业创新示范实践基地。

（五）"四维四化"模式推广应用，示范引领成效更加凸显

成果在江苏、辽宁、河南等 20 余所高职院校推广应用，应用院校反馈效果良好。《中国教育报》《光明日报》《陕西日报》、人民网等 50 多家主流媒体对成果实践经验进行了专题报道。40 多个产教融合案例在全国高职校长联席会上展出，获典型案例"20 佳"。152 所高职院校和企业 3 578 人次来校学习交流。学院深化产教融合做法得到国家、省部级领导肯定。

成果七 涉农高职院校职业农民（村干部）学历教育"334"人才培养模式创新与实践

(成果序号：2-461)

获奖等级

二等奖

完成单位

杨凌职业技术学院

主持人简介

祝战斌，男，中共党员，三级教授，现任杨凌职业技术学院党委委员、副校长，兼任陕西省职业技术教育学会农林牧渔及水利大类专业教学指导委员会副主任委员兼秘书长。主要成果：①2011年《渭北旱塬农业高新技术综合应用研究与推广》获陕西省农业技术推广成果二等奖。②2014年获陕西省第八届教学名师称号。③2009年《发酵产品生产实训》教材获吉林省教育教学成果三等奖。④2015年《果蔬贮藏与加工技术》教材获陕西省普通高等学校优秀教材一等奖。⑤2018年"基于农业生产四类主体需求的职业院校'产教双元分层交融'模式创新与实践"获国家教学成果二等奖。⑥2020年"农产品质量检测专业'三对接、四融合'人才培养体系创新与实践"获陕西省高等职业教育教学成果二等奖。⑦2022年"高职院校职业农民（村干部）学历教育'334'人才培养模式创新与实践"获陕西省高等职业教育教学成果特等奖。

团队成员

祝战斌、范学科、郑爱泉、王燕、张雯、马文哲、周济铭、尚晓峰、沈静、杜璨

成果简介

2012年中央一号文件首次提出"大力培育新型职业农民",农业部随后印发《新型职业农民培育试点工作方案》。在这一背景下,杨凌职业技术学院作为特色鲜明的涉农高职院校,发挥优势,主动作为,从2012年开始,与杨陵区、富平县等开展村干部和职业农民系统化培养合作,经过实践,初步形成了村干部及职业农民培养模式。

2016年学院利用国家自主招生政策,招收首届村干部及职业农民学历教育班,开展职业农民(村干部)全日制学历教育,并启动实施"334"职业农民(村干部)培养模式;同时,通过省级重点教改项目"新型职业农民学历教育路径探索与实践"进一步深入研究,在6年的实践中不断提升和完善,为"乡村振兴"人才培养先行探索,为国家"百万扩招"先行实践。在教育2020"收官"系列新闻发布会上,教育部陈子季司长针对多元化生源如何保证"质量型扩招"问题时,对我院的具体做法予以充分肯定。

该成果在产教融合理论指导下,立足培养造就一批"回得去、留得住、用得上"的农村基层组织接班人、脱贫致富带头人,破解"谁来种地,谁来兴村"难题,通过探索、研究、实践,创新形成"334"职业农民(村干部)学历教育培养模式,即深化校政合作,建立"三共同"机制:共同招生、共定方案、共同管理;灵活组织教学,形成"三结合"模式:农时季节与教学环节相结合、线上教学与线下教学相结合、校内课堂与田间地头相结合;实施精准培养,构建"四对接"体系:专业设置对接农业主导产业、课程设置对接职业岗位、教材编写对接专项技术、考核评价对接能力培养。

该成果依托校、政、行深度参与,探索形成了符合职业农民(村干部)学历教育的系列特色鲜明的专业人才培养方案,开发了18适合种职业农民(村干部)学习的立体化手册式、活页式专用特色教材,建立了职业农民(村干部)学历教育过程中的招生、管理、教学等系列保障机制,形成了特色鲜明的教学模式和考核评价体系。

该成果在全国率先探索打通了职业农民(村干部)全日制学历提升培养的路径、机制,有效解决了培养通道不畅、培养目标和培养规格与农业农村发展不衔接、教学组织及管理难等系列教学问题,培养了一批助力陕西脱贫攻坚、服务乡村振兴的"永久牌"人才,形成的《实施"菜单式方案+模块化课程",服务产业送教上门灵活施教》案例及《农业生物技术(村干部)专业人才培养方案》成为教育部推广的典型经验。学校被确定为陕西省乡村振兴人才培养基地、全国乡村振兴人才培养优质校。

成果总结报告

"涉农高职院校职业农民(村干部)学历教育'334'人才培养模式创新与实践"成果总结报告

一、研究背景

(一)成果研究依据

2012年中央一号文件首次提出"大力培育新型职业农民",农业部随后印发《新型职业农民培育试点工作方案》,2014年国家出台《现代职业教育体系建设规划(2014—2020)》指出,要加强农业职业教育,培养适应农业产业化和科技进步的高素质农民。在这一背景下,杨凌职业技术学院作为特色鲜明的涉农高职院校,发挥优势,主动作为,积极探索职业农民(村干部)系统化培养途径,创新形成职业农民(村干部)全日制学历教育"334"人才培养模式,为"乡村振兴"人才培养先行探索,为国家"百万扩招"先行实践。

(二)成果形成过程

2012年,学院与杨陵区、富平县开展村干部、职业农民系统化培养合作,经过实践,初步形成了村干部培养模式。2016年学院与杨陵区、富平县开展合作,利用自主招生政策,招收首届村干部及职业农民全日制学历教育班,并启动实施"334"职业农民(村干部)培养模式。2017年继续合作招生,同时,通过省级重点教改项目"新型职业农民学历教育路径探索与实践"的实施,进一步深入研究。

2018年陕西省委组织部与陕西省教育厅联合下发《关于在全省村干部中开展学历教育提升工作的通知》(陕组通字〔2018〕104号),文件提出从2019年开始委托杨凌职业技术学院开展每年300名村干部大专层次学历教育,标志着村干部学历教育走上快车道。

2019年至今,学院积极响应国家"百万扩招"政策要求,持续加大职业农民(村干部)的培养力度,截至目前,已培养毕业生481名,在校学员已达3 859人(村干部1 490人,职业农民2 369人),招生专业涉及13个。

在6年的探索实践中,学院破解了职业农民和村干部培养过程中的一系列难题,形成的"334"培养模式在实践中得到检验,并不断提升完善,探索出了一条职业农民(村干部)学历教育的培养新途径,为服务国家乡村振兴提供了人才支撑。

二、成果简介及主要内容

（一）成果简介

该成果主要针对职业农民（村干部）学历提升培养通道与培养过程管理难题、专业设置与农业农村发展不衔接、教育教学内容与农业生产和农村管理脱节、教育教学组织难度大等职业农民（村干部）学历教育中的系列教学问题，立足培养一批农村基层组织接班人、脱贫致富带头人，破解了"谁来种地，谁来兴村"的难题，创新形成职业农民（村干部）学历教育"334"人才培养模式，即深化校政合作，建立"三共同"机制；灵活教学组织，形成"三结合"模式；实施精准培养，构建"四对接"体系。

该成果探索形成了符合职业农民和村干部学历培养的农业生物技术等系列特色鲜明的人才培养方案，开发了18种特色教材，建立了职业农民（村干部）学历教育过程中的招生、管理、教学等系列保障机制，形成了特色鲜明的人才培养模式，为职业农民（村干部）的学历教育及乡村振兴人才培养提供了"杨职方案"。

（二）成果主要内容

1. 深化校政合作，建立"三共同"机制

共同招生：根据陕西省职业农民（村干部）需求，充分利用陕西省单独招生政策，签订招生合作协议，由当地政府分别对职业农民（村干部）学历培养报名对象进行资格审查。学校因地制宜确定招生考试要求，择优录取热爱农业、具备一定文化基础的职业农民（村干部）作为培养对象，为乡村振兴培养造就一支致富奔小康的生力军和"三农"人才工作队伍。

共订方案：为保证职业农民（村干部）学历教育质量，在人才培养方案制订过程中，学院选派30余名教师分赴各县市农业局、组织部、农广校、合作社等深入开展职业农民（村干部）学习需求调查和职业能力分析，召开不同层面的高素质农民（村干部）代表座谈会，依据专业人才培养标准，在培养目标与规格、课程要求及实施方法、毕业要求等方面进行针对性、地域性设置，与当地共同制订了人才培养方案，并建立定期沟通长效交流机制，保障人才培养方案满足高素质职业农民（村干部）现实需求。

共同管理：为了确保职业农民（村干部）培养质量，学院制定了职业农民（村干部）《教学管理办法》《学生管理办法》，明确了学校、地方政府在职业农民（村干部）培养过程中的教学组织及日常管理责任，同时，由学校辅导员和地方政府工作人员共同参与班级管理，采取"双班主任制"，实施"双线"管理，确保职业农民（村干部）学员学习期间，管理不间断。同时，在村干部班成立临时党支部，结合校地实际开展政治学习及党日活动。

2. 灵活教学组织，形成"三结合"模式

农时季节与教学环节相结合：遵循职业农民（村干部）的特点和现状，学院不断创新教学组织形式，采取"农闲季节"开展专业理论知识培养，"农忙季节"部署专业实践课题，要求结合生产实践，开展调查研究，发现生产中的问题，并不定期安排教师巡回指导，按不同季节循环组织教学，使教学环节与农业生产环节紧密结合，确保学习、生产两不误，同时促进学员能力由"通识能力→专业认知→基本技能→综合能力→职业能力"阶梯上升，提升了人才培养质量。

线上教学与线下教学相结合：在授课方式方面，必修课程教学任务集中在学校及各教学点完成教学，自选课程根据学习实际分散实施。针对分散教学的特点，充分利用学院信息化教学条件，建设由课程网站、教师空间等构成的信息化教学中心，实施"互联网+"教学的线上线下相结合的教学模式。采用线下集中授课、现场指导、生产实践，线上在线教学、在线学习、在线作业、在线辅导、在线答疑、在线考核等，并适时实施互动远程教学，满足学员全方位学习需求，实现了"线上线下"共享互动和"教学、考核、管理、评价"统筹协调。

校内课堂与田间地头结合：依据涉农专业特点，立足职业农民（村干部）生产生活习惯和产业发展需求，把课堂更多地设在专业合作社、农业产业园、生态园区等当地企业及学员自己的产业基地，使教学环节与农业生产环节紧密结合，强化实践能力培养，让农民根据生产需求学技术，同时教师也对当地产业发展进行指导，有效破解了农技教学"最后一公里"难题。

3. 坚持精准培养，构建"四对接"体系

专业设置对接农业主导产业：根据陕西不同区域不同的农业主导产业，灵活设置专业及专业方向。例如，针对富平以种植大户为主体的现状，设置农业生物技术专业；针对杨凌示范区主抓农业安全、绿色生产的实际，以村干部为主体的杨凌班设置绿色食品生产技术专业；针对眉县、洛川等县以猕猴桃和苹果为主导产业，设置园艺技术专业；针对陇县主要以畜牧业为主导产业，设置畜牧兽医专业；从专业设置上，满足精准培育。

课程设置对接职业岗位：依据职业农民和村干部两类不同培育主体，在同一专业满足核心课程的同时，设置不同课程体系。针对村干部岗位，加大村务管理、党务管理、农村财务管理等管理类课程比例。针对高素质职业农民群体，更多地考虑到开设紧贴当地产业发展需求的专业课程模块，同时，加大市场营销、电子商务、创新创业等课程的比例。不仅解决了学员在生产中遇到的技术难题，掌握"怎么办"，更要通过基础课和专业课的系统学习，知道"为什么"，提高学生分析问题、解决问题、研究问题的能力。

教材编写对接专项技术：根据职业农民（村干部）的特点结合当地产业发展需求，学院积极组织校地双方专家以单项农业技术为模块，已编制《农药化肥安全使用》《农村政策法规》等18门活页式教材。以《农药化肥安全使用》为例，设置小麦施肥项目、苹果施肥项目、猕猴桃施肥项目，每本教材都以项目化形式对接到专项实用技术。

考核评价对接能力培养：针对职业农民（村干部）特点，改革传统的考核评价方式，弱化理论知识考核，突出能力和素养培养，建立能力考核评价体系。公共基础课以撰写生产总结报告、调研报告等方式考核；专业技术技能课采取田间地头现场实践操作、演示等方式考核；对于村干部重点通过现场演讲、撰写公文、提交工作总结报告、案例分析等方式考核其综合职业能力。通过考核方式转变，实现考核评价与能力培养无缝对接。同时，建立"学分银行"制度，实施学分积累转换机制，对于其参加职业培训学分、取得的职业技能等级证书及其他学习成果等进行认定，转换成相应课程学分，予以免修相应课程，促进学习成果融通、互认，有效减少学习者的学习成本。

三、成果主要解决的教学问题及解决方案

（一）主要解决的教学问题

该成果主要解决职业农民（村干部）全日制学历教育中以下4个教学难题：
（1）培养通道不畅问题。
（2）培养目标和培养规格与农业农村发展不衔接问题。
（3）教学内容与农业生产和农村管理脱节问题。
（4）教学组织及管理难问题。

（二）解决方案

1. 紧密校政合作，通过自主招生形式，打通招生通道

利用国家自主招生政策，在充分调研的基础上，加强与县区政府合作，签订招生合作协议，由当地农业农村局、组织部分别对职业农民、村干部学历培养报名对象进行资格审

查。学校因地制宜制定招生实施方案，确定招生考试要求，择优录取，实施共同招生，有效破解了职业农民（村干部）培养通道不畅问题。

2. 专业及课程设置对接区域农业产业及农村发展要求，创新人才培养方案

紧紧围绕地方特色产业发展灵活设置专业（专业方向），针对粮食生产、农业生产安全、猕猴桃和苹果为主导的果业，分别设置农业生物技术、绿色食品生产技术、园艺技术等专业。紧密围绕乡村振兴人才支撑，在培养目标规格上明确提出培养"永久牌""有文化、懂技术、善经营、会管理"的本土化实用型技术技能人才和"懂农业、爱农村、爱农民"的乡村治理人才。在课程体系构建上，针对职业农民和村干部两类不同群体，增设电子商务、农村专业合作社和农业企业管理、村务管理、基层党建等课程，形成特色鲜明的课程体系，实现专业课程体系与人才培养、农业农村发展更好对接。

3. 以单项农业技术为模块，编写立体化手册式、活页式专用特色教材

以对接产业为切入点，融入最新农业行业标准规范及党和国家对农村基层政权巩固基本要求，组织专家以单项农业技术为模块开发编写了《农产品安全保护》《农民专业合作社与家庭农场》等 18 种特色新型系列教材。该系列教材每 3 年修订一次，其中专业教材随信息技术发展和产业升级情况及时动态更新，体现最新技术、标准和规范，确保教学内容对接产业最新发展、对接农村管理最新要求。

4. 建立灵活多样的教学组织形式，形成"双线"管理机制

组建以校内"双师"型专任教师为主体，以地方农技人员、"土专家"、"田秀才"等为辅助的专兼结合教学团队，根据农时季节，采取分段教学、农学结合方式，"农闲时集中上课学习，农忙时生产实践"。在具体教学形式上，采取"农时季节与教学环节相结合，线上、线下教学相结合，校内课堂与田间地头结合"，有效破解教学组织难的问题。实施"双班主任"制，由学校和政府部门等分别安排辅导员和工作人员共同担任班主任，制定职业农民（村干部）教学及学生管理等专项制度，形成"双线"管理机制，有效破解管理难的问题。

四、成果主要创新点

（一）创新形成了职业农民（村干部）学历教育系列专业人才培养方案，为全国同类院校提供了样板

学院聚焦乡村振兴和现代农业发展人才需求，开发制定了面向职业农民（村干部）的

农业生物技术、园艺技术等系列专业人才培养方案，依据职业农民和村干部两类不同培育主体，形成特色鲜明的课程体系。针对村干部岗位，增设村务管理、村镇建设及基层党建等特色课程，加大管理及基层党建类课程比例。针对职业农民群体，依据现代农业发展需求，增设市场营销、电子商务、农村物流等实用技术课程，满足职业农民现实需求。农业生物技术（村干部）人才培养方案成为教育部职业教育与成人教育司推广的典型经验，为全国同类院校提供了样板。

（二）创新形成了灵活多样的教学组织形式及"双线"管理机制，为开展同类人才培养提供了经验

针对职业农民（村干部）实际状况，在具体实践中，按照"农闲时集中上课学习，农忙时生产实践"的原则，创新形成"农时季节与教学环节相结合，线上、线下教学相结合，校内课堂与田间地头结合"的教学组织形式，有效破解了学习与生产、学习与工作之间的矛盾。以对接产业为切入点，融入最新农业行业标准规范及党和国家对农村基层政权巩固的基本要求，以单项农业技术为模块，开发编写《农产品安全保护》《农村政策法规》《农民专业合作社与家庭农场》等18种立体化手册式、活页式专用特色教材，确保教学内容对接产业最新发展、对接农村管理最新要求。同时，针对管理难度大的实际，实施"双班主任制"，由学院和政府部门等分别安排辅导员和工作人员共同担任班主任，形成"双线"管理机制，有效破解了教学组织及管理难的问题，为开展同类人才培养提供了经验。

（三）创新建立以能力考核为核心符合职业农民（村干部）特点的考核评价体系，为开展同类人才培养提供了借鉴

针对职业农民（村干部）特点，改革传统的考核评价方式，弱化理论知识考核，强化能力考核，构建能力考评体系。如：职业农民班开设的"作物生产"等专业技术技能课采取田间地头现场实践操作，撰写生产总结报告、调研报告等方式考核；村干部班开设的"农村应用文写作"等公共课采取现场演讲、撰写公文、提交工作总结报告、案例分析等方式考核其综合职业能力。通过考核方式转变，实现考核评价与能力培养无缝对接。同时，建立学分银行，实施学分积累转换机制，对于其参加职业培训学分、取得的职业技能等级证书及其他学习成果等进行认定，转换成相应课程学分，予以免修相应课程，促进学习成果融通、互认。

五、成果推广应用效果

（一）为助力陕西脱贫攻坚、服务乡村振兴培养了一批"永久牌"人才

经过多年的校内检验与推广，我校职业农民（村干部）专业从最初 2 个到现在的 13 个，在校学员已达 3 859 人（村干部 1 490 人，职业农民 2 369 人）。已毕业的 481 名学员中，约 50% 创办了种植、加工类企业，10% 考取了乡镇公务员，15% 通过换届选举实现了书记、主任"一肩挑"，25% 已成为"两委"干部，涌现出了全国优秀党务工作者万传慧、"育苗能手"李建辉、人民满意的"村干部"徐群科、脱贫攻坚的"大人才"刘建林等优秀代表。在陕西各地农村，杨凌职院培养的新生代职业农民（村干部）已成为乡村振兴的主力军。

（二）为乡村振兴背景下职业农民（村干部）学历教育提供了杨凌方案

形成了符合陕西省实际、具有针对性的职业农民（村干部）学历教育人才培养方案；探索出一套既符合普通高等教育教学规定，又体现现代农业经济地域特点的教学内容体系；建立了一套既能满足教学需要，又不影响农业生产的课程组织实施方案和符合高素质职业农民特点的教学、管理体制，为指导职业农民（村干部）学历教育实践提供了遵循和借鉴。2020 年我校《实施"菜单式方案+模块化课程"，服务产业送教上门灵活施教》案例及《农业生物技术（村干部）人才培养方案》成为教育部推广的典型经验。

（三）为全国职业院校服务乡村振兴树立了典范，发挥了明显的示范带动作用

自职业农民学历教育班开办以来，我校受邀先后在西北农林水高职教育发展峰会、陕西省职教学会年会等会议上进行了相关经验交流和分享，吸引 20 余所省内外兄弟院校来校交流学习。中央电视台、人民网、陕西省电视台等 30 多家媒体相继报道我校职业农民和村干部培养成绩 80 余（次）。在教育部举办的教育 2020 "收官"系列新闻发布会上，教育部陈子季司长针对多元化生源如何保证"质量型扩招"问题时，对我校具体做法予以充分肯定。

（四）探索出了一条校政合作、产教融合的新路径，校地行结合更加紧密

以职业院校为主体，农广校和农业推广服务机构为补充，农业园区、农业企业和农民专业合作社为基地，我校已在全省与相关县区合作成立了 12 个村干部（农民）培育学院

及 40 余个实践教学基地，每年开展职业农民（村干部）教育教学达 5 000 人次，年均完成教学任务 2 000 余学时，同时，在实践基地开展新技术示范、新品种推广等，进一步深化了产教融合，使校地行合作更加紧密。农业生物技术专业普招生与村干部、职业农民人才培养目标规格对照如表 7-1 所示，农业生物技术专业普招生与村干部、职业农民部分课程设置对照如表 7-2 所示。

表 7-1 农业生物技术专业普招生与村干部、职业农民人才培养目标规格对照表

比较项目		生源类型		
		普通生	村干部	职业农民
培养目标		本专业培养德、智、体、美、劳全面发展，具有较高综合素质、良好职业道德、创新精神和创业意识，掌握良种生产、设施栽培、生物发酵和微生物应用等方面的基础理论和专业知识，具备植物组培快繁、生物肥料农药生产及应用、生物发酵制品生产、食用药用菌生产等专业能力，在种子生产和经营企业、设施栽培类企业、生物发酵类企业、食用药用菌生产企业从事产品的生产、检验、管理、销售、协助研发等工作的第一线需要的技术技能人才	本专业主要面向农村基层，培养拥护党的基本路线，掌握乡村领导管理、基层组织建设、专业合作社和家庭农场管理、企业经营管理基本知识，具有乡村领导管理、创新创业、农产品安全生产与加工、市场开发与企业经营管理等能力，在村委会、党支部、家庭农场、农村专业合作社、涉农企业等单位从事农村行政管理、安全生产、社会化服务的懂农业、爱农村、爱农民的乡村治理人才	本专业培养具有高度社会责任感和良好职业道德，较高科学文化素养和自我发展能力，掌握现代农业生产、经营、管理、服务等先进知识、先进技术，能从事专业化、标准化、规模化农业生产经营管理，爱农村、懂技术、善经营、会管理的高素质农民
人才规格	素质目标	（1）思想政治素质：系统掌握马克思主义基本原理和马克思主义中国化理论成果，了解党史、新中国史、改革开放史、社会主义发展史，认识世情、国情、党情，深刻领会习近平新时代中国特色社会主义思想，培养运用马克思主义立场观点方法分析和解决问题的能力；自觉践行社会主义核心价值观，尊重和维护宪法法律权威、识大局、尊法治、修美德；矢志不渝听党话、跟党走，争做社会主义合格建设者和可靠接班人。（2）职业素质：具有良好的职业安全、环境保护意识、职业道德、创新精神、创业意识，能够立足生产、建设、管理、服务一线，踏实进取，敬业奉献，善于合作，敢于竞争，勇于创新。	（1）思想政治素质：系统掌握马克思主义基本原理和马克思主义中国化理论成果，了解党史、新中国史、改革开放史、社会主义发展史，认识世情、国情、党情，深刻领会习近平新时代中国特色社会主义思想，培养运用马克思主义立场观点方法分析和解决问题的能力；自觉践行社会主义核心价值观，尊重和维护宪法法律权威、识大局、尊法治、修美德；矢志不渝听党话、跟党走，争做社会主义合格建设者和可靠接班人。（2）职业素质：具有较强的现代农业发展意识，注重农村生态发展，具有市场经济意识和经营管理素质，能够立足于村级的现代农业生产、管理、服务工作，踏实进取，敬业奉献，善于合作，勇于创新，责任心强，爱岗敬业。	（1）思想政治素养：系统掌握马克思主义基本原理和马克思主义中国化理论成果，了解党史、新中国史、改革开放史、社会主义发展史，认识世情、国情、党情，深刻领会习近平新时代中国特色社会主义思想，培养运用马克思主义立场观点方法和解决问题的能力；自觉践行社会主义核心价值观，尊重和维护宪法法律权威、识大局、尊法治、修美德；矢志不渝听党话、跟党走，争做社会主义合格建设者和可靠接班人。（2）职业素养：具有先进农业生产技术发展意识、质量安全意识和生态环保意识；具有农产品生产经营、管理素质，善于应对市场变化；诚实守信，热爱农业；具有一定的组织协调能力、

续表

比较项目		生源类型		
		普通生	村干部	职业农民
素质目标		（3）人文科学素质：具有宽阔的视野、良好的科学思维品质、高雅的审美情趣和正确的审美观；能够正确认识社会、主动适应社会，有较强文字和语言表达能力，有较强的人际交往能力和自我发展能力。 （4）身体心理素质：具有健康的身体，良好的生活习惯，爱好体育运动，有一定的运动基础。具有健康积极的人生态度，良好的个性心理品质，有较强的心理调适能力和抗挫折能力	（3）人文科学素质：具有宽阔的视野、良好的思维品质、高雅的审美情趣和正确的审美观；能够正确认识社会、适应社会，有较强文字和语言表达能力，有较强的人际交往能力和自我发展能力。 （4）身体心理素质：具有健康的身体，良好的生活习惯，爱好体育运动，有一定的运动基础。具有健康积极的人生态度，良好的个性心理品质，有较强的心理调适能力和抗挫折能力	与人合作能力、交际沟通能力和是非判断能力；能够与各级政府协商、配合、沟通能力等。 （3）人文科学素质：具备良好的思想品德和职业道德；具有较强的社会责任心；讲求诚信，热爱农业，身心健康；具有较强安全意识和质量意识；具有创造性应用技术能力等。 （4）身体心理素质：具有健康的身体，良好的生活习惯，爱好体育运动，有一定的运动基础。具有健康积极的人生态度，良好的个性心理品质，有较强的心理调适能力和抗挫折能力
人才规格	知识目标	（1）具有必需的公共英语听、说、读、写基本知识和职业英语知识； （2）具有必备的文化基础知识和人文社会科学知识； （3）具有计算机应用基本知识； （4）具有必需的化学、生物化学、微生物等基础知识； （5）具有植物形态和植物生理基本知识； （6）具有土壤肥料、植物营养基本知识； （7）具有试验设计、试验结果分析基本知识； （8）具有微生物应用和生物发酵基本知识； （9）具有植物组织培养和脱毒快繁基本知识； （10）具有设施栽培基本知识； （11）具有植物品种改良和良种繁育基本知识； （12）具有植物病虫害防治基本知识； （13）具有生物产品安全生产、检验、营销、管理基本知识	（1）掌握农村党建知识、农村法律法规和党的支农惠农政策，了解农村社会文化及农民心理健康等方面的基础理论知识。 （2）熟悉社会主义新农村建设基本理论知识，掌握农村基层领导科学和村民自治知识。 （3）熟悉农业经济知识、农村创业知识、掌握农村经济合作组织、农业企业经营管理知识。 （4）掌握现代农业生产管理知识	（1）具有基本应用文书写能力； （2）具有作物栽培管理能力； （3）具有植物组织培养及脱毒快繁能力； （4）具有作物种子生产能力； （5）具有作物种子质量检验能力； （6）具有作物种子加工、贮藏、管理能力； （7）具有作物优良品种种子推广、营销能力； （8）具有作物常见病虫害综合防治能力； （9）具有畜禽饲养管理的能力； （10）具有食用药用菌生产管理能力； （11）具有现代农业技术推广的综合职业能力； （12）具有小型农场经营管理能力

续表

比较项目		生源类型		
		普通生	村干部	职业农民
人才规格	能力目标	（1）具有植物组织培养及脱毒快繁能力； （2）具有发酵技术应用及发酵产品的生产与经营能力； （3）具有微生物应用技术及产品生产能力； （4）具有药用植物和特种作物的生产、经营能力； （5）具有作物优良品种选育与推广能力； （6）具有植物优良品种种子的繁育、推广、营销能力； （7）具有主要植物（园艺、农作物、特种作物等）的设施栽培能力； （8）具有作物常见病虫害综合防治能力； （9）具有作物种子加工、贮藏、质量检验能力； （10）具有食用、药用菌生产能力； （11）具有生物发酵产品检验能力； （12）具有现代生物技术、农业技术推广的综合职业能力； （13）具有科技文件、技术工作总结书写能力； （14）具有试验设计、试验分析及新技术研发能力； （15）具有团队合作、人际交往能力，具有竞争意识和创新能力； （16）具有较强的自学能力、获取技能能力等可持续发展能力	（1）农村基层管理能力 ①具有农村基层管理岗位工作的能力； ②具有党务村务组织职能管理能力； ③具有农村财务管理与集体资产经营能力； ④具有农村社会管理能力和村庄发展规划能力； ⑤熟悉农产品安全生产规范、操作规程及环保基本要求； ⑥具有创新、创业、致富带头能力。 （2）农业生产经营能力 ①具有分析处理农村经济业务的能力； ②具备较强的农业企业生产和合作社、家庭农场经营管理能力； ③具备农业标准化生产与农产品安全生产能力； ④具备农作物、园艺植物生产经营能力； ⑤具备畜禽养殖经营能力； ⑥具备农产品加工、贮藏能力； ⑦具备农产品市场营销及电子商务能力	（1）具有基本应用文书写能力； （2）具有作物栽培管理能力； （3）具有植物组织培养及脱毒快繁能力； （4）具有作物种子生产能力； （5）具有作物种子质量检验能力； （6）具有作物种子加工、贮藏、管理能力； （7）具有作物优良品种种子推广、营销能力； （8）具有作物常见病虫害综合防治能力； （9）具有畜禽饲养管理的能力； （10）具有食用药用菌生产管理能力； （11）具有现代农业技术推广的综合职业能力； （12）具有小型农场经营管理能力

表7-2 农业生物技术专业普招生与村干部、职业农民部分课程设置对照

课程类型	生源类型		
	普招	村干部	职业农民
公共基础课	心理健康	农村干部心理健康	职业农民阳光心态
	应用英语	农业经济管理概论	农业安全与标准化
	应用数学	农村应用文写作与演讲	农村社区文体
	职业生涯与发展规划	现代农业概论	农村电子商务

续表

课程类型	生源类型		
	普招	村干部	职业农民
专业基础课	生物化学与生化技术	村务管理	土壤改良与平衡施肥技术
	微生物基础	农业微生物及应用	农业微生物及应用
	生物试验设计与统计	植物绿色病虫害防控	植物绿色病虫害防控
专业核心课	生物肥料与农药使用	土壤改良与平衡施肥	设施栽培技术
	有害生物防治技术	休闲农业与乡村旅游	园艺植物生产技术
	植物品种改良技术	设施农业管理	农作物生产技术
	良种生产技术	园艺植物生产技术	食用药用菌生产技术
	生物发酵技术	农村经济组织经营管理	特种作物生产技术
	发酵食品检验技术	农业机械使用与维护	农业机械使用与维护
专业拓展课	仪器分析	农村环保	农村环保
	果树栽培	农产品营销	休闲农业与乡村旅游
	无土栽培技术	农村社区文体	农田水利实务
	特种作物栽培	农业农村合作社	农业生态工程
	农业机械维护	村庄社区规划与管理	农产品加工与贮藏
	农业生态工程	农业创业与项目选择	农业创业与项目选择
	农产品电子商务	农耕文化与农业产业发展	农村经济组织经营管理

成果八 试点引领 分类实施 高职教学工作诊断与改进制度建设的"陕西方案"

（成果序号：2-462）

获奖等级

二等奖

完成单位

陕西工业职业技术学院、陕西省高职院校教学工作诊断与改进专家委员会、陕西铁路工程职业技术学院、陕西交通职业技术学院、杨凌职业技术学院

主持人简介

梅创社，三级教授，中共党员，陕西省青年突击手、陕西省优秀教师。现任陕西工业职业技术学院党委委员、副校长。从教28年，主持完成国家示范性建设项目1项；公开发表教学、科研论文30余篇，其中核心论文11篇（含CSCD源期刊发表1篇）；主持教育部项目1项，主持完成陕西省重点攻关项目1项，完成省市及学院教科研项目15项；省级重点专业"计算机应用技术"专业带头人；省级教学团队"计算机应用专业教学团队"带头人；主持完成省级精品课程1门；主编出版教材、成果专著等6部（其中"十二五""十三五"国家规划教材各2部），总字数达120多万字；获得国家教学成果奖二等奖2项、陕西省教学成果一等奖1项、二等奖2项；获得陕西省普通高等学校优秀教材特等奖、一等奖各1项。

团队成员

梅创社、刘引涛、蒋平江、王天哲、张永良、贺天柱、王晓江、杨建民、苏兴龙、苟琦智

成果简介

建立职业院校教学工作诊断与改进制度是持续提升培养质量的重要抓手。2016 年陕西工业职业技术学院、陕西铁路工程职业技术学院、陕西交通职业技术学院 3 所院校承担全国试点，杨凌职业技术学院等 9 所院校承担省试点，2019 年实现 32 所高职院校诊改复核全覆盖，全部"有效"。历时 6 年实践，按照"实践中探索、探索中总结、总结中完善、完善中改进、改进中提升"的实施路径形成陕西高职院校内部质量保证体系诊断与改进实施方案和实施细则，出版 4 部专著，形成了上下协同、试点引领、分类实施的"陕西方案"，并在全国高职院校推广应用，取得如下成果：

（1）形成了聚焦人才培养核心要素，落实主体责任的诊改理念。提出了以问题和需求为导向，围绕人才培养质量进行诊改；从目标结构、对象、范围、主体、状态、结论等七个维度明确质量主体核心指向；聚焦教育教学，从五横层面确定目标链和标准链，建立改进螺旋，形成人才培养质量自主保证机制。

（2）完善了教学诊断与改进理论基础，固化了一批实践成果。制定了陕西省诊改复核工作指引和专家工作手册，形成了陕西高职院校内部质量保证体系诊断与改进实施方案；出版了 4 部专著固化实践研究成果，为全省及来陕交流的 252 家院校提供借鉴参考。

（3）健全了诊改专家工作机制，打造了三级诊改专家团队。建立省级诊改专家认证制度，开展理论研究，实施专家动态调整，规范专家管理；制定工作方案，形成了"国家级专家开展理论研究、省级专家开展业务培训、诊改指导，校级专家聚焦教育教学、强化管理、指导实施诊改"的三级诊改专家培养机制。省级 8 个诊改专家团队参与 13 个省 63 所高职院校国家级、省级诊改复核。

（4）搭建了诊改数据平台，实现了教育教学实时监控和预警。搭建包括资源共享应用平台、教育教学管理平台等 6 大信息化模块，构建数据融合、互通共享、管理服务的教学培训、科学研究等 6 项系统集成平台。依据诊改要素，分析数据关联关系，实现实时监控预警。陕西工业职业技术学院等院校获评省高等学校智慧校园示范校，被中央电化教育馆授予"数字校园建设实验校"称号。

（5）建成了高职院校内部质量保证体系，在全国率先实现高职院校诊改复核全覆盖。通过上下协同、试点引领、分类实施，在 3 所全国诊改试点和 9 所省级诊改试点校的基础上，对第三批 20 所高职院校进行诊改，率先实现了陕西省 32 所高职院校诊改复核全覆盖，内部质量保证体系进入常态化运行，2019 年陕西省 8 所试点院校获评国家级高水平高职院校建设单位。

成果总结报告

"试点引领 分类实施 高职教学工作诊断与改进制度建设的'陕西方案'"成果总结报告

一、成果背景与问题

（一）成果背景

1999年以后高等职业教育进入快速发展阶段。2005年教育部首次通过人才培养工作水平评估来衡量高职院校办学质量高低。2005—2015年，教育部以示范校、资源库等建设项目引导院校提升办学质量。2015年5月，教育部印发《关于深入推进教育管办评分离促进政府职能转变的若干意见》（教政法〔2015〕5号），推进教育治理体系和治理能力现代化，同年教育部办公厅印发《关于建立职业院校教学工作诊断与改进制度的通知》（教职成厅〔2015〕2号），引导学校承担办学质量主体责任。2016年教育部成立全国职业院校教学工作诊断与改进专家委员会（简称"全国诊改委"），并在9省27所学校进行诊改试点。陕西工业职业技术学院（简称"陕工职院"）、陕西铁路工程职业技术学院（简称"陕铁职院"）、陕西交通职业技术学院（简称"陕交职院"）3所学校承担全国诊改试点任务，杨凌职业技术学院等9所院校为省级诊改试点校。2019年陕西省在全国率先完成32所学校现场复核，全部"有效"，为全国诊改试点探索了经验。

（二）成果解决问题

2016年，陕西省统筹推进诊改试点任务，以陕工职院为先行实践样本，在"陕西高职院校教学诊断与改进工作的研究与实践""陕西高等职业院校质量保障体系建设的研究"等3项课题研究基础上，依据理论指导、试点先行工作思路，建立国家级、省级、院级三支诊改专家团队，协同推进并指导高职院校诊改工作"落地生根"。按照"实践中探索、探索中总结、总结中完善、完善中改进、改进中提升"的实施路径，制定了陕西高等职业院校内部质量保证体系诊断与改进实施方案和实施细则，出版了《高等职业院校教学工作诊断与改进文件选编与实践研究》《高等职业院校教学工作诊断与改进实操导引》《高等职业院校教学工作诊断与改进实践探索》和《高等职业院校教学工作诊断与改进案例汇编》4部专著，完善了高职教学工作诊断与改进制度，实现了全省32所高职院校诊改复核全覆盖,形成了上下协同、试点引领、分类实施的"陕西方案",并在全国高职院校推广应用。

2019年后,由陕西省职教学会下设的教学管理与技能竞赛委员会负责诊改工作常态化运行。通过6年实践,重点解决了以下问题:

(1)"管办评"分离改革背景下院校质量主体责任落实不充分。

(2)教学诊断与改进工作落地实施不到位。

(3)职业院校内部质量保证体系运行机制不健全。

二、主要做法与经验成果

(一)主要做法

1. 以诊改制度建设为抓手,形成实施方案,落实主体责任

在"管办评"分离改革背景下,为促进高职院校建立内部质量保证体系,陕西省诊改委成立三级专家团队,从理论研究、诊改指导、实践探索三个层面上下协同推进诊改工作的实施,在实践中完善内部质量保证体系制度建设,形成了常态化诊改制度。

2016年,陕工职院、陕铁职院、陕交职院3所试点院校,围绕学校、专业、课程、教师、学生"五横"层面(简称"五横层面"),从决策指挥、质量生成、资源建设、支持服务、质量监控"五纵"出发,分别完善了内部质量保证体系建设与运行实施方案,学校质量管理逐步转变为自主诊改、自我完善、自我保证;2019年陕西省完成了高职院校诊改复核全覆盖,2019年后诊改工作进入常态化运行,并把诊改工作纳入院校年度质量报告内容,保证院校落实质量主体责任。内部质量保证体系发展历程如图8-1所示。

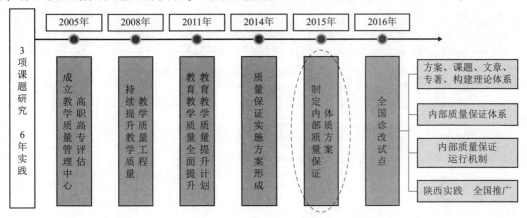

图8-1 内部质量保证体系发展历程

2. 以提升质量为目标，建立目标与标准体系，保障诊改落地生效

诊改工作结合"十三五"规划、"三年创新行动计划"、"优质院校"以及"双高计划"等建设要求，在"五横层面"分别确立质量目标，搭建自上而下的目标链，形成目标体系；结合国家政策文件、行业标准、院校制度，构建标准体系。陕工职院、陕铁职院、陕交职院3所院校分别基于各自目标和标准体系，在"五横层面"结合校本特色分别设置了不同质量监控点，由承担诊改任务的质量审核员、管理员等按照质量螺旋对人才培养的多个核心要素进行诊断与改进，保障诊改工作落地生效。目标体系结构、"五横层面"目标体系、"五横层面"标准体系分别如图8-2~图8-4所示。

3. 以运行机制为重点，注重校本特色，形成诊改保证体系

践行立德树人使命，实施"五育"并举，3所试点院校按照"聚焦核心要素，关注诊改轨迹，坚持办学特色"的原则，通过厘清不同部门的监管责任，形成"学校—部门—个人"三级运行质量保证机制，完善了信息化质量监控平台。教学管理部门将目标导向与问题导向相结合，人事部门将绩效考核与诊断改进相结合，学生管理部门将学生成长与学生发展相结合，通过循环诊断各层面的目标达成度，实时监测预警，持续改进，促进学校治理水平和教育教学质量不断提升，形成内部质量保证体系运行机制。内部质量保证管理机构组成（以陕工职院为例）、"五横层面"螺旋循环的内部质量保证结构、内部质量保证体系运行架构分别如图8-5~图8-7所示。

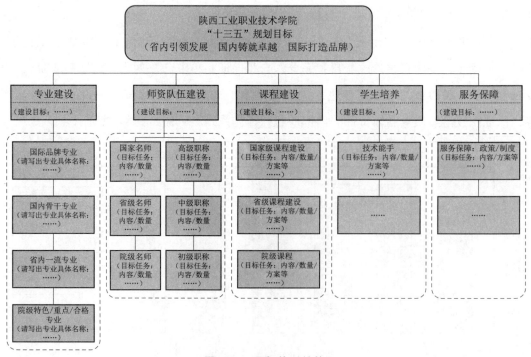

图8-2　目标体系结构

成果八 试点引领 分类实施 高职教学工作诊断与改进制度建设的"陕西方案"

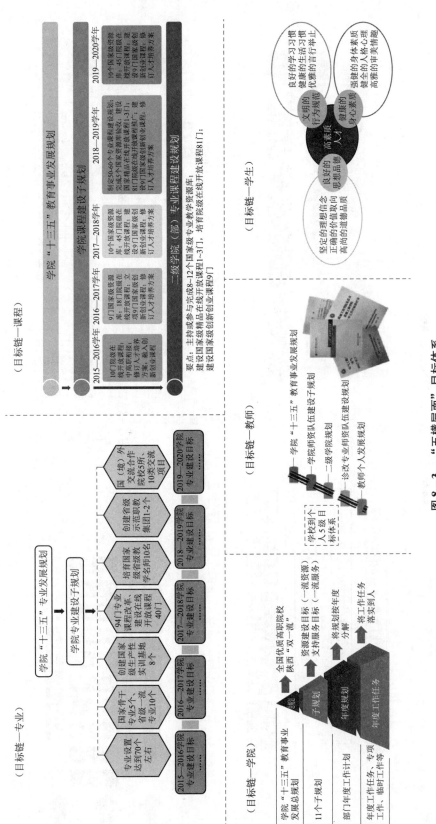

图 8-3 "五横层面"目标体系

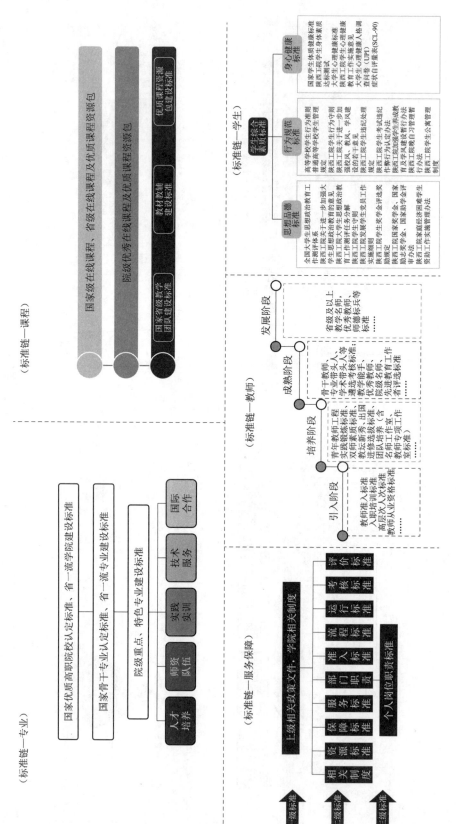

图 8-4 "五横层面"标准体系

成果八　试点引领　分类实施　高职教学工作诊断与改进制度建设的"陕西方案"

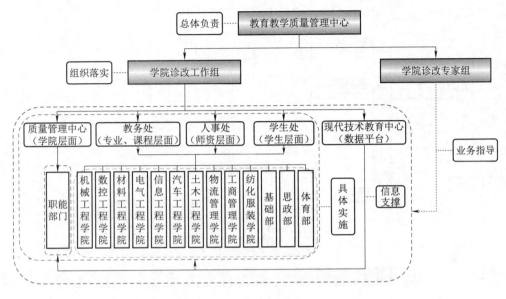

图8-5　内部质量保证管理机构组成（以陕工职院为例）

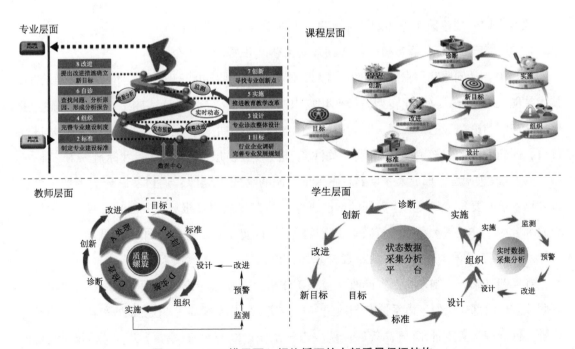

图8-6　"五横层面"螺旋循环的内部质量保证结构

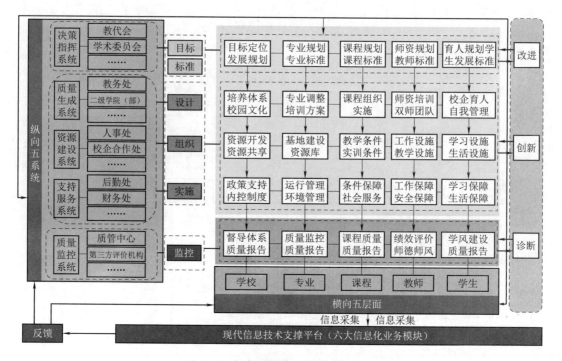

图 8-7 内部质量保证体系运行架构

（二）经验成果

陕西高职院校诊改工作历时 6 年实践，形成以下经验成果：

1. 形成了聚焦人才培养核心要素，落实主体责任的诊改理念

提出了"从问题和需求导向出发，以人才培养质量判别办学理念、定位是否科学合理，技术技能人才是否适应产业转型升级变化需求"；提出了"从目标、结构、对象、范围、主体、状态、结论"等七个维度，明确质量主体责任的核心指向；提出了"聚焦教育教学进行诊改，明确人才培养核心要素和重要关注点，从'五横层面'确定'目标链'和'标准链'，建立改进螺旋，形成人才培养自主保证机制的'质量链'"；通过实践研究形成了聚焦人才培养核心要素，落实主体责任的诊改理念，并在《光明日报》《中国教育报》《中国高教研究》等媒体发表。高职院校教学工作诊断与改进实操诊改理念如图 8-8 所示。

2. 完善了教学工作诊断与改进理论基础，固化了一批实践成果

在实践基础上，制定陕西省诊改《复核工作指引》和《专家工作手册》，形成《陕西高等职业院校内部质量保证体系诊断与改进实施方案》；出版《高等职业院校教学工作诊断与改进文件选编与实践研究》《高等职业院校教学工作诊断与改进实操导引》《高等职业院校教学工作诊断与改进实践探索》《高等职业院校教学工作诊断与改进案例汇编》4 部专著，固化实践成果，为全省及来陕交流的 252 家高职院校实施诊改工作提供了借鉴与参考。

成果八　试点引领　分类实施　高职教学工作诊断与改进制度建设的"陕西方案"

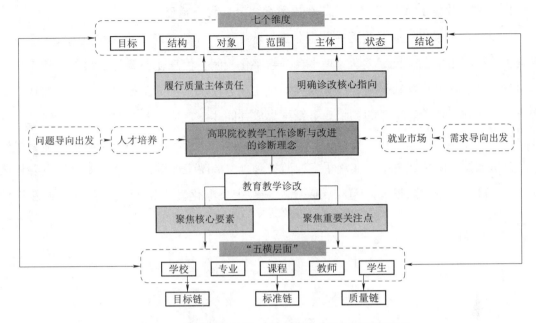

图 8-8　高职院校教学工作诊断与改进实操诊改理念

3. 健全了诊改专家工作机制，打造了三级诊改专家团队

依托全国诊改专委会理论研究小组，建立省级诊改专家认证制度，开展理论研究，实施专家动态调整，规范专家管理；制定工作方案，形成了"国家级专家开展理论研究、省级专家开展业务培训、诊改指导，校级专家聚焦教育教学、强化管理、指导实施诊改"的三级诊改专家培训机制（见图 8-9）。诊改专家团队对陕西省 32 所高职院校开展诊改复核；省级 8 个诊改专家团队参与 13 个省 63 所高职院校国家级、省级诊改复核；省级 6 名诊改专家对 6 个省 12 所高职院校诊改工作进行现场或网络专题辅导培训，参与培训 5 万人次以上。

图 8-9　三级诊改专家培训机制

4. 搭建了诊改数据平台，实现了教育教学实时监控和预警

按照"数据采集—数据治理—数据分析—数据处理"的功能要求，建设完成了数字教育资源共享应用平台、教育教学管理平台、数字化校园、信息化监测评价机制、信息化管理服务平台、信息化基础设施升级等6大信息化业务模块，根据院校发展规划，构建数据融合、互通共享、管理服务的各个业务系统集成共同体，建成了教学培训、科学研究、管理评价、生活服务、业务管理等数字化资源一站式服务平台（见图8-10）。依据诊改要素，分析数据之间关联关系，实现了实时监控和预警。陕工职院、杨凌职院等试点院校荣获陕西省高等学校智慧校园示范校，陕工职院被中央电化教育馆授予"数字校园建设实验校"。

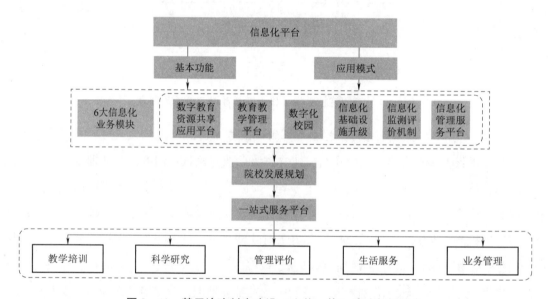

图8-10 基于诊改制度建设"六位一体"诊改数据平台

5. 建成了高职院校内部质量保证体系，在全国率先实现高职院校诊改复核全覆盖

3所国家试点院校以"集聚优势、凝练方向，提高发展能力"为重点，在全国率先实施教学工作诊断与改进工作；9所省级诊改试点院校以"完善内部质量保证体系，提升教育教学水平"为重点，稳步开展诊改工作；其余20所高职院校以"履行办学主体责任，建立和完善学校内部质量保证制度体系"为重点，逐步开展工作。通过聚焦重点，上下协同、试点引领、分类实施，率先实现了陕西高职院校诊改复核工作全覆盖，内部质量保证体系进入常态化运行，质量主体责任持续增强。2019年陕西省8所试点院校获评国家级高水平高职院校建设单位。

三、创新与特点

（一）探索了"聚焦教育教学＋瞄准五度目标＋项目载体＋方法支撑"的诊改实施路径

聚焦教育教学工作实施诊改，将专业作为内部质量标准的核心构成要素，构建与"善变"市场需求相对接的"专业链"；突出体现了"培养目标的达成度、社会需求的适应度、师资和条件的支撑度、质量保证运行的有效度、学生和用人单位的满意度"等"五度"要求，建立健全质量管理制度，形成了质量文化；以项目为载体，聚焦3年行动计划、优质校建设以及专业群建设等，统筹推进，形成系列经典案例；以方法支撑为导引，编著4部诊改专著，指导全省各高职院校诊改复核工作，将陕西诊改方案推广至全国。

（二）创新了三支队伍、三级架构、三批实践的"333"诊改推进模式

依托全国职业院校诊改专委会理论研究小组，培养诊改理论研究团队，建立国家级、省级、院校三支诊改专家团队，推进并指导高职院校诊改工作"落地生根"；形成了省教育厅统筹领导、专委会培训指导、院校实践探索的三级管理模式；通过对3所国家级诊改试点院校和9所省级诊改试点院校的诊改复核，分三批率先实现了陕西32所高职院校诊改工作的全覆盖，创新形成了"333"诊改推进模式。

（三）形成了"一校一策"内部质量保证体系及常态化诊改运行机制

陕西省从2014年开展由省委、省政府主导高校巡视诊断工作，把接受巡视诊断工作作为一项政治责任，实施了"分类指导、一校一策"的专家巡视诊断工作。在陕西省巡视诊断的基础上，试点院校依托智慧校园，基于数据平台开展教学诊断与改进工作，实现了诊改工作全覆盖，建立了"一校一策"的内部质量保证体系，激发了院校质量生成的内生动力，逐步扭转了"办学思路功利化、学科设置同质化、管理方式行政化"的倾向。

四、推广应用效果

（一）省内诊改成效显现

经过三支队伍的理论指导、实操培训、实践探索形成的诊改理念、实施方案、运行机制，助推了陕西省高职教育高质量发展。陕西4所院校入选高水平学校建设单位，4所院

校入选高水平专业群建设单位，入选数量西部第一；1 所入围"教学管理 50 强"、2 所入围"学生管理 50 强"、3 所入围"实习管理 50 强"、8 所入围"服务贡献 50 强、国际影响力 50 强、教学资源 50 强、育人成效 50 强"，教育教学工作诊断与改进成效显现。

（二）试点院校教育教学质量稳步提升

服务区域产业发展与升级，3 所试点校以提升人才技术技能水平的适应度和支撑度为目标，淘汰专业 39 个，新增新兴专业 54 个；完善德智体美劳"五育"培养目标，分别形成了标准体系，提升人才服务产业的满意度和贡献度；践行立德树人使命，围绕"三教"改革，根据职业岗位标准优化课程标准，将新技术、新工艺、新规范和课程思政纳入课程建设内容；优化教师培养目标，提升教师"双师"素质，各自形成了一套绩效考核制度标准；试点校学生就业率 2016 年以来稳定保持在 97% 以上，服务陕西产业发展，在国家骨干企业就业比例超过 60%；陕工职院 2018 年、2019 年学生技能竞赛获奖总数分别位列全国高职院校第二，陕铁职院、陕交职院 2019 年、2021 年教师教学能力大赛、学生技能大赛获奖总数位列全省前三；陕工职院向清华大学工程训练中心、北京航空航天大学输送了一批以邢小颖为代表的从事实习指导老师岗位的优秀毕业生群体，涌现出了以何小虎为代表的一批全国五一劳动奖获得者、全国技术能手等名片学生。

（三）省外推广成效显著

汇集陕西标准、陕西经验的《高等职业院校教学工作诊断与改进文件选编与实践研究》《高等职业院校教学工作诊断与改进实操导引》《高等职业院校教学工作诊断与改进实践探索》《高等职业院校教学工作诊断与改进案例汇编》被 162 所高职院校借鉴，发行总量达 31 983 册。江苏、河南、四川、河北等 16 个省份 252 所高职院校先后来我省交流学习诊改经验。陕西诊改专家团队在全国诊改专委会及其他省份 51 次诊改专题培训会上将陕西方案向全国推介。

（四）主流媒体高度关注

陕西省诊改理论和实践成果先后被《光明日报》《中国教育报》等国家级报刊专题报道；在《中国高教研究》等期刊发表文章 6 篇。教育部网站、中国高校之窗、中国高职高专教育网、职业教育诊改网等 52 家网络传媒专题报道陕西成果 136 次；陕西高职教学工作诊断与改进专题网设立院校诊改方案、政策资讯、工作动态、理论研究及学习资料等 5 个栏目开展专题诊改工作交流，点击率达到 166 200 余次。

成果九 从黄土地走向深蓝:"五彩两栖型"西部航海人才培养模式创新与实践

(成果序号:2-463)

🌐 获奖等级

二等奖

🌐 完成单位

延安职业技术学院、江苏海事职业技术学院、大连海事大学

🌐 主持人简介

杨延存,男,教授,成果研究实践期间任延安职业技术学院航运工程系主任,长期从事航海教育教学研究与管理工作。曾获陕西省语言文字先进工作者,2019年获陕西省高等教育教学成果二等奖(主持人),2021年获陕西省高等教育教学成果一等奖(主持人);任航运系主任期间,主持国家骨干专业、国家生产性实训基地、陕西省一流专业建设,主持建设教育部第一批供需对接育人项目、陕西省高技能人才培训基地、延安市航海重点实验室;省级高水平专业群——航海技术专业群项目主要申报人和负责人。担任陕西省陕甘宁边区史研究会理事、延安市延安精神研究会会员。

🌐 团队成员

杨延存、韩涛、吴晓赟、程才乾、黄锦鹏、刘正江、王晔征、刘月梅、王婧、王永军

🌐 成果简介

红色血脉永赓续,延安精神代代传。为服务"海洋强国"和"军民融合"战略,将

延安精神"传家宝"落实为职业教育"船家宝",依据2012年教育部、交通运输部《关于进一步提高航海教育质量的若干意见》和总参谋部、教育部《关于做好定向培养直招士官（现称军士）试点工作的通知》等文件精神,借助2008年创办的航海技术专业,针对西部航海人才培养目标不精准、课程体系不完善、产教互动不紧密三个问题,开展《西部航海人才培养模式的研究与实践》课题研究,于2016年拓展航海技术军士专业方向,开辟黄土地培养海员/海军军士之先河。成果以立德树人为根本,创新出"五彩两栖型"向海图强人才培养模式,探索出了一条从黄土高原走向深蓝大海的西部人才振兴之路。

一是以延安精神为指引,将红色文化、黄土文化、海洋文化、军营文化、身心素养融入人才培养全过程,确立了红色血脉、黄土情怀、蓝海本领、绿营筋骨、青春身心的"五彩型"航海人才培养规格,创设出海员/海军军士"两栖型"军地两用育人路径,构建了全过程受控、育训一体的船员质量管理体系,"五彩两栖型"模式引领西部技术技能人才高质量发展。

二是对接岗位标准,将海员证书、海军军士岗位标准与职业教育教学标准融合,创设了红色精神、黄土文化、航海技能、军政素质、身心修养五类课程模块,构建了校赛—行业—国赛三级递进式大赛体系和四段工学交替式教学模式,打造了延安精神引领的"圣地船"思政育人大课堂,形成了"素能融合、书证融通、能力递进"的模块化课程体系。

三是政行军企校五方协同,将航运企业、海军部队、东部航海院校教育资源与延安红色资源、西部人力资源融通,打造了"政行助推、军地协同、东西协作"育人大平台,构建了"跨域型、定制式、项目化"协同育人机制,形成了东西协作航海职教共同体。

成果取得重大示范引领效应。培训农村青年、退役军人3 028人,帮助千余户家庭脱贫致富,"上船一人,致富一家,带动一片"产生示范效应,打造了西部青年就业脱贫"致富船";累计培养了2 272名国际海员与海军军士,368名军士毕业生在辽宁舰、延安舰等战舰服役,成为西部职业院校向海图强"主阵地";学校由东部"输血式"举办航海类专业升级为自主"造血式"打造涉海专业群,实践出西部院校专业拓展"增长极",成为职业教育东西协作"新典范"。国防部部长魏凤和亲临学校调研圣地军士培养,全国政协副主席、交通运输部党组书记杨传堂赞誉学校是"人才培养的典型、精准扶贫的典型"。

成果总结报告

"从黄土地走向深蓝:'五彩两栖型'西部航海人才培养模式创新与实践"
成果总结报告

一、成果背景与问题

(一)成果背景

习近平总书记指出:延安精神是党的宝贵精神财富,要代代传承下去。延安职业技术学院溯源于1937年抗战之初的延安鲁迅师范学校,一直坚持用延安精神育人,于2008年创办了西北唯一涉海类专业。为进一步服务"海洋强国"和"军民融合"战略,落实2012年教育部、交通运输部《关于进一步提高航海教育质量的若干意见》和总参谋部、教育部《关于做好定向培养直招士官(现称军士)试点工作的通知》等文件精神,针对西部航海人才培养目标不精准、课程体系不完善、产教互动不紧密三个问题,2014年立项"基于延安精神的西部航海人才培养模式研究"课题,2016年成果落地,在培养海员基础上增办定向培养海军军士,开辟黄土地培养海员/海军军士之先河。

本成果以延安精神为指引,确立了红色血脉、黄土情怀、蓝海本领、绿营筋骨、青春身心"五彩型"航海人才培养目标,重构了"素能融合、书证融通、能力递进"的模块化课程体系,打造了"政行助推、军地协同、东西协作"育人平台,构建了"跨域型、定制式、项目化"协同育人机制,创设出海员/海军军士"两栖型"育人路径,探索形成"五彩两栖型"航海人才培养新模式,走出了一条从黄土高原走向深蓝大海的西部人才振兴之路。

成果取得显著成效和示范推广效应。累计培养了2 272名国际海员与海军军士,368名军士毕业生在辽宁舰、延安舰等战舰服役;培训农村青年、退役军人3 028人;海军军士的高质量培养直接推动了"延安舰"命名;全国政协副主席杨传堂、国防部部长魏凤和等领导亲临学校调研,对"延安海员""圣地军士"培养成效给予高度肯定。

(二)成果解决的主要教学问题

(1)育人模式不适应学生德智体美劳全面发展。传统航海育人规格定位不够精准,育人路径单一,教育评价体系不够完善。

(2) 课程体系与现代航海技术有脱节。传统航海课程体系滞后于现代航海技术，岗课赛证融通不够，船员国际化职业导致课程思政教学内容扎根红色基因不深。

(3) 东部西部产教跨域互动不够紧密。政行企校军优势互补平台与东西协作战略发展衔接度不够，东部航海教学资源与西部人力资源互动的跨域协作运行机制不健全。

二、主要做法与经验成果

（一）以延安精神为指引，构建了"五彩两栖型"西部航海人才培养模式，破解了传统航海育人模式与学生全面发展不适应的问题

一是确立了育人要素全面的"五彩型"育人目标。将延安精神"四大内涵"与德智体美劳"五大育人要素"融合，吸纳区域特色文化、中华传统文化和蓝绿专业文化资源特色，细化形成红色精神、黄土文化、航海技能、军政素质、身心修养等五个教育教学模块，凝练出具有红色血脉、黄土情怀、蓝海视野、绿营筋骨、青春身心的"五彩型"西部航海人才培养规格。二是规划出岗位对接精准的"两栖型"育人路径。围绕国际海员、海军军士2个专业方向，融通航运企业和海军部队用人需求，遵循学生职业意愿，以学生成长周期为主线，创设"准大学生→准军士/准海员→合格大学生（海军军士/国际海员）"的育人路径，学生毕业的同时达到入伍军政素能标准并获取海员职业技能证书，成为"两栖型"军地两用人才。三是创建了持续诊断改进的"全过程"质量管理体系。基于国际海事公约要求，创建了包括质量手册、教学程序、规范性制度等育训一体的《船员质量管理体系》，定期接受学校内部审核和国家海事局的外部审核，通过对专业、课程、师资、学生、设施设备等不同主体的常态化过程监控和全方位信息反馈，综合评价人才培养质量，实现教学质量的螺旋式持续改进。"五彩两栖型"西部航海人才培养模式如图9-1所示。

（二）以职业需求为导引，重构了"素能融合、书证融通、能力递进"的模块化课程体系，解决了传统航海课程体系与现代航海技术有脱节的问题

剖析"五彩型"育人目标和"两栖型"育人路径，重构红色精神、黄土文化、航海技能、军政素质、身心修养五类课程模块。一是课岗证融合。根据部队/航运企业岗位标准和航海职业教育标准要求，校军企行多方共研现代智能航海技术（国际海员+海军军士）人才培养方案，将10项海军军士技能要求、14项海员专业技能证书按素质、能力、

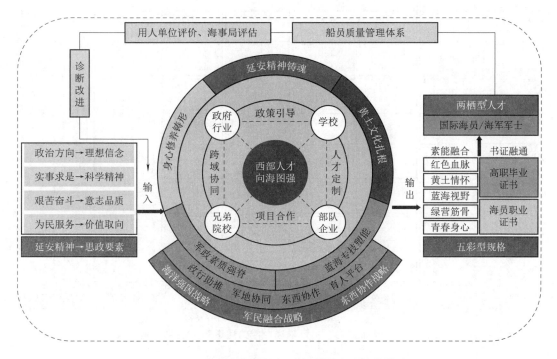

图 9-1 "五彩两栖型"西部航海人才培养模式

技能进行细化分解,形成的 316 个知识点归类至五类课程模块,实现课程标准对接岗位标准。二是课赛训融通。实施"三级四段式"工学交替、能力递进教学模式。大一在校完成通识课程和专业基础课程;大二上学期或暑假,遴选学生到东部兄弟院校实训船、海军训练基地、航运企业开展实践教学,推动"跨域游学";大二下学期和大三上学期,依托学校先进航海模拟器、"圣地号"校船开展虚拟仿真训练;大三下学期进入企业/部队进行岗位实习/入伍训练。构建航海技能校赛、中国海员大比武行赛和船舶轴系安装国赛三级递进式大赛体系,将赛项内容、标准融入课程,促进课赛训融通。三是大思政育人。挖掘五彩资源思政要素,创建了"五彩"思政育人课堂,五育并举服务学生全面发展;建立了学校、企业、部队、社会等多元参与的混编教学团队;建成了多维思政实践平台,推进沉浸式体验、交互式现场等教学模式;将红心、初心、信心、忠心和匠心与航船要素中的灯塔、舵、帆、锚和桨相融合,形成"圣地船"思政育人大课堂。"素能融合、书证融通、能力递进"模块化课程体系如图 9-2 所示。

成果入选全国高职院校思政工作创新示范案例 50 强,思政教学获全国高校思政课教学展示一等奖;成果开发的 3 个涉海类专业教学标准、24 门专业核心课程标准、18 个课程包、4 门省级在线精品课程和 5 门延安精神特色素质教育教材在兄弟院校得到推广。

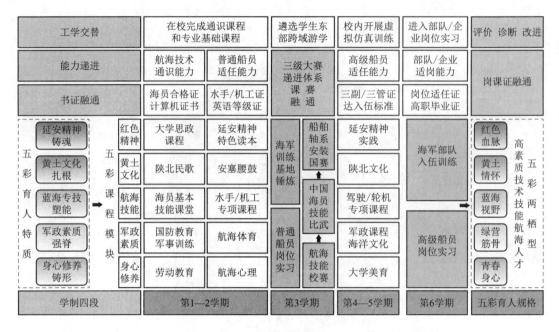

图 9-2 "素能融合、书证融通、能力递进"模块化课程体系

（三）以产教互动为牵引，打造了"政行助推、军地协同、东西协作"的协同育人平台，解决了职业教育东西跨域产教互动不够紧密问题

一是构建了"跨域型"协同育人机制。延安市政府、延安职业技术学院与国家海事局、海军训练基地和东部8所兄弟院校签署协议，政行军企校共建西部海员（军士）培养基地，建立健全合作章程、协议、制度，打造了"政行助推、军地协同、东西协作"的协同育人平台，畅通教师跨区域挂职、学生跨区域游学、项目跨区域培育的航海教育生态系统。二是创建了"定制式"协同育人机制。国家海事局牵头发起东部沿海地区15家航运企业，东西协作"订单式"培养海员；延安市政府和学校主动对接海军部队，军地协同"定向式"培养军士，推动航海人才走向"军地两栖"。三是实践"项目化"校际合作模式。学校与大连海事大学、江苏海事职业技术学院等8所东部院校共同承接"中国－东盟智慧海洋教育""苏陕教育协作"等项目，联合建设航海实训室21个，联合制定船员培训标准并被国家海事局采纳，联合申报教学成果获省级一等奖、二等奖各1项，联合培育的486名学生助力乡村振兴，共享的全国青少年延安革命传统教育基地、全国职教学会革命传统教育研究中心、海峡两岸航海文化艺术节等成为校际合作育人的重要载体。"跨域型、定制式、项目化"协同育人平台如图9-3所示。

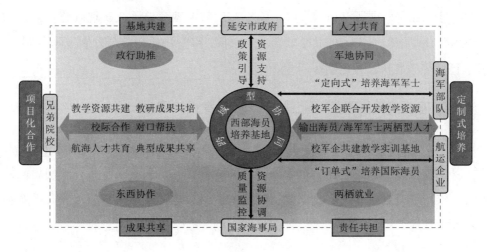

图 9 – 3　"跨域型、定制式、项目化"协同育人平台

三、创新与特点

(一) 创设出"五彩两栖型"西部航海人才培养模式

落实习近平总书记提出的"用好红色资源,赓续红色血脉"的指示,从延安精神中汲取智慧和力量,将五彩育人资源与"五育"要素融合,形成延安精神铸魂、黄土文化扎根、蓝海专技塑能、军政素质强脊和身心修养铸形的育人特质;融合学校育人职能、航运企业与海军部队用人需求、地方人才红利等要素,构建了"素能融合、书证融通、能力递进"的模块化课程体系,打造了"政行助推、军地协同、东西协作"的协同育人生态圈,打通海员和海军两栖人才培养路径;全过程实施国家海事局认证的育训一体化质量管理体系,实施培养全过程常态化监控和全方位信息反馈,实现螺旋式诊断改进。

(二) 构建了"跨域型、定制式、项目化"协同育人机制

一是汇集全国优势资源,探索出"跨域型"协同育人机制。在全国率先探索"政行助推、军地协同、东西协作、定向招生、两栖就业"的人才培养方式,有效破解西部地区航海类专业师资力量相对薄弱、学生实习就业难的困境。成果获批教育部首批供需对接就业育人项目。二是激活航运企业和海军部队资源,实践了"定制式"契约育人机制。整合各方对口协作不同需求,依托企业订单培养西部海员、部队定向培养海军军士的项目化育人制度,以项目为载体、契约为保障、学校为主体共育西部航海人才。三是推动东西协作,创新了"项目化"校际合作机制。与东部航海名校签订"项目化"合作协议,通过

线上线下、挂职互聘、课题共研等方式,缩小东西航海教育差距,实现教育资源跨域合作共享。校际联建中国航海实习船共享联盟、"一带一路"海员培养与发展国际合作协作组,解决学生上船实习难和国际化就业问题。

(三) 创建了延安精神指引的"圣地船"思政育人大课堂

凝聚多元主体,打造混编团队,构建"多维"实践平台。采取可兼可专、固流互补方式,建立以学校教师团队为主体,企业能手、部队教官、本土专家等为补充的思政课混编教学团队;依托红苑党建基地、实训船、延安革命纪念地、陕北民俗馆、身心健康活动中心等实践教学基地,推进沉浸式体验、交互式现场等教学模式。创建的"指尖思政"视频号点击量达 16.86 万人次。

集聚育人资源,建好"五彩"课堂,融通"五心"航船精神。传承鲁迅师范红色血脉,围绕五类课程模块,创建思政大课堂,融通"五心"品格与航船精神,将延安精神"传家宝"落实为航海教育立德树人"船家宝"。打造红色血脉铸魂课,传承红色基因,用红心点亮蓝海灯塔;打造黄土文化扎根课,坚定理想信念,用初心把定远航之舵;打造青春身心建树课,绽放青春活力,用信心扬起理想之帆;打造绿营军政强脊课,砥砺爱国情怀,用忠心扎牢坚定之锚;打造蓝海专技塑能课,锤炼航海技能,用匠心启动开拓之桨。《依托红色教育资源优势打造"延职党建"品牌》被新华社转载,点击量达到 28.6 万人次。延安精神"传家宝"引领下的西部职教"圣地船"思政育人大课堂实施路径如图 9-4 所示。

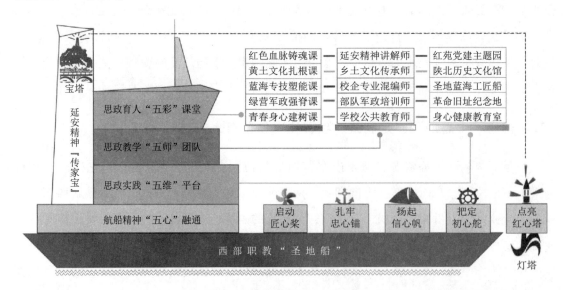

图 9-4 延安精神"传家宝"引领下的西部职教"圣地船"思政育人大课堂实施路径

四、推广应用效果

（一）人才培养质量高，为西部职业院校拓展专业方向探索出新路径

本专业群培养的学生"双证"获取率达98%、就业（入伍）率达97.2%，得到航运企业、海军部队及社会各界广泛认可。毕业生井万里就职于华洋海事中心，月收入超过5万元人民币，《中国交通报》予以专题报道。8名毕业生参加"海军三型主战舰艇集中交接入列仪式"等活动，并接受习近平总书记检阅，368名毕业生在辽宁舰、延安舰等战舰服役，多名毕业生火线入党、获"四有军人"嘉奖。

通过西部海员、圣地军士培养项目，学校由"输血式"举办航海类专业升级为"造血式"打造西部高职院校唯一涉海类省级高水平专业群；海军军士年培养规模由80人增加到200人，学校先后增设空军、武警军士培养方向，在校军士生规模达1 256人，成为海军部队、航运企业定向（订单）培养人才的核心院校。专业被确定为国家骨干专业和省级一流专业，获批国家生产性实训基地、省级高技能人才培训基地、省级示范性实训基地。

（二）成果应用成效好，为乡村振兴、军民融合提供了鲜活素材和初步经验

承担国家海事局"东西协作蓝海扶贫计划"和退役军人事务部"浪花计划"，累计培训陕甘宁青等14省区3 028农村青年、退役军人，帮助千余户家庭脱贫致富，"上船一人、致富一家、带动一片"示范效应日益显著。学校连续5年荣获陕西省"双百工程"帮扶工作先进单位。全国政协副主席、交通运输部党组书记杨传堂赞誉延安职院是："人才培养的典型、精准扶贫的典型，十年磨一剑来之不易，应该肯定并支持"。

2022年，国防部部长魏凤和在延安职院调研军民融合工作时，盛赞圣地军士培养质量值得推广；海军政治工作部兵文局局长高度赞扬圣地军士培养模式堪称标杆。学校为延安创建全国"双拥"模范城九连冠做出了积极贡献，成为陕西省爱国拥军模范单位。以本成果为基础提议申请并促成了"延安舰"命名，成为西部院校服务海洋强国和军民融合战略的重大成效。

（三）示范辐射影响广，为职业院校跨域协同育人积累了实践经验

近5年接待社会各界及兄弟院校调研交流达166批次；本成果开发的"心灵航标——

延安精神与大学生素质教育"在线课程被61家本专科院校采用；海军军士培养方案在西安航空职院、滨州职院等兄弟院校推广应用，有效提升了其人才培养质量；全国军事课教指委专家高度肯定学校军士生承担西安电子科技大学军训任务的帮训模式；定向培养军士经验多次在全国性会议上分享交流；与江苏海院联建国家示范性"泛长三角港口与航运国际职教集团"，成为"苏陕教育协作"的典型案例。

学院承办的西部海员发展推进会、中国高等院校邮轮人才培养联盟院（校）长联席会、纪念鲁迅师范成立80周年座谈会等影响力大。2019年10月25日中央电视台专题报道西部海员培养成果，新华社、国家政府网、人民网等主流媒体对成果进行跟踪报道，《黄土高原走出远洋女海员》《跑船挣出红火日子》等3 000多条新闻报道点击量超过1 500万人次。成果示范辐射影响如图9-5所示。

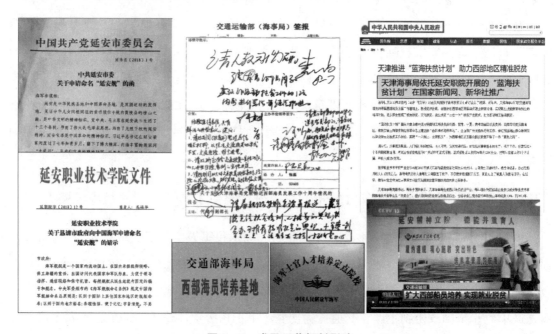

图9-5 成果示范辐射影响

成果十 对接关键岗位 实施"四化协同 五课堂联动"高铁施工类专业课程改革与实践

（成果序号：2-464）

获奖等级

二等奖

完成单位

陕西铁路工程职业技术学院、中铁上海工程局集团第七工程有限公司

主持人简介

张福荣，女，中共党员，陕西铁路工程职业技术学院测绘与检测学院院长，三级教授。曾获全国优秀教师、全国五一巾帼标兵、陕西省"特支计划"教学名师、陕西省教学名师、陕西省师德楷模等荣誉称号。获全国职业院校教学能力比赛二等奖1项、省级一等奖1项。获省级信息化大赛网络课程一等奖1项。获省级优秀教材二等奖2项。主持国家在线开放课程1门、省级在线开放课程2门。

团队成员

张福荣、焦胜军、赵东、朱永伟、李立功、郝付军、章韵、庞旭卿、何文敏、袁曼飞、张飞

成果简介

高铁施工由传统建造向智慧建造快速转变，装配施工、动态监测、智慧检测、信息管理等"四新"技术广泛应用。高铁施工员、检测员、测量员和建模员4个关键岗位人才需求量大，岗位技术融合度高，要求毕业生具备一岗多能、多岗协同的职业能力。

2011年起，项目组聚焦关键岗位对应的高速铁路施工与维护、土木工程检测技术、工程测量技术、建设工程管理等高铁施工类专业，针对课程结构不灵活、学生职业能力培养不全面等问题，基于OBE教育理念，依托3项省级重点教改课题和国家骨干院校建设项目，按照"岗位需求导向、专业跨类融通、教学资源共享"的思路，对高铁施工类专业课程进行系统改革，2017年形成整体改革方案，成果内容主要包括：

（1）提出"站稳初始岗、服务发展岗、延伸拓展岗"的培养理念，对接高铁智慧建造人才需求，校企联合制定了被行业认定的核心岗位职业能力标准、课程标准和教学质量评价标准。

（2）创建了模块化课程体系、项目化教学组织、数字化资源赋能、结构化团队保障的"四化"协同课程建设模式。系统融入"四新"技术和高铁精神，创建岗位定向、能力分块、灵活组合的高铁施工类专业模块化课程，实施项目引领、任务驱动教学组织，建成了"教学资源库+融媒体教材+在线开放课+虚拟仿真实训平台"教学资源，组建了专业融合、分工协作的教学团队。

（3）形成了生产项目导向、"五课堂"联动的教学实施路径。实施"学、精、强、提、拓"全方位、系统化培养，即立足教学主课堂夯基础、活跃竞赛课堂精技能、走进工地课堂强技术、激活劳动课堂提素养、打造创新课堂拓能力。

（4）构建了"三维多元、全程评价、螺旋改进"的课程教学质量评价体系。基于学生专业知识、岗位能力、职业素养三维目标，企业专家、校院督导、团队教师、专业学生等多元主体参与，制定了"过程+成果"的课程考核评价方案，搭建了覆盖教学全过程的质量监控数据平台，形成了"监控—分析—反馈—改进"螺旋促动、实时改进的质量保证机制。

通过改革实践，出版新形态教材21部，建成在线开放课程27门，开发了高铁工程虚拟仿真实训平台。获评全国优秀教材1部、国家规划教材3部、省级优秀教材7部、省级在线开放课程9门。教师主持和参与制定国家专业教学标准14个、行业标准3项，教学比赛获国家级奖15项。高铁施工类专业学生职业能力显著提升，获国家级奖60项、省级奖77项；第三方调查结果显示，毕业生就业率98%以上，企业满意度97%以上。

成果总结报告

"对接关键岗位 实施'四化协同 五课堂联动'高铁施工类专业课程改革与实践"成果总结报告

一、背景与问题

（一）成果背景

2011 年，我国高铁运营里程突破 8 000 千米，跃居世界第一，实现了由"追赶者"到"领跑者"的历史性跨越，高铁成为我国的靓丽"名片"。在新一轮科技革命和产业变革发展的驱动下，网络技术、机械电子技术与建造技术的交叉融合，装配施工、动态监测、智慧检测、信息管理等"四新"技术快速应用，推进高铁施工由传统建造向智慧建造快速转变。

项目组在深入中国中铁、中国铁建等行业一流企业调研后发现：高铁智慧建造"四新"技术应用融合度高，要求施工员、检测员、测量员、建模员等高铁施工关键岗位技术人员具备一岗多能、多岗协同的职业能力，并且人才数量需求大，需针对 4 个关键岗位进行融合培养，提升学生岗位综合职业能力。

基于此，项目组聚焦关键岗位对应的高速铁路施工与维护、土木工程检测技术、工程测量技术、建设工程管理 4 个专业，依据 OBE 教育理念，按照"岗位需求导向、专业跨类融通、教学资源共享"的思路，依托 3 项省级重点教改课题和国家骨干院校建设项目，以岗位职业能力标准为导向，对高铁施工类专业课程进行系统改革，2017 年形成整体改革方案，在高铁施工类专业课程教学中全面应用并向全国同类院校推广，并在实践中持续完善。

（二）主要解决的教学问题

（1）课程结构固化，专业之间不能互选共享的问题。产业发展要求高铁施工技术人员一岗多能、多岗协同，但原有专业课程体系固化且相互独立，存在课程重复建设和产业聚焦度不够的现象，学生职业岗位迁移能力不足。

（2）课程教学对岗位职业能力培养不全面的问题。传统课程教学中重点关注学生知识积累和专业技能培养，缺少劳动精神和创新能力培养，职业能力培养与职业岗位需求有差距。

（3）课程考核评价不全面，教学过程缺少实时监控，课程质量反馈和改进不及时的问题。传统课程考核评价以教师为主体，考核内容和考核方式单一，教学效果评价相对滞后，课程质量难以实时监控和改进。

二、做法与成果

（一）对标企业需求，校企联合制定岗位职业能力标准和课程标准

深入高铁施工企业和智慧建造项目调研，针对一岗多能、多岗协同的职业能力需求，提出"站稳初始岗、服务发展岗、延伸拓展岗"的人才培养理念。采用功能分析法，按照"工作任务分析—职业核心能力归纳—职业能力标准制定—课程内容重构—课程结构序化—课程标准制定"的路径，在国家相关职业标准基础上，融入高铁智慧制造先进技术和高铁精神等思政元素，制定施工员、检测员、测量员、建模员等4个关键岗位的职业能力标准，并以此为依据制定课程标准和教学质量评价标准。相关标准通过铁道行指委铁道工程专业委员会认定。

（二）岗位标准贯穿，创新"四化"协同课程建设模式

对标高铁施工产业链，以4个关键岗位职业能力培养为核心，按照"岗位需求导向、专业跨类融通、教学资源共享"的思路，创建模块化课程体系、实施项目化教学、建设开发数字化资源、打造结构化团队，创新形成"四化"协同课程建设模式（见图10-1）。

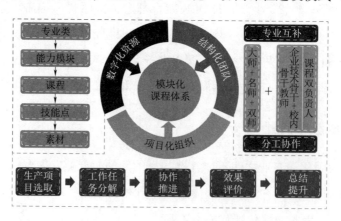

图10-1 "四化"协同课程建设模式

一是创建了"岗位定向，能力分块，灵活组合"的模块化课程体系。采用基于工作过程系统化的课程开发方法，按照岗位定向、能力分块、灵活组合的思路，将岗位职业能力

标准先厘分再重组，梳理确定 5 项基础能力设置通用能力模块，4 项核心能力课程组合设置核心能力模块，服务发展岗位和拓展能力需求设置拓展能力模块，创建模块化课程体系。按照高铁路基、桥涵、隧道、轨道四大结构组成设置标准课程，均包含施工、检测、测量、建模等能力模块，各专业根据岗位需求灵活选用标准课程的若干模块组课，有效解决了课程结构不灵活、专业之间不能互选共享的问题。

二是实施"高铁生产项目引领，真实工作任务驱动"的项目化教学。选择典型高铁工程项目为载体，探索形成"工程项目选取—典型工作任务归纳—教学任务转化—教学实践应用—实际工程比对"的项目化教学实施路径。强化学生学习主体作用，教师从"学"的角度设计教学活动并予以指导，学生通过完成工作任务实现知识和技能的积累。

三是系统性开发了数字化教学资源。建成 2 个教学资源库，27 门在线开放课程，素材 2.6 万条，21 部新形态教材，覆盖所有专业通用能力和核心能力模块课程。在全国率先建成高铁智慧建造虚拟仿真实训系统，与实体基地互为补充，开发的 243 个实训项目覆盖高铁智慧建造全过程。开发"云课堂+空中对接系统"的即时交互教学平台，施工现场与课堂实时对接、教师与学生线上实时互动，高效开展课程信息化教学。

四是打造了"专业融合，分工协作"结构化教学团队。实施课程校企双负责人制度，按照课程包含的能力模块选择具备相应专业特长的教师组建课程团队，各自承担对应职业能力模块教学任务，打破一人一课教学壁垒，实施分工协作教学。高速铁路施工与维护专业教师教学团队入选国家级教师教学创新团队。

（三）工匠精神引领，构建生产项目导向、"五课堂"联动的教学实施路径

基于工匠精神内涵，以高铁施工生产项目为导向，立足教学主课堂夯基础、活跃竞赛课堂精技能、走进工地课堂强技术、激活劳动课堂提素养、打造创新课堂拓能力，构建一主四辅"五课堂"联动教学实施路径（见图 10-2），实现了学生职业能力"学、精、强、提、拓"全方位、系统化培养。

教学主课堂：通过生产项目导向、真实任务驱动，全面推进"理实一体化"教学，校企共建的课程团队分工协作授课，强化做中教、做中学，学生掌握专业知识和基本技能。

竞赛课堂：与中铁上海工程局等企业深度合作，针对 5 项通用能力和 4 个岗位的核心技能，设置高铁轨道精调等 14 个项目，每年举办技能大赛，学生至少参加通用能力和核心能力项目各 1 项，赛证结合、以赛促学、以赛促练，进一步提升专业技能。

工地课堂：与中铁上海工程局七公司共建产业学院，利用合作企业承建的高铁施工项

图 10 - 2 "五课堂联动"模块化课程实施新路径

目分批次开展现场教学,学生在校企"双导师"的指导下开展真实岗位训练,与企业员工同吃、同住、同劳动,在完成生产任务的过程中全方位提升职业能力。

劳动课堂:将专业实践课程与劳动教育相结合,在实践训练中沉浸式劳动,承担校内高铁实训基地维护、结构变形监测等真实工作和企业生产任务,在解决实际问题中检验专业能力,在劳动过程中养成良好劳动习惯。

创新课堂:将专业课程教学与技术创新结合,引导学生在课程学习成果中体现创新元素,通过高铁科技模型制作、举办科技作品创作比赛、师生共同开展科技研发和技术创新等活动,有效提升学生的专业能力和创新创业能力。

(四)数据平台支撑,构建"三维多元、全程评价、螺旋改进"的课程教学质量评价体系

创新课程教学效果考核评价方式。将岗位职业能力、技能大赛评价和职业技能证书标准融入课程考核评价标准,采用知识测试、技能测评、成果展示等考核方式,校企共同开展课程考核,形成了"过程规范化 + 成果标准化"的课程考核评价方案。操作技能实施"过关式"考核;专业技术实施成果导向的分层考核,对学生完成的技术交底、仿真模型等进行考核,实现知识、技能及职业素养的全方位评价。

构建课程质量监控评价体系。将课程分为理论课、实践课、理实一体课三种类型管理。从课前、课中、课后三个环节,关注资源丰富度、课堂活跃度和目标达成度三个方面,开发了课程质量监控分析平台,设置 26 个课程教学质控点(见图 10 - 3)。开发质量监控数据平台,与在线课平台、互动教学 App、实训教学管理平台、成绩管理系统等平台联通,生成课程画像,实时反馈教学效果,促进课程质量持续提升。

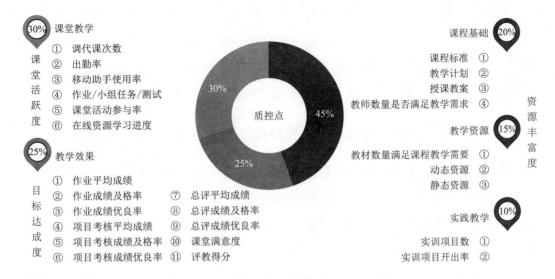

图 10-3　课程教学质控点

三、创新与特点

（一）创建了"岗位定向、能力分块、灵活组合"的模块化课程体系

针对企业对高铁施工类专业毕业生一岗多能、多岗协同的职业能力要求，创建形成岗位定向、能力分块、灵活组合的模块化课程体系，各专业根据培养目标选定相应模块组建支撑培养目标的个性化课程，实现了基于岗位能力对专业课程结构和内容的整体改造，强化了课程结构的灵活性、课程内容的实用性和教学实施的针对性，提高了高铁施工技术技能人才的岗位适应和可持续发展能力。

融入智慧建造"四新"技术开发的高铁结构与建模、高铁施工仿真、高铁工程 BIM 数据集成 3 门智慧建造课程，服务高铁施工产业技术升级，在全国同类专业处于领先水平。模块化课程体系创建方式为全国同类专业课程改革提供了范式，受到同类高职院校广泛认可。

（二）率先探索出生产项目导向、"五课堂"联动的教学实施路径

基于高铁智慧建造施工员等 4 个关键岗位职业能力培养目标，以真实高铁工程项目为导向，聚焦"专业知识—技术技能—岗位特质—劳动素养—创新意识"培养链条，实施"知识积累+技能训练"教学主课堂、"赛证融合+专项强化"竞赛课堂、"公益劳动+基地实操"劳动课堂、"跟岗实践+技术服务"工地课堂、"项目驱动+师生共研"创新课

堂等"五课堂"联动教学，实现了"学、精、强、提、拓"全方位、系统化培养，准确呼应了企业对学生的知识、技能、素养要求，有效增强了学生岗位履职能力和就业核心竞争力。"五课堂"联动教学实施路径，显著增强了学生岗位职业能力，提升了课程教学效果，形成了践行 OBE 理论实施课程教学改革的有效方法和具体路径。

（三）创新了"三维多元、全程评价、螺旋改进"课程教学质量评价体系

将职业岗位能力、技能大赛评价和职业技能证书标准融入课程考核评价标准，实施教师、企业导师、学生等多元主体考核，采用知识测试、技能测评、成果展示等方式，知识技能人人达标、能力模块逐个过关、课程考核成果导向，实现了知识、技能及职业素养三维培养效果的全方位评价。

制定课程建设与教学实施标准，设计 26 个课程教学质控点，全面覆盖了课程建设和教学实施过程。构建课程质量监控系统，实时采集课程质量评价数据，形成课程、教师、课堂、学生画像，评价课程教学效果，实现"教"与"学"过程、结果和目标达成度的全方位监测。

基于评价数据的系统分析，及时制定课程质量改进措施并落实到课程教学实施各环节，实现"评价—分析—反馈—改进"螺旋提升。课程质量诊断改进典型案例向全国推广。

四、应用推广效果

（一）学生培养质量显著提升

高速铁路施工与维护等 4 个专业 6 000 余名学生直接受益。学生在各类竞赛中获国家级奖 60 项、其中全国职业院校技能大赛一等奖 15 项。第三方调查结果显示：毕业生就业率连续 6 年保持在 98% 以上，企业满意度 97% 以上，月收入、就业满意度等 7 项指标均高于全国高职院校平均水平。

（二）教学团队水平显著提升

团队教师主持和参与制定国家专业教学标准 14 个、行业标准 3 个，教师教学比赛获国家级奖 15 项，出版新形态教材 21 部，入选全国优秀教材 1 部、国家规划教材 3 部，培育国家级教师教学创新团队 1 个，获评全国工人先锋号 1 个、全国优秀教师 1 人、全国五一巾帼标兵 1 人。

（三）专业综合实力显著提升

建成国家骨干专业3个、国家级教学资源库1个、全国职业院校交通运输大类示范专业点1个，入选国家级虚拟仿真实训基地1个，以高铁施工类4个专业组建的高速铁路施工与维护专业群入选国家高水平专业群建设项目。

（四）成果示范引领效应凸显

校内推广：成果先后在校内铁道交通运营类等6个专业类推广应用，均成功立项省级高水平专业群。

院校推广：成果被省内外25家高职院校借鉴应用。建成的系列标准、新形态教材、教学资源库等被462所院校使用。举办专业及课程建设相关国培项目5期，承担职业院校师资培训2 200余人日。

企业推广：课程资源被96家企业使用，17家企业将学校确立为高铁施工技术培训基地，培训员工5.9万人日。

海外推广：紧随铁路"走出去"，开发铁路施工双语资源包8个，培训外方员工1.2万人日，助力学校获批全国首批鲁班工坊运营项目。

媒体推广：教师受邀在全国铁道工程专业论坛等会议上做主题发言23次，成果被《光明日报》等主流媒体宣传报道81次。

课程是专业人才培养的主阵地，高铁施工类专业课程改革为专业对接产业发展创新人才培养提供了典型经验。高铁建设方兴未艾，高铁"走出去"号角正劲，我们要以中国特色高水平高职学校和专业群建设为契机，不断优化课程改革成果，提高育人质量，主动担当，为"交通强国，铁路先行"战略培养高素质技术技能人才使命，打造高铁职教国际品牌。

成果十一 协同共生 项目引领：面向智慧矿山的测绘人才现代学徒制培养模式创新与实践

（成果序号：2-465）

获奖等级

二等奖

完成单位

西安航空职业技术学院、淮南职业技术学院、大同煤炭职业技术学院、陕西师范大学、中国煤炭教育协会、广州南方测绘科技股份有限公司

主持人简介

龚小涛，男，西安航空职业技术学院教务处长兼双高办主任，教授，中共党员。全国航空职业教育首届教学名师，陕西省教学名师，入选陕西高校"青年杰出人才支持计划"，西安市第七届青年联合委员会委员，陕西省第四届黄炎培职业教育杰出贡献奖。兼任教育部中国特色学徒制教指委副秘书长、中华职教社中国特色学徒制推进委员会委员、全国职业院校对分课堂研学联盟常务副理事长、中国机械工程学会高级会员、中国锻压协会"头脑风暴"专家等。主持、参与国家级教学成果奖各1项；主持全国"十三五"规划课题教育部重点项目1项，主持或参与省级以上教科研项目20余项；主持获得陕西高校科学技术奖2项，获得中国机械工业科技进步奖1项，获得省级教学成果奖5项、全国行业教学成果奖4项。发表论文40余篇，出版专著4部，主编教材4部，授权专利8项。

团队成员

龚小涛、张敏华、田方、吴新社、耿铭、刘晓帆、冯加渔、史佳豪、曹祺、王朋飞、臧世忠、李昊燔、张爱琴、马晶、李万军、杨帆、宋凯利、

叶婷、马卓齐、雷伟斌

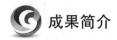 **成果简介**

培养掌握空间信息技术的测绘人才是建设智慧矿山、创新型国家的战略选择。针对测绘类专业教育与高新技术融合度不高、人才培养滞后于智慧矿山产业发展等问题，2016 年，依托教育部"现代学徒制试点"和"创新发展行动计划 – 骨干专业"建设项目，联合 5 家单位，开展高新技术项目引领的现代学徒制探索，2018 年形成"测绘类人才现代学徒制培养模式"。4 年实践，打通了校企人才供需堵点，实现学生"毕业即上岗、上岗即胜任"，成效显著。

（1）构建了长效合作、双向激励的"协同共生"育人机制。基于"共生"理论，提出了测绘类专业"学徒中心、产出导向、空天地一体"育人理念，坚持互惠、长效和协同发展原则，构建了"招生招工一体、学生学徒一体、工位岗位一体、教师师傅一体、评价标准一体"的校企协同共生育人机制，实现校企在资本、人才、知识、技术、资源、管理等方面双向赋能、互惠互依。

（2）创建了项目引领、岗课对接的"三阶三向"课程体系。将测绘素养等思政元素融入教学全过程，以智慧矿山测绘项目为引领，精准对接十大典型任务，形成"数据采集处理—精准分析建模—实景展示应用"三阶能力提升路径，支撑"无人机测绘、矿区地表监测、地下矿井建模"三个发展方向；依岗定课、标准贯通，构建三阶三向课程体系，建成国家级课程思政示范课程 2 门。

（3）形成了工学交替、弹性入岗的"真岗实做"培养方式。依托摄影测量与遥感技术等 2 个国家级生产性实训基地和企业生产场所，搭建"识岗学做—轮岗实做—定岗精做"学徒成长通道，推行"学练真任务、生产真产品"真岗实做培养方式，实施"弹性入岗、淡学旺做"工学交替教学组织形式和"作业产品一体化"评价考核方式。

（4）建成了德技双馨、创新协作的"名师领衔"双导师团队。发挥何志堂大师工作室和全国黄大年式教师团队头雁效应，组建"大师 + 名师"领衔、"骨干教师 + 技术骨干"主体双导师教学团队。立德树人、以德施教，在高新技术、绝活技艺、卡脖子技术带徒传技中提升双导师创新协作能力，促进双导师工程实践能力、教学能力双向贯通。

实践成效显著，毕业生起薪高于全国"双高"同类院校平均值15%，60%以上学生就职测绘产业十强企业（数据来源：新锦成）。获全国职业院校技能大赛一等奖 4 项；马楠等学子成长为港珠澳大桥等国家重大项目建设骨干；培养教育部现代学徒制专委会副秘书长等 7 人。出版专著 3 部，成果内容被教育部《关于全面推进现代学徒制工作的通知》等文件吸纳,《光明日报》等对成果报道 32 次。

成果总结报告

"协同共生 项目引领:面向智慧矿山的测绘人才现代学徒制培养模式创新与实践"教学成果总结报告

培养掌握空间信息技术的测绘人才是建设智慧矿山、创新型国家的战略选择。面向智慧矿山的测绘技术与移动互联网、大数据、云计算等新一代信息技术加速融合、技术迭代更新加快,对技术技能人才培养提出新要求。本成果以企业高新技术项目为引领,构建校企协同共生育人机制,形成了"协同共生 项目引领:面向智慧矿山的测绘人才现代学徒制培养模式",实现学生"毕业即上岗、上岗即胜任"。

一、成果背景与问题

(一)成果背景

西安航空职业技术学院是国家示范性高职院校、国家优质高等职业院校、国家"双高计划"建设单位。成果秉承学校"工学四合、三融战略"发展理念,以现代学徒制培养为突破口,构建校企协同共生育人机制,以高新技术项目为引领,展开面向智慧矿山的测绘人才现代学徒制培养模式改革与实践。成果框架如图 11-1 所示。

探索阶段:针对测绘人才匮乏的难题,2013 年,国—四维航测遥感技术公司与学校签订协议,校企联合在电子信息专业开设测绘技术方向,开展订单式人才培养;2014 年,校企联合申报并获批摄影测量与遥感技术专业(陕西第一家,全国前 5 家),服务智慧矿山建设;2016 年,摄影测量与遥感技术专业被确立为教育部《高等职业教育创新发展行动计划(2015—2018 年)》建设项目,将探索现代学徒制作为"骨干专业"建设项目的核心和特色;2017 年,该专业入选教育部现代学徒制试点专业,在两个国家级项目的支持下,推动校企双主体育人、学生学徒双身份学习,开展面向智慧矿山的测绘人才现代学徒制培养模式探索。

形成阶段:2018 年,形成了《测绘类技术技能型人才现代学徒制培养模式工作方案》,制定人才培养方案和相关教学标准,形成了以校企协同共生育人机制、企业项目引领教学过程为核心特征的服务智慧矿山的测绘类专业现代学徒制人才培养模式,方案初步形成。

推广阶段:经过 4 年实践,在教育部重点课题"'双高计划'背景下高职院校现代学

成果十一 协同共生 项目引领:面向智慧矿山的测绘
人才现代学徒制培养模式创新与实践

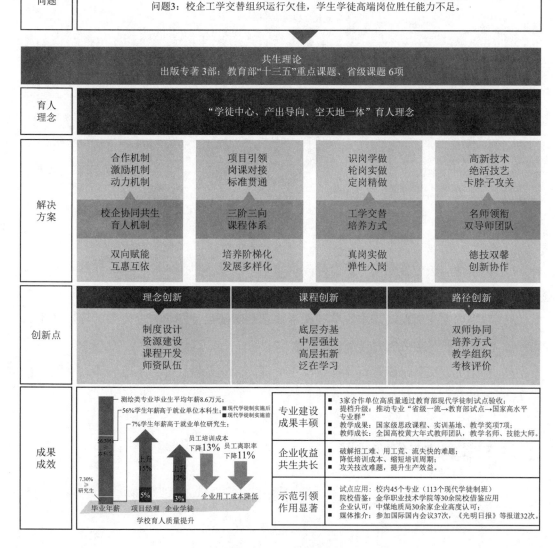

图 11-1 成果框架

徒制实施策略研究"及省级 6 项课题支持下,与自然资源部认定的行业世界四强企业——广州南方测绘集团合作,不断丰富和发展以协同共生、项目引领为核心特征的现代学徒人才培养模式。成果历程如图 11-2 所示。

(二) 成果解决的教学问题

成果团队对中煤航测遥感集团、黄河水利职业技术学院等 107 家典型企业和学校开展调研,结果显示:测绘类专业教育与高新技术融合度不高、人才培养相对滞后于智慧矿山产业发展,主要教学问题如下:

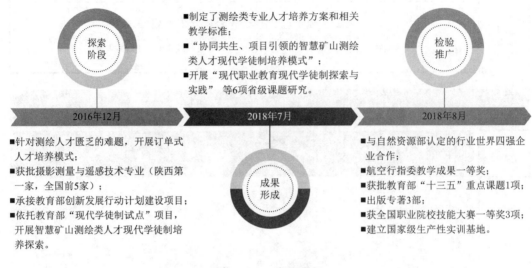

图 11-2 成果历程

（1）企业参与学徒培养积极性不高。校企双主体育人机制运行不畅，导致企业的新技术、新规范和优质资源不能及时引入专业教学。

（2）教学内容与岗位新需求脱节。课程体系相对滞后于测绘行业发展，导致学生的知识结构、技能水平不能完全适应企业岗位需求。

（3）校企工学交替组织运行欠佳。学生学徒高端岗位胜任能力不足，导致学校学徒培养规格与企业用人需求存在"标准差"。

二、主要做法与经验成果

（一）主要做法

以现代学徒制为突破口，打破测绘类专业人才培养瓶颈。采用交叉融合、协同创新等方法，通过理念更新建机制、目标定位构课程、真岗实做优路径、名师领衔强师资等举措，达成"毕业即上岗，上岗即胜任"的培养目标。

1．"合作—激励—动力"相结合，构建内生驱动机制激发企业育人主动性

建立合作机制：校企共建南方测绘产业学院，通过先进设备对接实训设备、生产项目对接教学内容、生产过程对接教学环节，企业师傅融入教学团队，建立校企长效合作机制。"双向赋能、互惠互依"的人才培养新生态如图 11-3 所示。

构建激励机制：对接市场和产品，实现项目→教学→产品→市场的成果转化机制和产出导向的校企激励机制；将双导师带徒纳入校企的职级评定范畴；双导师、学徒在生产教

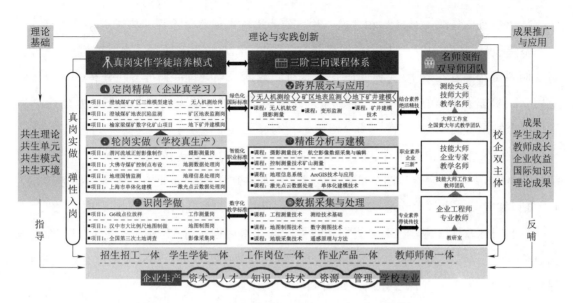

图 11-3 "双向赋能、互惠互依"的人才培养新生态

学过程中取酬、领薪。

形成动力机制：制定《双导师遴选及管理办法》等 10 余项制度，依托技能大师工作室等平台，推动校企技术、人员、资源融合，形成学徒→准员工→员工的成长通道，促进校企人员的双向流通。现代学徒系列文件如图 11-4 所示。

图 11-4 现代学徒系列文件

2. "项目—岗位—标准"相贯通，构建能力进阶式课程体系提升岗课衔接时效性

坚持项目引领，引入"榆家梁煤矿竖井贯通"等20类生产项目，按照项目难易程度，将"倾斜摄影测量"等10大典型任务分解到"数据采集处理—精准分析建模—实景展示应用"三阶能力培养的岗位群，支撑"无人机测绘、矿区地表监测、地下矿井建模"空天地三个发展方向。

开发岗位课程，依岗定课，对标"三阶三向"能力要求，按照"岗位分工—任务分解—理论分析—素质融合"四个步骤开发课程。如在矿山测量专业中，将典型任务转化为4个知识领域、35个教学单元、231个技能模块，开发了"控制测量"等20门项目化课程。

贯通国标教标，将"机载激光雷达数据获取技术规程"等53项国家规范、"测绘地理信息智能应用"等5项"1+X"证书标准，融入专业课程标准，构建了数字化、智能化、绿色化的"三阶三向"课程体系，如图11-5所示。

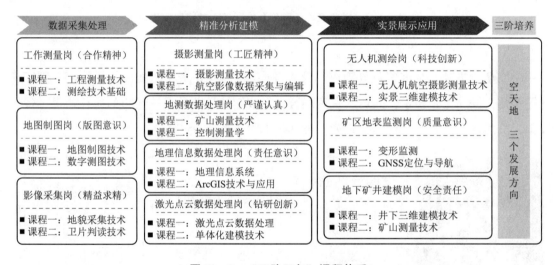

图11-5 "三阶三向"课程体系

3. "识岗—轮岗—定岗"三进阶，构建岗位递进培养方式提高人岗匹配度

基础项目——识岗学做：强化测绘精神与职业素养的融合，推动生产与教学全过程对接，在遥感影像获取等6类测绘基础项目中提升测绘基本技能。

核心项目——轮岗实做：依托校企共建的生产性实训基地和企业生产场所，生产淡季强学习、旺季重实操，学徒在地理信息系统岗、地测数据处理岗等4个核心岗位轮岗训练中提升职业核心技能。

高阶项目——定岗精做：根据学徒技能水平和就业意向确定岗位，校企双导师实施"作业产品一体化"的评价考核，在智慧矿山监测等8类高阶项目中提升创新能力。真岗实做学徒制培养场景如图11-6所示。

图 11-6 真岗实做学徒制培养场景

(二) 经验成果

树立育人新理念，构建了校企协同共生的育人机制、项目引领的课程体系、真岗实做的培养方式、名师领衔的教师团队，改革人才培养模式，形成"双向赋能、互惠互依"的育人新生态，成果丰硕。成果获奖统计如图 11-7 所示。

1. 构建了长效合作、双向激励的"协同共生"育人机制

基于"共生"理论，提出了测绘类专业"学徒中心、产出导向、空天地一体"育人理念，坚持互惠、长效和协同发展原则，构建了"招生招工一体、学生学徒一体、工位岗位一体、教师师傅一体、评价标准一体"的校企协同共生育人机制，实现校企在资本、人才、知识、技术、资源、管理等方面双向赋能、互惠互依。校企协同育人机制示意如图 11-8 所示。

2. 创建了项目引领、岗课对接的"三阶三向"课程体系

将测绘素养等思政元素融入教学全过程，以智慧矿山测绘项目为引领，精准对接十大典型任务，形成"数据采集处理—精准分析建模—实景展示应用"三阶能力提升路径，支撑"无人机测绘、矿区地表监测、地下矿井建模"三个发展方向；依岗定课、标准贯通，构建三阶三向课程体系，建成国家级课程思政示范课程2门。

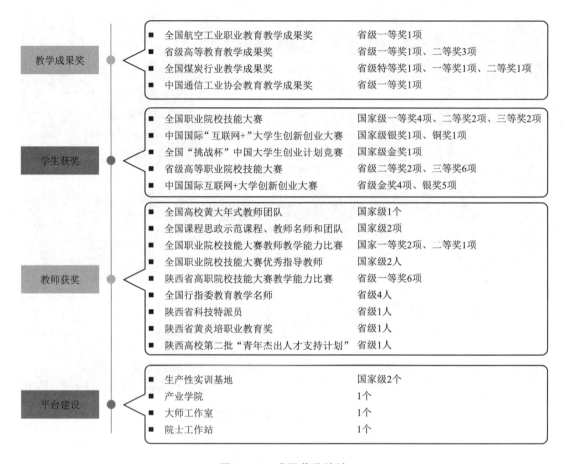

图 11-7 成果获奖统计

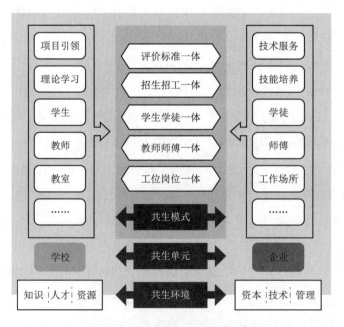

图 11-8 校企协同育人机制示意

3. 形成了工学交替、弹性入岗的"真岗实做"培养方式

依托摄影测量与遥感技术等 2 个国家级生产性实训基地和企业生产场所,搭建"识岗学做—轮岗实做—定岗精做"的学徒成长通道,推行"学练真任务、生产真产品"的真岗实做培养方式,实施"弹性入岗、淡学旺做"的工学交替教学组织形式和"作业产品一体化"的评价考核方式。

4. 建成了德技双馨、创新协作的"名师领衔"双导师团队

发挥何志堂大师工作室和全国黄大年式教师团队头雁效应,组建"大师 + 名师"领衔、"骨干教师 + 技术骨干"为主体的双导师教学团队。立德树人、以德施教,在高新技术、绝活技艺、卡脖子技术带徒传技中提升双导师创新协作能力,促进双导师工程实践能力、教学能力双向贯通。校企双导师育人团队如图 11-9 所示。

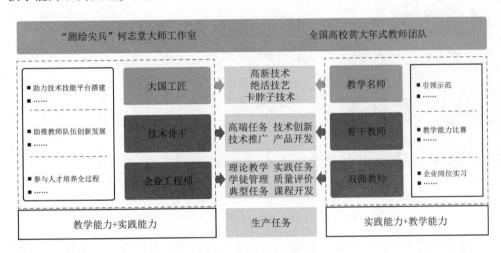

图 11-9 校企双导师育人团队

三、创新与特点

成果以定制化培养、自主性选择、多元化发展为特征,以项目为载体推动企业参与人才培养全过程,依托岗位促进生产与教学的全要素对接,实现校企间资本、人才、知识、技术、资源、管理全方位赋能,形成了契合智慧矿山建设的测绘人才培养新模式。

(一)丰富了"共生"理论,创建了校企协同共生育人新机制,形成了"双向赋能、互惠互依"的人才培养新生态

首次将生态学"共生"理论引入现代学徒制,提出测绘类专业"学徒中心、产出导向、空天地一体"的育人新理念,从合作、激励和动力三个维度构建校企协同共生育人机

制。在制度设计上融合劳动用工制度和教育制度,在资源建设中促进企业生产和教育教学的全要素对接,在课程开发中突出智慧矿山类项目载体、融入国家教学标准和测绘职业素养,在师资队伍建设中发挥大师+名师的示范引领作用,推动校企间资本、人才、知识、技术、资源、管理等共生变量相互赋能,实现了育人理念、主体、模式变革创新,形成"双向赋能、互惠互依"的人才培养新生态。理论成果获批教育部重点课题"'双高计划'背景下高职院校现代学徒制推进策略研究"等省级课题6项、专著3部。立项课题及出版专著如图11-10所示。

图11-10 立项课题及出版专著

(二)以高新技术项目为引领,创建了"三阶三向"课程新体系,实现了人才培养与产业发展同频共振

将智慧矿山测绘项目融入教学体系,依岗定课、标准贯通,构建以"育人路径阶梯化、职业发展多样化"为特征的课程体系。遵循测绘人才职业能力形成规律,构建三阶能力培养路径,凸显底层夯基、中层强技、高层拓新的培养目标。以学徒成长为中心,明确空天地三个发展方向,构建融入无人机(空)、卫星定位(天)、地下三维激光扫描(地)等技术的项目化课程,充分赋予学生自主选择权。及时将测绘产业新技术、新规范、新方法和优质资源引入专业教学,实现教学资源的动态更新,满足学徒个性化培养、多样化发展。打造"国家资源库+国家课程思政示范课程+精品在线开放课程"的泛在学习空间。

（三）校企双导师联合培养，创新了"真岗实做"学徒培养新方式，促进了人岗精准高效匹配

创新带徒方式，组建"大师+名师"领衔、"骨干教师+技术骨干"主体的双导师教学团队，校企协同培养现代学徒；创新培养路径，深化现代学徒制培养模式，推动岗位培养到真岗实做，开展项目式、情境式教学，推行识岗学做→轮岗实做→定岗精做；创新教学组织，遵循生产规律实行弹性入岗，生产淡季强学习、旺季重实操，学练真任务、生产真产品；创新考核方式，推进考核标准与产品检验标准融合、"作业产品一体化"。从培养规格、结构和质量等方面实现人才培养和岗位需求的精准对接。基于学徒培养方式开发的《现代学徒制智慧管理平台》获批国家版权局计算机软件著作权。中煤地质局评价"现代学徒制高度契合企业生产需求，解决了企业选人、用人、育人等难题"。

四、应用推广效果

（一）人才培养成效显著

实践期内培养学生 3 600 余人，学生参与智慧矿山测绘类生产项目 17 项/人，历经锻炼岗位 8.2 个/人，二年级以上学生人均薪酬约 1 800 元/月；学生毕业一年后，担任项目经理比例由 5% 提升至 13%，其中 2021 届毕业生平均年薪超 8 万元，56% 学生高于就业单位本科生、7% 高于研究生；获全国职业院校技能大赛、"互联网+"大赛等国家级奖项 7 项、省级奖项 61 项；呈现进口旺、出口畅的局面。育人成效如图 11-11 所示。

（二）专业建设成果丰硕

成果推动 3 家合作单位高质量通过教育部现代学徒制试点验收，入选国家级课程思政示范课程 2 门、国家级高技能人才培训基地和生产性实训基地 3 个，获教学能力比赛国赛一等奖 2 项；据金平果统计，2022 年航测专业排名全国第二、增幅全国第一，推动专业"省级一流→教育部试点→国家高水平专业群"的提档升级。成果培育了黄大年式教师团队骨干成员、全国现代学徒制专委会副秘书长、全国行指委教学名师、陕西高校杰出青年等 7 人。如图 11-12 所示。

学徒参与G6线无人机测绘项目

学徒领取项目津贴

学徒完成项目后凯旋

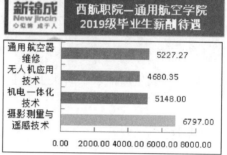
"现代学徒制"班毕业生薪资优厚

图 11-11　育人成效

成立西航职院-南方测绘产业学院

田方老师获2020年教师教学能力比赛全国一等奖

龚小涛同志被聘为现代学徒制专委会副秘书长

摄影测量与遥感技术专业排名全国第二

图 11-12　专业及师资建设成果图

（三）示范引领作用彰显

成果推广至校内45个专业（覆盖专业94%），成立现代学徒制班113个，现代学徒制培养比例从实施前的6%提高到37%。成果被金华职业技术学院等50余所单位借鉴应用，中国煤炭教育协会等10余名专家组织来校调研，63所院校来校学习交流经验，主持人受邀到30余所院校交流推广。成果内容成为教育部现代学徒制共计15期培训班的核心内容，受众7 000余人。全国会议交流如图11-13所示。

教育部现代学徒制调研组赴成都指导工作

成果主持人参加现代学徒制培训班

参加中国-新西兰现代学徒制研究会

成果主持人参加现代学徒制培训班

图11-13　全国会议交流

（四）企业受益互惠互依

成果有效解决了企业招工难、用工荒、流失快的难题，学徒占企业员工比例由3%提升至15%，3年后离职率由17%降低至6%；企业新员工培训成本降低13%；集聚学校人才、智力优势，破解企业技改难题31项，专利成果转化46项；在校内实训基地开展生产，2021年完成57项企业生产项目，南方测绘年生产规模稳步提升15%，企业生产成本降低17%；技术攻关与培训服务产生经济效益4 580万元。

（五）建设经验广泛赞誉

"现代学徒制应突出'五位'"的观点被陕西省教育厅等10余家官网转载。成果主持人受邀在中国－新西兰职业教育研讨会等国际国内会议交流37次，以现代学徒制为主题在全国"双高"创新发展研讨会交流，受众1.2万人次。获得全国航空行指委教学成果一等奖。陕西省副省长方光华考察学校，肯定了现代学徒制人才培养效果；中国煤炭教育协会认为成果"有效推动了现代学徒制人才培养模式的全面推广与实施"。南方测绘产业学院被中国产学研合作促进会评为"现代产业学院典型案例"。

成果十二　实施数字化教学改革，培养高速铁路智慧运营人才的创新与实践

（成果序号：2-466）

获奖等级

二等奖

完成单位

西安铁路职业技术学院、中国铁路西安局集团有限公司

主持人简介

滕勇，中共党员，三级教授，现任西安铁路职业技术学院教务处处长。担任中国职业技术教育学会教学创新工作委员会委员、陕西省职业技术教育学会副秘书长、教学改革与技能大赛委员会副主任委员、陕西省铁道学会副理事长等；从事铁道运营管理、城轨运营管理专业教学工作，获"第十一届陕西省高等学校教学名师""陕西高等学校教学管理工作先进个人"称号；主持国家级教学成果二等奖1项，省级教学成果特等奖1项、一等奖1项，参与省级教学成果一等奖1项、二等奖2项；获陕西省第四届黄炎培职业教育优秀理论研究奖、杰出教师奖；发表学术论文50余篇，主编、参编轨道专业特色教材5部，出版专著1部，主持或参与省级以上教科研课题20余项、横向课题6项。

团队成员

滕勇、张刚毅、邹星、负晓晴、刘力郡、李益民、徐小勇、刘飞、王梦迪、耿乔、王昕敏、惠叶婷、王奇、金祥海

成果简介

信息技术在高速铁路的广泛应用，对运营人才提出了适应数字化技术发展、掌握智慧

化运营手段的新要求。针对高铁运营类专业传统人才培养难以适应数字化转型升级的问题，2009 年依托省级教改项目"西安地区职业教育集团发展策略研究"形成行校企协同教学改革基本思路，其间在 8 个国家级、省级建设项目及教改项目支持下，与中国铁路西安局联合在"教师教材教法"方面实施数字化教学改革，2015 年形成方案并在高铁运营类 10 个专业人才培养中全面实践。

（1）制定"以德为本、数智引领、四能并重"的培养方案。行校企联合制定培养方案，以立德树人为根本，坚持"五育"并举，强化高铁精神，以数字化升级、智慧化改造引领教学改革，着力培养具备"数字运营管理、远程分析处置、智能客服应对、数字转型创新"四项核心职业能力的高铁智慧运营人才。牵头或参与开发了 18 项国家专业教学标准、专业建设指导标准、职业技能标准，优秀毕业生获"全国青年岗位能手"等国家级荣誉 63 项。

（2）夯实以"三大行动"推动的数字化专业教学改革路径。以"专业融合化、课程信息化、课堂智慧化"为目标，实施"专业赋能、三课 e 改、互联网+课堂"三大行动，形成专业内涵跨界融合、课程内容交叉嵌入、理实一体虚拟混合的数字化教学改革路径，推动教法改革。各专业 80% 以上课程完成数字化改造，全部课程融入思政元素，开发音视频 56 576 个、动画 7 480 个、虚拟仿真教学资源 2 734 个，核心职业能力培养 100% 实施线上线下混合式教学。

（3）形成行校企"三联结"协同性的数字化教学改革机制。依托国家级示范性职教集团，从"学校联结行业、学院联结企业、教师联结大师"三个层面，建立专业调整、教学建设、数能提升机制，推动教师团队建设，保障数字化教学改革高效运转。立项国家级教师实践流动站、职业教育教师教学创新团队，获教学能力比赛国家级一、二等奖各 2 项。

（4）打造"智慧融合、虚实相长"的数字化人才培养平台。打造以"省级智慧校园示范校""超融合虚拟化系统"为基础，虚拟资源与实体资源建设相互促进的人才培养平台。获评教育部第一批教育信息化试点优秀单位，新建智慧教室 256 间。主持建成铁道交通运营管理国家级专业教学资源库，参建 5 个。获"全国教材建设奖"二等奖、省级优秀教材奖 6 项，获批"十三五"国家规划教材 4 部。成果实施以来，学校于 2019 年获评省内唯一就业质量"A+"高职院校，是 2022 年文理类投档分数线双超本科线的全国 5 所高职院校之一。

成果总结报告

"实施数字化教学改革,培养高速铁路智慧运营人才的创新与实践"教学成果总结报告

一、成果背景

21 世纪以来,随着云计算、大数据、人工智能等数字化信息技术在高铁建造、装备、运营等多个领域的广泛应用,中国国家铁路集团有限公司在《新时代交通强国铁路先行规划纲要》中提出:"到 2035 年,智能高铁率先建成。"宣告中国高铁朝着数字化、智能化、智慧化发展方向前进。

基于数字化产业升级,高铁运营行业逐步形成以"列车自动控制"为核心技术、以"智慧车站"为发展代表的高铁智慧运营体系,对高铁运营人才提出了适应数字化技术发展、掌握智慧化运营手段的新要求。

二、成果来源

西安铁路职业技术学院作为拥有 66 年办学历史的老牌铁路院校,坚持"办学不脱轨、育人不离道"的办学理念,始终深耕于培养列车驾驶、供电、信号、维修、服务等高铁运营领域的高素质技术技能人才。自 2009 年起,针对高铁运营类专业传统人才培养难以适应数字化转型升级的问题,以陕西省高等教育教学改革重点项目"西安地区职业教育集团发展策略研究"(09Z51)为基础,形成并不断完善行校企协同教学改革基本思路,开展高铁智慧运营人才培养。

2012 年《铁路"十二五"发展规划》中明确提出:"大力推进信息化建设,全面提升铁路信息化水平。"同年,教育部、陕西省开展教育信息化试点单位建设工作,学院数字化教学改革进一步深化,于 2015 年形成方案,在铁道机车等 10 个高铁运营类专业开始全面实践。高铁运营类专业如表 12 – 1 所示。

表 12-1 高铁运营类专业

序号	专业大类	专业类	专业名称	专业代码	所属二级学院
1	交通运输	铁道运输	铁道交通运营管理	500112	交通运输学院
2			高速铁路客运服务	500113	
3			铁道机车运用与维护	500105	牵引动力学院
4			动车组检修技术	500108	
5			铁道供电技术	500107	电气工程学院
6			铁道车辆技术	500106	机电工程学院
7			铁道信号自动控制	500110	电子信息学院
8			铁道通信与信息化技术	500111	
9			铁道工程技术	500101	土木工程学院
10			高速铁路施工与维护	500102	

在此期间，以"高等职业教育创新发展行动计划""示范性高等职业院校建设计划项目""高职院校巡视诊断""高职院校教学工作诊断与改进"等 4 个国家级、省级建设项目，以及省级高等教育教学改革重点项目"高职教育实践教学基地新型教学模式的研究——基于轨道交通类高职院校校内实训基地的研究""基于创新创业能力培养的铁道交通运营管理专业实践教学体系的研究与实践"等 4 个教改项目为基础，对接高铁智慧运营人才需求，与中国铁路西安局集团有限公司开展深度合作，借助教育信息化试点优秀单位、专业教学资源库、示范性虚拟仿真实训基地等国家级项目，行校企协同在"教师教材教法"方面实施数字化教学改革，培养高铁智慧运营人才。成果来源项目如表 12-2 所示。

表 12-2 成果来源项目

序号	项目类别	项目名称	级别
1	国家级、省级建设项目	高等职业教育创新发展行动计划（2015—2018 年）	国家级
2		示范性高等职业院校建设计划项目（2015 年）	省级
3		高职院校巡视诊断（2015 年）	省级
4		高职院校诊改（2019 年）	省级
5	省级高等教育教学改革研究项目	陕西省高等教育教学改革研究项目"西安地区职业教育集团发展策略研究"（09Z51，重点项目）（2009—2011 年，主持人：滕勇）	省级
6		陕西省高等教育教学改革研究项目"高职教育实践教学基地新型教学模式的研究——基于轨道交通类高职院校校内实训基地的研究"（11Z40，重点项目）（2011—2014 年，第二参与人：滕勇）	省级

续表

序号	项目类别	项目名称	级别
7	省级高等教育教学改革研究项目	陕西省高等教育教学改革研究项目 "基于'现代学徒制'理念的高职院校顶岗实习模式探索与实践" （15Z37，重点项目） （2015—2017年，主持人：滕勇）	省级
8		陕西省高等教育教学改革研究项目 "基于创新创业能力培养的铁道交通运营管理专业实践教学体系的研究与实践" （17GG009，重点攻关项目） （2017—2019年，主持人：徐小勇）	省级

在成果13年的研究与实践过程中，学校教师信息素养得到显著提升，人才培养质量明显提高，虚实教学资源积累丰富，数字化教学改革全面铺开，基于此获得一系列国家级、省级荣誉。成果曾获奖励情况如表12-3所示。

表12-3 成果曾获奖励情况

获奖年月	所获奖项名称	获奖等级	授奖部门
2022年5月	陕西省高等教育教学成果奖特等奖 （实施数字化教学改革，行企校协同培养高速铁路智慧运营人才的创新与实践）	省级	陕西省人民政府
2017年12月	第一批教育信息化试点优秀单位	国家级	教育部
2019年11月	职业教育专业教学资源库 （铁道交通运营管理专业）	国家级	教育部
2021年8月	职业教育示范性虚拟仿真实训基地 （轨道列车智能运行与维护系统虚拟仿真综合实训基地）	国家级	教育部
2021年8月	职业教育教师教学创新团队 （铁道交通运营管理专业）	国家级	教育部
2019年7月	轨道交通类"双师型"教师培养培训基地	国家级	教育部
2019年7月	轨道交通职业教育与技术协同创新中心	国家级	教育部
2021年6月	示范性职业教育集团（联盟）培育单位 （西安轨道交通职业教育集团）	国家级	教育部
2017年9月	全国职业院校交通运输类示范专业点 （铁道机车、铁道交通运营管理）	国家级	教育部、交通运输部、中国铁路总公司等
2019年7月	国家骨干专业 （铁道交通运营管理、铁道机车铁道供电技术）	国家级	教育部

续表

获奖年月	所获奖项名称	获奖等级	授奖部门
2021 年 9 月	全国教材建设奖二等奖 《数控机床故障诊断与维修》	国家级	教育部
2020 年 12 月	"十三五"职业教育国家规划教材 4 部 《接触网》《高速铁路客运服务英语》 《数控机床故障诊断与维修》《数字电子技术》	国家级	教育部
2018 年 11 月— 2021 年 2 月	全国职业院校技能大赛教学能力比赛 一等奖 2 项、二等奖 2 项、三等奖 1 项	国家级	教育部全国职业院校技能大赛组织委员会
2018 年 8 月— 2019 年 7 月	全国职业院校技能大赛"轨道交通信号控制系统设计与应用"赛项 一等奖 1 项、二等奖 1 项	国家级	教育部全国职业院校技能大赛组织委员会
2015 年 12 月	陕西省高等教育教学成果一等奖 (校企"共建共享、动态开发"高职轨道交通类专业教材的研究与实践)	省级	陕西省人民政府
2014 年 6 月— 2018 年 9 月	陕西省高等学校教学名师 李益民、徐小勇、滕勇	省级	陕西省教育厅
2018 年 9 月— 2021 年 9 月	(陕西省职业院校技能大赛教师教学能力比赛) 一等奖 10 项、二等奖 12 项、三等奖 15 项	省级	陕西省教育厅
2016 年 6 月— 2021 年 1 月	陕西省高职院校优秀教材奖 一等奖 1 项《数控机床故障诊断与维修》 二等奖 4 项《列车运行自动控制系统维护》 《城市轨道交通维电保护》 《自动检测与转换技术》 《城市轨道交通专业英语》	省级	陕西省教育厅
2018 年 4 月— 2021 年 1 月	陕西省高等职业院校技能大赛 "轨道车辆技术""轨道交通信号控制系统设计与应用" 赛项：一等奖 7 项、二等奖 1 项	省级	陕西省教育厅
2014 年 4 月	全国职业教育轨道交通行业名师 李益民、张刚毅	行业	中国职业技术教育学会轨道交通专业委员会
2015 年 10 月— 2021 年 9 月	全国铁路职业院校学生技能竞赛 一等奖 5 项、二等奖 11 项、三等奖 14 项	行业	全国铁道职业教育教学指导委员会、全国交通运输职业教育教学指导委员会

三、成果内容

(一) 制定"以德为本,数智引领,四能并重"的培养方案

行校企联合制定培养方案(见图12-1),以立德树人为根本,坚持"五育"并举,强化高铁精神,以数字化升级、智慧化改造引领教学改革,着力培养具备"数字运营管理、远程分析处置、智能客服应对、数字转型创新"四项核心职业能力的高铁智慧运营人才。牵头或参与开发18项国家专业教学标准、专业建设指导标准、职业技能标准,优秀毕业生获"全国青年岗位能手"等国家级荣誉63项。

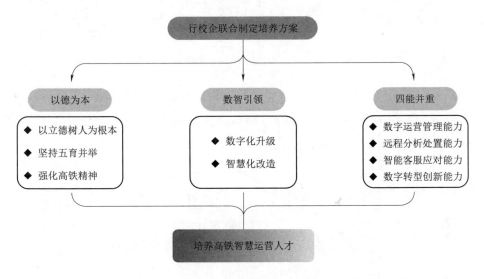

图12-1 制定"以德为本,数智引领,四能并重"的培养方案

(二) 夯实以"三大行动"推动的数字化专业教学改革路径

以"专业融合化、课程信息化、课堂智慧化"为目标,实施"专业赋能、三课e改、互联网+课堂"三大行动,形成专业内涵跨界融合,课程内容交叉嵌入,理实一体虚拟混合的数字化教学改革路径,推动教法改革(见图12-2)。各专业80%以上课程完成数字化改造,全部课程融入思政元素,开发音视频56 576个、动画7 480个、虚拟仿真教学资源2 734个,核心职业能力培养100%实施线上线下混合式教学。

(三) 形成行校企"三联结"协同性的数字化教学改革机制

依托国家级示范性职教集团,从"学校联结行业、学院联结企业、教师联结大师"三

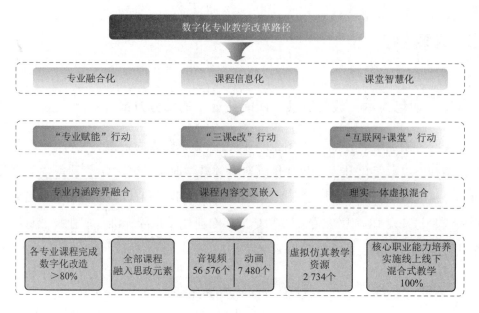

图 12 – 2　夯实以"三大行动"推动的数字化专业教学改革路径

个层面,建立专业调整、教学建设、数能提升机制,推动教师团队建设,保障数字化教学改革高效运转(见图12 – 3)。立项国家级教师实践流动站、职业教育教师教学创新团队,获教学能力比赛国家级一、二等奖各2项。

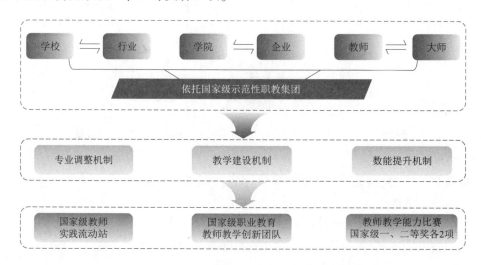

图 12 – 3　形成行校企"三联结"协同性的数字化教学改革机制

(四)打造"智慧融合、虚实相长"的数字化人才培养平台

打造以"省级智慧校园示范校""超融合虚拟化系统"为基础,虚拟资源与实体资源建设相互促进的人才培养平台(见图12 – 4)。获评教育部第一批教育信息化试点优秀单

位，新建智慧教室 256 间。主持建成铁道交通运营管理国家级专业教学资源库，参建 5 个。获"全国教材建设奖"二等奖 1 项、省级优秀教材奖 5 项，获批"十三五"国家规划教材 4 部。

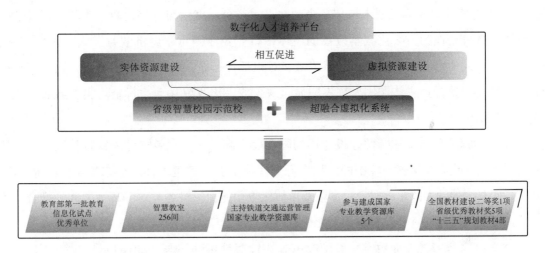

图 12-4　打造"智慧融合、虚实相长"的数字化人才培养平台

成果实施以来，显著提升了高铁智慧运营人才的培养质量，于 2019 年获评省内唯一就业质量"A+"高职院校，是 2022 年文理类投档分数线双超本科线的全国 5 所高职院校之一。成果内容如图 12-5 所示。

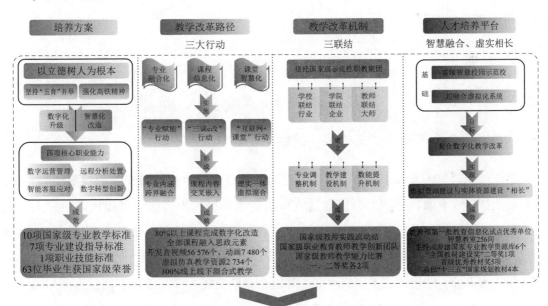

图 12-5　成果内容

四、成果主要解决的教学问题

（1）传统教学改革机制未聚焦行企利益点，行企深度参与数字化教学改革的积极性缺乏保障。行校企作为数字化教学改革的主体，行业企业侧重于经济效益及人才供应质量，学校倾向于人才培养实施过程及改革成效，难以抓住行企参与改革的利益点，缺乏完善的保障机制，导致行企主体作用发挥不明显，缺少数字化改革互动，行企切实参与数字化教学改革的积极性不高。

（2）虚拟资源与实体资源建设应用的配合度不高，无法有效支撑高铁智慧运营人才培养。校园数字化人才培养环境中的虚拟资源与实体资源，种类多样、形态各异、功能丰富，利用虚实资源辅助人才培养时，过多依赖单体优势功能，忽略各类培养环境之间的配合，不能使虚实资源相互促进、综合应用，无法对高铁智慧运营人才的培养提供有效支撑。

（3）高铁运营类专业数字化教学改革方法针对性不强，与企业岗位设置、技术更新、工作流程无法完全契合。传统高职院校培养高铁运营类人才，开展数字化教学改革的具体方法未有效针对高铁企业的岗位设置、技术更新、工作流程，没有对接并聚焦于专业、课程、课堂等方面，无法完全契合高铁智慧运营人才培养的需要。

五、解决方案

针对以上三个教学问题，从对接行企需求、融合虚实资源、落实岗位要求等方面，全方位实施数字化教学改革，形成整体解决方案，如图12-6所示。

（一）对接行企需求形成"三构建"的数字化教学改革机制

基于行业智慧运营人才需求，构建专业调整机制，以西安轨道交通职教集团为平台，联合行业打造专业融合化布局，精准适应高铁产业升级，为行业发展提供高质量人才供应；基于企业培训成本控制，构建教学建设机制，依托专业委员会和教学合作协议，共同制定职业岗位标准，开展专业课程数字化改造，共建共享虚实资源，促进人才培养规格适应岗位技能要求，缩短准员工上岗周期，降低企业培训成本；基于职工岗位素质培养，构建数能提升机制，借助国家级教师实践流动站、轨道交通职业教育与技术协同创新中心，开展教师职工双向交流、横向科研活动，扩充高铁智慧运营知识储备，提升职工岗位素质，保障行企参与数字化教学改革的积极性。如图12-7所示。

成果十二 实施数字化教学改革，培养高速铁路智慧运营人才的创新与实践   141

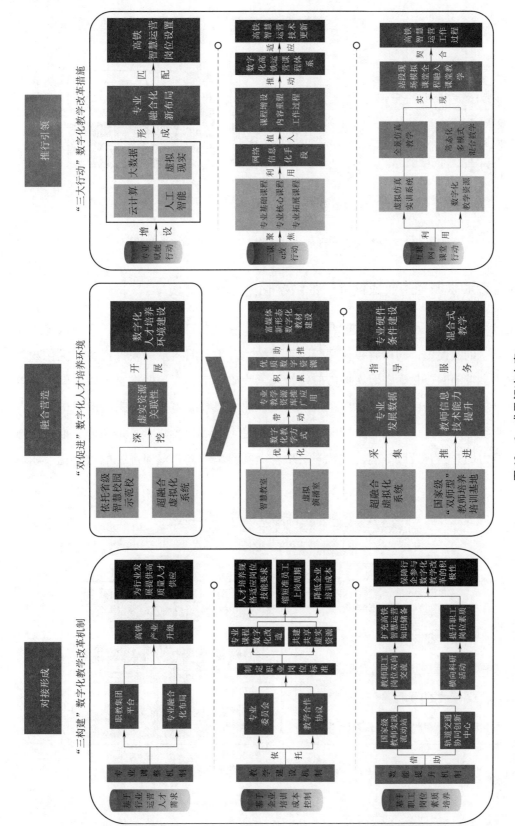

图 12-6 成果解决方案

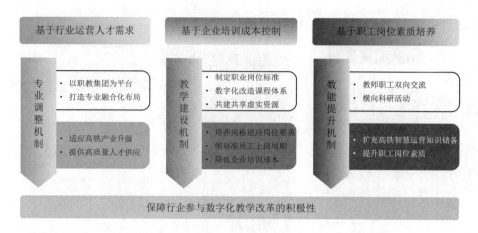

图 12-7 对接行企需求形成"三构建"的数字化教学改革机制

(二)融合虚实资源营造"双促进"的数字化人才培养环境

依托省级智慧校园示范校与超融合虚拟化系统,深挖虚实资源关联性,营造数字化人才培养环境。以实促虚,利用省级智慧校园智慧教室、虚拟演播室等硬件资源,优化数字化教学方式,带动专业教学资源库推广应用,积累优质数字资源,助推富媒体、新形态教材建设;以虚促实,借助超融合虚拟化系统采集专业发展数据,指导国家级虚拟仿真实训基地等专业硬件条件建设,同时发挥国家级"双师型"教师培养培训基地功能,推进教师信息技术能力提升,有效服务混合式教学。融合虚实资源营造"双促进"的数字化人才培养环境如图 12-8 所示。

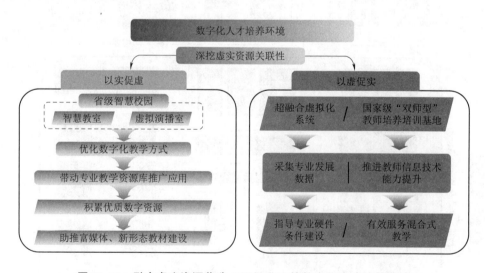

图 12-8 融合虚实资源营造"双促进"的数字化人才培养环境

(三) 推行"三大行动"全方位引领的数字化教学改革措施

围绕高铁智慧运营岗位要求,从专业布局、课程开发、教学方式开展数字化教学改革。实施"专业赋能"行动,增设"云、大、智、虚"专业,形成专业融合化新布局,匹配高铁智慧运营岗位设置;实施"三课 e 改"行动,聚焦专业基础、核心、拓展课程,依托在线资源平台,利用网络信息化手段,完成课程增设、内容重塑、工作过程植入,全面推动数字化高铁运营课程改革,适应高铁智慧运营技术更新;实施"互联网+课堂"行动,利用高铁调度指挥、铁路行车虚拟仿真等实训系统进行全景仿真教学,利用数字化教学资源开展以线上线下结合为主的常态化、多模式混合教学,实现站段现场模拟课堂全程融入课堂教学,契合高铁智慧运营工作过程。推行"三大行动"全方位引领的数字化教学改革措施如图 12-9 所示。

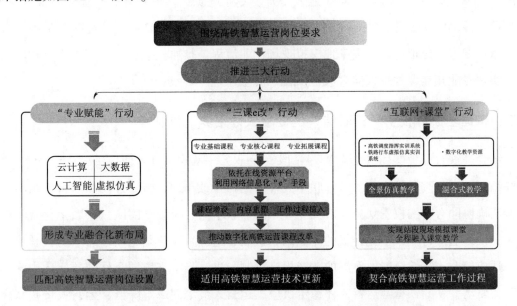

图 12-9 推行"三大行动"全方位引领的数字化教学改革措施

六、创新点

(一) 制定基于"四项核心能力"的国家专业建设新标准

基于高铁智慧运营"数字运营管理、远程分析处置、智能客服应对、数字转型创新"四项核心职业能力,制定一系列国家专业建设新标准,指导全国相关高职院校开展高铁智慧运营人才培养。其中,牵头或参与制定的铁道交通运营管理、铁道供电技术等 10 个专业教学标准,已成为教育部正式发布的高铁运营类专业教学标准;牵头或参与制定的铁道机车、铁道车辆等7个专业建设指导标准,获中国国家铁路集团有限公司认定,指导全国同类专业开展建设;作为第二起草单位参与制定的国家轨道列车司机(电力机车司机)职业技能标准,由中国国家铁路集团有限公司审定、人力资源和社会保障部批准实施。

(二)创立基于"三课e改"的专业课程开发实施新方法

优化专业基础课程领域,提升课程结构数字化,开通"高速铁路概论""信息技术"等线上课程,开展高铁运营类专业VR研学,培养智慧高铁认知,实现专业基础课程育人向"职业入门、专业认知"转变;更新专业核心课程领域,植入智慧高铁课程内容,增设"机车应急处置与智慧驾驶""智能高铁调度指挥"等专业课程,借助国家级专业教学资源库,实现专业核心课程育人向"能力提升、专业进阶"转变;强化专业拓展课程领域,增加课程活动的交互性,针对"5G移动通信技术及应用""工业机器人技术"等融合课程,依托国家级虚拟仿真实训基地模拟现场作业流程,打通教学过程对接工作过程的易堵点,实现专业拓展课程育人向"技能巩固、专业融通"转变。

(三)构建基于行校企"三联结"的专业人才培养新机制

结合高铁行业"集团(行业)→站段(企业)→大师"的管理层级特点,搭建"学校联结行业、学院联结企业、教师联结大师"的教学改革协同链,逐层厘清合作内容,进一步明确协同合作的权责划分;对接专业布局、教学内容、教学团队三个数字化教学改革锚点,设计适应行业数字化升级的专业调整机制、适应企业智慧化岗位需求的教学建设机制、适应校企人员综合能力发展的数能提升机制,进一步丰富协同合作的数字化内涵;聚焦利益驱动,从高铁智慧运营人才稳定供应、运营人员培训成本降低、运营人员智慧高铁数字化能力提高等方面解决行业企业的痛点,进一步完善协同合作的利益保障。形成权责明晰、环环相扣、互促互利的行校企专业人才培养新机制,推动数字化教学改革高质量开展。成果创新点如图12-10所示。

七、推广应用效果

(一)校内应用

人才培养质量显著提升。7年来,高铁运营类专业学生参加技能大赛获国家级奖项

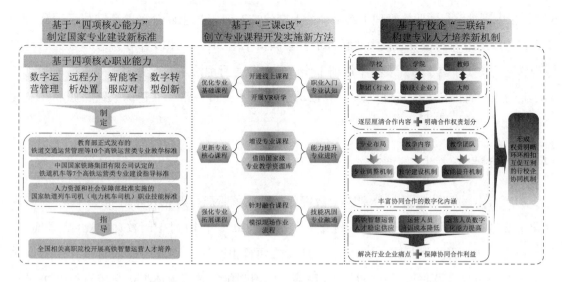

图 12-10　成果创新点

105 项、省级 441 项，年均获奖数量由成果应用前的 30 项增至 78 项。

就业质量稳步提高。7 年来，高铁运营类专业毕业生就业率达 97% 以上，其中 90% 以上就业于国有轨道交通企业。2015 年以来，高铁运营类专业毕业生获全国青年岗位能手、火车头奖章及全路技术能手等国家级荣誉 63 项；获陕西省技术能手、三秦工匠等省级荣誉 82 项。

专业实力持续增强。获批全国交通运输类示范专业点 2 个、国家级骨干专业 3 个、1+X 证书制度试点 33 个、省级高水平专业群 3 个、省级一流建设及培育专业 8 个。6 个省级专综改革项目以优秀等次结项，14 名高铁运营类专业教师获评省级及行业教学名师。

（二）校外应用

湖南铁职院、陕工职院等多所省内外高职院校来校交流，借鉴应用本成果，助推其产生国家级专业教学资源库、国家级虚拟仿真实训基地、在线开放课、新型教材等一系列数字化教学改革成果。国内 30 余所院校、40 余家企业使用我校主持或参建的 6 个国家级专业教学资源库，累计注册用户近 60 万人次。与中国铁路西安局联合开发的 19 个铁路工种理论培训标准及培训课程被 17 所铁路院校采用，承办省教育厅及铁路行指委主办的轨道交通类学生技能大赛 10 次。虚实资源被中国铁路西安局广泛运用，为其下属各站段开展职工技能鉴定 1.7 万余人次。

（三）国内外交流

2021 年 10 月，成果负责人在陕西省高等学校智慧校园示范会议上做成果交流；2021 年

5月，在中国铁路集团职培管理干部培训会上交流"2+1"校企联合培养高铁智慧运营人才工作经验。2020年与曼谷职教中心联合培养泰国留学生21人。2019年8位教师赴肯尼亚为蒙内铁路公司184名学员开展技术培训工作。2019年4月尼泊尔共产党书记处总书记实地考察学院智慧高铁虚拟实训基地。2017年12月，主办"一带一路"共建国家铁路职业技术教育研修班。

（四）社会评价

2022年《中国教育报》分别以"数字化教学改革赋能智慧化人才培养""实习管理数字化高质量赋能'双高'建设"为题做专题报道。2021年10月中国教育电视台以"梦开始的地方"为题做专题报道。2016年5月《陕西日报》以"专业与需求对接，技能与发展契合"为题做专题报道。新华社、人民网、学习强国等多家媒体报道学校行校企协同开展数字化教学改革、培养优秀高铁智慧运营人才的情况近百次。

成果十三　三匠四创两融合　四方协同五递进
——航天工匠人才培养探索与实践

（成果序号：2-467）

🌐 获奖等级

二等奖

🌐 完成单位

陕西国防工业职业技术学院、西安航天发动机有限公司、中国航天科技集团有限公司第九研究院第七七一研究所、中国重型机械研究院股份公司

🌐 主持人简介

罗继军，男，中共党员，教授，陕西省教学名师。现任陕西能源职业技术学院副院长，担任全国煤炭职业教育教学指导委员会教学研究专门委员会副主任委员、陕西省职业技术教育学会学校管理工作咨询委员会委员、陕西省职业技术教育学会教学管理改革与技能大赛工作委员会副主任委员、陕西省教学工作诊改专家库专家、陕西省教育事业统计专家库专家、陕西省职业教育教材建设专家库专家。主持陕西省高等教育教学成果特等奖1项，第二人完成陕西省教学成果奖特等奖1项、一等奖2项。主持各级教学研究项目18项，其中，教育部行指委职业教育改革创新课题1项，省级重点攻关课题1项并以"优秀"等次结题，公开发表论文18篇，主编教材2部，先后获陕西省高等学校教学管理工作先进个人、陕西教育系统"优秀党员"等荣誉20余项。

🌐 团队成员

罗继军、孟繁增、修学强、姜鑫、杨维、沈博、杨峰、钱丹、韩征、潘文宏、崔屹嵘、张俊勇、孙亚波、赵鹏、吴玮玮

成果简介

为助力国防工业高质量发展,服务航天强国战略,2010年,针对"航天工匠"培养定位不清、培养规格适配度不高等问题,从国家骨干校建设开始,在机电等3个专业探索实践,结合15项省级以上课题研究,2015年形成了系统性航天工匠人才培养方案。7年来,本成果在校内9个专业及省内外12所院校推广,成效显著。

(1) 形成了"三匠四创、学训融合"航天工匠人才培养理念。以系统论基本方法与知行合一理论为指导,研究航天工匠成长规律,对标"航天报国、技艺精湛、守正创新"人才规格,以"播种匠心、锤炼匠技、弘扬匠领"为引领,培养学生精益求精的品格;以培养"创新意识、创新思维、创新方法、创新能力"为抓手,递进提升学生创新素养;以创设沉浸式学习情境为手段,将"专业标准与岗位标准、学习过程与工作过程、校中厂与厂中校"相融合,由大师工匠培养学生绝技绝活基础能力。该理念丰富了职业教育人才培养理论,省重点攻关课题"新时代航天工匠培育路径研究与实践"以"优秀"等次结题,发表论文26篇。

(2) 构建了"四方协同、五阶递进"航天工匠人才培养路径。"行企校所"共建航天产业学院,针对航天精密制造、发动机整形、导航制导等岗位群,面向机电、机设、电气专业组建精密制造、精密整形、智能总控3个航天工匠班,制定航天工匠培养标准;依托西安国家航天经济技术开发区的产业优势,引入企业实境,按照"新手、熟手、能手、高手、工匠"五个阶段开展人才培养,形成四方共育航天工匠人才培养路径,缩短航天企业工匠人才引育磨合期。航天产业学院被中国航天科技集团授予"新时代航天工匠人才联合培养基地"。

(3) 形成了"两融入、四结合"航天工匠人才培养模式。将载人航天精神和工匠精神融入人才培养过程,在课堂学习、岗位实践等环节上好"大思政课",激发学生奉献航天的内生动力;将"企业文化与校园文化、教学标准与岗位标准、教学名师和企业工匠、教学情境和生产实境"相结合,增强了人才培养模式适配性;重构基于岗位群的"平台共享、文化互融、技能分立"课程体系;打造大国工匠引领、技能大师中坚、骨干教师支撑的"师匠一体"教学梯队;以科技创新、技术革新等方式提升航天工匠人才创新能力。培养了"长征五号遥三火箭岗位建功先进个人"曹文为代表的工匠人才200多人。

近5年,航天工匠班毕业生中76.2%进入航天企业,356人成为企业技术骨干,59人次荣获省市工匠和技术能手,16人入选航天大国工匠班组。

成果总结报告

"三匠四创两融合 四方协同五递进——航天工匠人才培养探索与实践"成果总结报告

一、成果背景

国务院在《关于印发国家职业教育改革实施方案的通知》中明确指出,"把发展高等职业教育作为优化高等教育结构和培养大国工匠、能工巧匠的重要方式",培养技术技能拔尖人才,培育大国工匠、能工巧匠不仅是高等职业院校的重要使命,也是国家推进高等职业教育高质量发展的战略之举。

近年来,随着国家航天强国战略的实施,航天工业高质量发展和转型升级不断加速,陕西作为航天工业大省,航天企业与科研院所众多,技术技能人才需求量大,特别是对航天领域工匠人才需求迫切。因此,需要我们探索航天工匠人才培养新理念,研究航天工匠培育新路径,创新航天工匠人才培养模式,为建设航天强国提供强有力的人才支撑。

二、成果形成过程

2010年,学校国家示范性骨干高职院校立项建设,以此为契机与航天企业开展校企合作,在机电专业中提出了"校企协同、学训一体"的人才培养改革思路。

2011年,学校成立以服务航天和军工为主要职能的陕西国防工业职教集团,校企协同育人效果逐步显现。

2012年,成立中航工业114厂校企合作工作站,引入航天企业和研究院所共同开展专业建设和人才培养,校企联动逐步成熟。

2013年,探索形成了"三匠四创、学训一体"的航天工匠人才培养理念;成立航天产业学院,"四方协同、五阶递进"培养路径逐渐形成;在机电、机设、电气3个专业中遴选组建航天工匠班,践行"两融入、四结合"人才培养模式。

2015年,经过实践,形成了系统性航天工匠人才培养方案,包括航天工匠人才培养方案、课程体系、教学标准及评价标准等,在校内外推广应用,取得良好效果。

2015年以来,航天工匠人才培养改革成效逐渐显现,工匠人才培养质量显著提升,航天产业学院被授予"新时代航天工匠人才联合培养基地"。航天工匠人才培养改革被福建卫视、陕西卫视、中国教育报等媒体进行了专题报道。

三、成果内容

（一）形成了"三匠四创、学训融合"航天工匠人才培养理念

以系统论基本方法与知行合一理论为指导，深入研究航天工匠成长成才规律，对标"航天报国、技艺精湛、守正创新"人才规格，确立了"三匠四创、学训融合"航天工匠人才培养理念：以"播种匠心、锤炼匠技、弘扬匠领"为引领，培养学生精益求精、严谨专注的品格；以培养"创新意识、创新思维、创新方法和创新能力"为抓手，递进提升学生创新素养，促进创新成果转化，打造"创新驱动、技术赋能"工匠人才培养生态；以创设沉浸式学习情境为手段，将专业标准与岗位标准相融合、学习过程与工作过程相融合、校中厂与厂中校相融合，由大国工匠、省市工匠、技能大师以师带徒方式培养学生解决较复杂真实工作任务的能力和掌握绝技绝活的基础能力。该理念丰富了职业教育人才培养理论，省级重点攻关课题"新时代航天工匠培育路径研究与实践"以"优秀"等次结题并发表相关论文 26 篇。

（二）构建了"四方协同、五阶递进"航天工匠人才培养路径

汇聚中国航天科技国际交流中心、航天企业、科研院所和学校四方优质资源，建成"航天产业学院"，针对航天工业精密制造与总装、导航制导与终端控制和航天发动机可靠性与整形等 3 个岗位群的能力要求，分别面向机电、机设和电气 3 个专业组建"航天精密制造工匠班""航天精密整形工匠班"和"航天智能总控工匠班"，制定了与之契合的航天工匠培养标准；航天企业和科研院所以技术、师资、文化等方式参与人才培养，引入企业实境，按照"新手、熟手、能手、高手、工匠"五个成长阶段开展培养，形成"行企校所"四方协同共育航天工匠的人才培养路径，缩短航天企业工匠人才引育磨合期。航天产业学院被中国航天科技集团授予"新时代航天工匠人才联合培养基地"。"四方协同、五阶递进"航天工匠人才培养路径如图 13-1 所示。

（三）形成了"两融入、四结合"航天工匠人才培养模式

将载人航天精神和工匠精神融入人才培养过程，在课堂学习、岗位实践等环节上好"大思政课"，激发学生奉献航天的内生动力；将"企业文化与校园文化、教学标准与岗位标准、教学名师和企业工匠、教学情境和生产实境"相结合，通过"两融入、四结合"

图 13-1 "四方协同、五阶递进"航天工匠人才培养路径

增强了人才培养模式适配性;重构基于岗位群的"平台共享、文化互融、技能分立"课程体系;打造大国工匠引领、技能大师中坚、骨干教师支撑的"师匠一体"教学梯队;以科技创新、技术革新等方式提升航天工匠人才创新能力。培养了"长征五号遥三火箭岗位建功先进个人"曹文为代表的工匠人才 200 多人。

近 5 年,航天工匠班毕业生中 76.2% 进入航天企业,毕业生中 16 人为航天大国工匠徐立平班组和杨峰班组成员,59 人荣获省市工匠和省级以上技术能手,12 人参与航天"国之重器"的开发与试制,356 人成为航天企业技术骨干。"两融入、四结合"航天工匠人才培养模式如图 13-2 所示。

四、主要解决的教学问题及方案

(一)解决的教学问题

(1)航天工匠人才培养理念相对滞后,培养举措针对性不强。
(2)协同育人合作机制不够健全,航天工匠人才培养路径不清晰。
(3)人才培养模式与规格定位不准确,不适应航天工匠培养需求。

(二)解决教学问题的方案

基于以上问题,以理论研究为基础,确定航天工匠人才培养规格,以航天工匠班为载

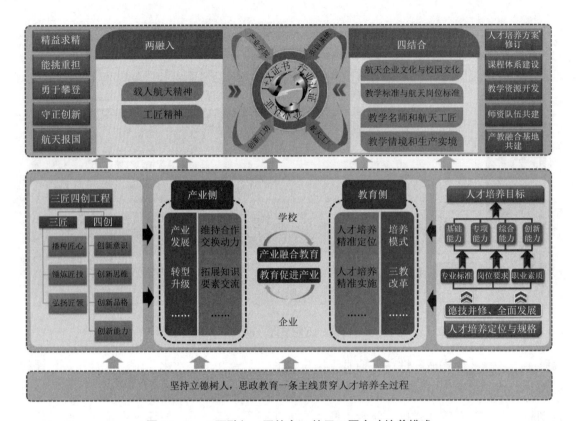

图 13-2 "两融入、四结合"航天工匠人才培养模式

体,深化人才培养供给侧改革,探索实践航天工匠人才培养路径,创新人才培养模式,形成了系统性解决方案。

1. 以"三匠四创"理念为指导,制定航天工匠人才培养教育教学方案

依托航天产业学院,按照航天工匠人才规格,从精神引领、技能锤炼、创新驱动等方面,构建符合航天工匠人才培养规律的教育教学方案。

实施"播种匠心"计划,开展"工匠进校园"等活动,营造尊崇工匠、崇尚技能的育人氛围;实施"锤炼匠技"计划,以工坊训练、岗位实践、技能比武等方式,分层递进提升技艺、锤炼技能;实施"弘扬匠领"计划,聘任杨峰等 2 名"大国工匠"进驻大师工作站,传帮带培养师资队伍,手把手传授学生航天技艺绝活。

实施创新驱动工程,将航天工业创新案例融入课堂,激发学生钻研精神,培养创新意识;工匠大师带领学生解决较复杂的真实工作任务,学习创新方法,培养创新思维;立足企业岗位开展技术革新,提高学生创新产出能力。

2. 整合四方教育资源,以任务进阶重构能力递进培养体系

探索实施产业学院理事会制度,按照"权责对等、互惠共赢、协同发展"的原则,整合人员、设备、岗位、技术等教育资源,发挥资源集聚效应,形成协同育人合作机制,为

探索航天工匠人才培养路径和培养模式提供平台。

联合航天七七一所等36家单位,共同制定相对应的工匠培养标准。依此实践任务进阶、能力递进航天工匠培养,以航天岗位基本技能训练完成职业定向性任务、岗位专业技能训练完成程序性任务、岗位综合技能训练完成特殊性任务,实现学生的专业能力由新手向熟手、能手、高手的进阶,通过创新性技能训练,学生能够独立完成较复杂的企业真实工作任务,最终达到工匠标准。

3. "精神两融入、产教四结合",精准培养航天工匠人才

照航天工匠人才培养路径,以载人航天精神和工匠精神持续涵养学生航天报国情怀,校企在文化、标准、师资、情境等方面深度结合,突破了职业院校工匠人才培养瓶颈。

开发航天工匠班人才培养方案,确立人才职业素质和知识、能力目标,构建模块化课程体系;依托航天智能产线、总控制导和发动机试车等工作岗位,搭建航天实境教学平台,以企业工匠为导师,学训融合培养学生;校企共建"德高、融合、互动"的"双师"团队,编写8部航天特色教材,开发的人才培养标准被12家航天企业采用;制定"技术技能+精神特质"航天工匠人才培养质量评价标准,锚定培养目标,动态诊断改进;建设航天精密制造实践基地,工学交替精准培养高精尖岗位能力。

五、成果创新点

(一)以系统论和知行合一理论为指导,创新了航天工匠人才培养新理念

本成果将航天工匠人才培养全过程作为一个完整系统研究,以"知行合一"理论为指导,形成了航天工匠人才培养新理念:运用系统论的基本方法,以航天企业人才能力要求为逻辑起点,随着航天产业结构需求侧外部环境变化,在人才培养供给侧内部要素中,将"三匠"与"四创"的核心能力动态引入系统中,构建航天工匠人才培养能力图谱,达到培养高质量航天工匠人才的最优目标。

在执行过程中,教法、学法、做法相统一,师德、师能相统一,深化航天工业视阈下的课程思政教学改革,以工作过程为基础,将岗位情境转化为课程内容,将课程转变为岗位情境,将行动获取的知识能力向岗位技能转变,在实践中理解和内化所学,建立科学有效的人才培养质量评价体系,促进学生人格和素质能力的全面发展。航天工匠人才培养新理念如图13-3所示。

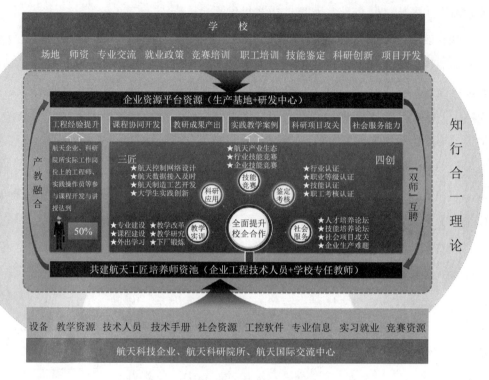

图 13-3 航天工匠人才培养新理念

（二）以航天精神和工匠精神为引领，创新了独具特色的航天育人文化

学校根植国防工业 60 载，凝练出的"忠博武毅"国防职教精神与载人航天精神、工匠精神一脉相承。

以航天和军工文化为载体，发掘涵育拔尖人才的共同价值追求和精神特质，以价值引领、精神激励、文化浸润为主要手段，通过企业真实案例传授"航天知识"、真情实境熏陶培养"航天情怀"、品读航天发展历程熔铸"航天品质"。

带领学生走进航天企业和科研院所的发射试验场地，感悟航天工业辉煌成就，增强奉献航天的荣誉感和使命感；航天领军专家和大国工匠参与人才培养各环节，成为航天思政育人强大"助推器"，砥砺家国情怀，激发使命担当，讲航天事、育航天人、传航天志，形成了独具特色的航天育人文化。

（三）以航天产业学院为载体，创新了"虚实结合"理事会管理机制

学校与中国航天科技国际交流中心、航天六院、航天七七一所共同成立航天产业学院，打破航天人才培养资源、技术、信息等壁垒，探索"技术前沿、行业产业、区域发展"的协同发展模式，实施理事会制度，制定理事会章程，围绕服务机电、机设、电气专

业"产、学、研、创"的核心职能,引入企业资本,整合育人四方资源,采用契约方式界定各方教学场地、科研服务设施设备等资源的投入、权属与合作办学利益分配,开展实体化运作;将企业文化、技术体系、能工巧匠等虚拟资源以非契约方式进行界定,弱化合作办学资源权属边界,盘活资源,激发育人活力。探索形成了产业学院"虚实结合"理事会管理机制,构建了"需求对接、技术共享、信息互通、过程共管"的产业学院管理新模式,重塑了合作共赢的产业学院发展良好生态。"虚实结合"理事会管理机制如图13-4所示。

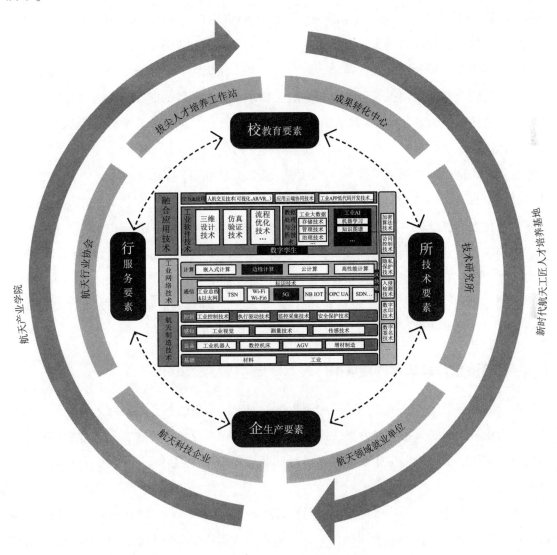

图13-4 "虚实结合"理事会管理机制

六、推广与应用效果

(一) 人才培养效果显著,校内发挥头雁效应

培养了一批航天工匠人才。近5年来,3 260余名学生在改革中受益,2 838人荣获省市工匠称号,3 136人获得省级以上技术能手称号,在国家级技能竞赛中获奖140余项,航天企业用人满意度达98.6%,航天工匠班毕业生成为国防和航天企业的"香饽饽"。

助推国防职教集团协同育人模式改革。由学校牵头的国防职教集团借鉴"航天工匠"人才培养的理念、路径、模式,推动产教深度融合,深化协同育人模式改革,增强了拔尖人才培养的适应性,大幅提升了专业服务航天和军工行业发展的能力,入选"全国首批示范性职教集团"。航天产业学院教学团队获批国家级职业教育教师教学创新团队和机械行业领军团队。

航天育人文化硕果累累。编写《"两弹一星"元勋故事》等8部教材,开设"航天文化与精神"课程,建成国家生产性实训基地和国防工业实训基地,获批"中国国防科技工业军工文化教育基地",学校被授予"陕西军工劳模服务团服务指导工作站"。

引领校内专业群发展。软件技术、新能源汽车等专业群应用本成果"虚实结合"理事会模式制度,成立中软国际产业学院、比亚迪产业学院,以信创工坊、比亚迪精英班为载体,协同开展拔尖人才培养,整体提升了育人水平,两个专业群获批陕西省高水平专业群。

(二) 兄弟院校高度认可,辐射推广效应明显

我校率先与航天科技企业和科研院所合作,探索出全新的航天工匠育人路径、模式和机制,形成航天工匠人才培养方案、课程体系、教学标准及评价标准,先后有中国机电一体化技术应用协会、河南工业职业技术学院和西安航空职业技术学院等30余家单位来校交流学习。

天津现代职业技术学院借鉴四方协同育人路径创新形成了"海鸥学徒制";杨凌职业技术学院借鉴"三匠四创、学训融合"人才培养理念形成了基于劳模精神的水利专业建设思路;温州职业技术学院借鉴"两融入、四结合"航天工匠人才培养模式形成了"三个三结合"拔尖人才培养模式。

(三) 宣传推介广泛深入,社会媒体密切关注

本成果先后被《中国教育报》《中国青年报》等 18 家媒体报道。2020 年,在第四届中国航天科技教育暨产教融合论坛上做了"校企共建航天学院,双师共育航天工匠"的大会主旨报告,接受了福建卫视专题采访。2019 年在国家航天工业教育研讨会上做了"打造航天科技领域技术技能人才培养新高地"主题报告,2020 年在中国航天大会上做了"航天科技工业拔尖人才培养实践"专题报告;在机械行指委、智能制造人才培养对话会等 30 多次会议上围绕该成果进行了交流发言,在全国产生了较大影响;为坦桑尼亚制定了电力设备安装与维修技术员等 5 个国家职业标准,向世界传播高端技能人才培养经验,提供职业标准的中国范本。

成果十四　大师引领　六化联动
——高职铁路类专业学生职业素养培养体系的构建与实践

（成果序号：2-468）

🌀 获奖等级

二等奖

🌀 完成单位

陕西铁路工程职业技术学院、中铁一局集团有限公司

🌀 主持人简介

车绪武，男，汉族，1962年1月生，陕西合阳人，三级教授，中共党员，陕西铁路工程职业技术学院马克思主义学院教师，铁路文化中心主任。1986年毕业于陕西工学院机械制造工艺及设备专业，1989年在大连理工大学获第二学士学位。1986年7月—2005年9月，在陕西理工学院工作，曾任陕西理工学院人事处处长等职务；2005年9月至今，在陕西铁路工程职业技术学院工作，曾任学校党委副书记、副校长等职务。多年来，一直从事高等学校思想政治理论课教学、学生教育管理工作。主讲"思想道德与法治""形势与政策"等课程，主编教材5部，专著2部。曾在《理论导刊》《教育与职业》等期刊公开发表论文30余篇，主持完成省级科研项目4项，参与科研课题多项。获国家级职业教育教学成果奖二等奖1项、陕西省高等教育教学成果奖特等奖1项。

🌀 团队成员

车绪武、窦铁成、吴海光、曹喜龙、胡海东、张福荣、李昌锋、李新萍、孟红松、李莉、赵东、刘喆、周永胜、叱培洲、任文

成果简介

铁路建设条件艰苦，运营管理要求安全高效，铁路行业特殊要求呼唤大批能够扎根一线、具有工匠精神的高素质技术技能人才。针对高职铁路类专业学生职业素养培养标准不具体、培养模式不健全、评价方式不完善等问题，自 2008 年起，陕西铁路工程职业技术学院依托省级示范校、国家骨干校学生职业素养提升平台和 6 项国家级、省级课题开展研究实践。

学校将杰出校友、"新中国最美奋斗者"、全国"双百"人物、铁路建设技能大师窦铁成具有的"主人翁、敬业、进取、团队、创新"精神，创新形成了大师立标引领、铁路特色育人，精准化培养标准立素养、协同化育人团队传素养、一体化课程体系习素养、项目化实践平台强素养、融合化文化生态固素养、智慧化评价体系评素养的"大师引领六化联动"学生职业素养培养体系，形成以下成果：

（1）行企校联合制定了职业素养培养标准。该标准以窦铁成 5 种精神为纲，安全、质量等 15 项素养要素为目，忠诚企业、遵章守纪等 98 个指标为观测点。

（2）创建了全程贯穿、协同共育的职业素养培养模式。构建了"4 门思政理论课 + 3 门职业素养必修课 + 4 门文化选修课 + N 门课程思政课"的"434N"课程体系；搭建了"实习实训 + 技能竞赛 + 社会实践 + 创新创业"的职业素养提升平台；打造了大师名匠引领、思政学工协同、教师师傅示范的育人团队，建成国家级教师教学创新团队 2 个、国家级技能大师工作室 2 个。

（3）构建了校企精神融合、制度对接、环境浸润的育人环境。设立 54 个"铁成班"，制定"铁成班"管理办法、"6S"管理等 15 项制度；建成窦铁成事迹展览馆等"三馆两廊两广场"育人载体，塑造了铁成精神、榜样引领等文化品牌，8 次获省级校园文化成果一等奖、4 次获国家级奖。

（4）开发了智慧监测和评价系统。制定了评价标准，通过系统对学生职业素养发展即时记录、实时诊断、及时预警，实现了职业素养培养的精准定位、持续改进和全程监控，得到教育部专家高度肯定。

成果应用以来，学生职业素养显著提升，毕业生 60% 以上扎根西部建功立业。成果被国家主流媒体报道，全国 58 所院校借鉴应用。

成果总结报告

"大师引领 六化联动——高职铁路类专业学生职业素养培养体系的构建与实践"成果总结报告

一、背景来源

学校以国家对大学生素养基本要求为基准，将杰出校友、新中国最美奋斗者、全国双百人物、铁路建设技能大师窦铁成具有的"主人翁、敬业、进取、团队、创新"精神，创新形成了大师立标引领、铁路特色育人，精准化培养标准立素养、协同化育人团队传素养、一体化课程体系习素养、项目化实践平台强素养、融合化文化生态固素养、智慧化评价体系评素养的"大师引领六化联动"学生职业素养培养体系。全面提升了人才培养质量，为高职院校职业素养培养提供了范式，辐射带动和示范引领效应彰显。

二、主要解决的教学问题

（1）铁路类专业学生职业素养培养标准不具体，缺乏行业特质和真实参照，导致职业素养培养针对性不强。

（2）铁路类专业学生职业素养培养模式不健全，培养要素没有形成整体合力，导致职业素养培养系统性不强。

（3）铁路类专业学生职业素养评价方式不完善，评价主体单一，连续性、智能化不够，导致职业素养评价操作性不强。

三、内容与做法

建立职业素养教育领导小组统筹协调、职能部门协同配合、二级学院全面实施的运行机制。从国家要求、行业需求等出发，按照理论研究、模型构建、实践探索、评估论证的思路进行标准开发。聚焦培养要素，系统构建"团队保障、课程塑造、平台支撑、文化浸润"四位一体、协同推进的职业素养培养路径，形成"全程贯穿、协同共育"职业素养培养模式，构建了"大师引领六化联动"的职业素养培养体系（见图 14-1）。

成果十四 大师引领 六化联动——高职铁路类专业学生职业素养培养体系的构建与实践

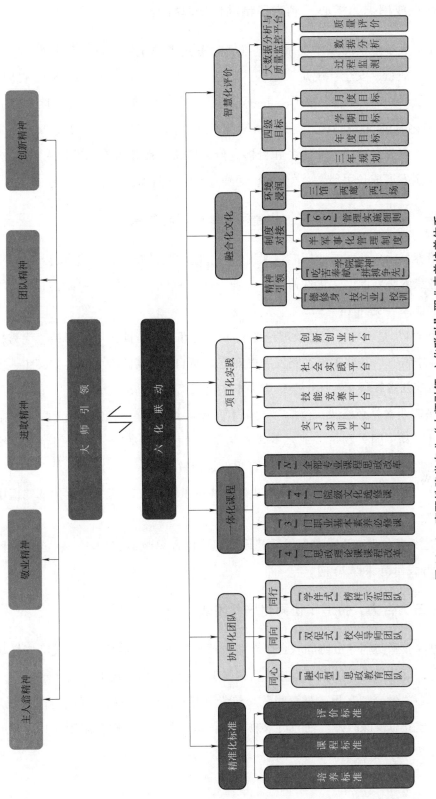

图 14-1 高职铁路类专业"大师引领 六化联动"职业素养培养体系

(一) 以窦铁成精神为核心,制定了精准化培养标准

以国家对大学生素养基本要求为基准,对窦铁成的 5 种精神进行校本化、具体化表达,归纳出"质量、安全、规矩、吃苦、坚守、奉献"6 项铁路企业岗位群特质要求和"爱国、忠诚、诚信、友善、合作、拼搏、学习、探索、创造"9 项共性素养要求,将 15 项要素细化为 98 个观测点。制订了职业素养培养标准(见图 14 - 2)、评价标准和课程标准,明确了职业素养的标准体系和目标定位。将职业素养培养标准植入人才培养方案、编入《大学生发展成长手册》,学生入校即确立发展方向和目标。

(二) 设置"434N"课程套餐,构建了一体化课程体系

对标培养目标,开发专业标准、课程体系,使职业素养培养全线贯通。构建了思政理论课、职业素养必修课、文化选修课、专业课等课程同向发力、一体推进的"434N"职业素养课程体系(见图 14 - 3)。

第一个"4"是实施 4 门思政理论课改革,设置工匠精神、学院精神、优秀校友等教学专题。与中铁一局共建中国铁路发展史展览馆等 117 个实践教学基地,其中,窦铁成事迹展览馆被陕西省教科文卫体工会认定为本系统职工教育基地。

"3"是职业素养必修课,包括"大学生职业素养培养""创新教育""公益劳动"。校企开发《感动中国人物窦铁成》等学材 7 部,"相约劳动"入选省级精品在线开放课程,创新创业教材入选省级创新创业教育重点规划教材。

第二个"4"是从"中国铁路发展史""铁路职场礼仪"等 9 门文化选修课中选修至少 4 门课程。

"N"是所有专业课开展课程思政建设,建成课程思政研究中心,制定《课程思政实施方案》,开发示范课程 20 门。

(三) 集成三方合力,打造了协同化培养团队

实施思政教师与辅导员协同联合、专业教师与企业师傅对接组合、大师榜样与青年学生互动融合,形成大师示范引领、导师言传身教、榜样辐射带动的育人共同体。

一是同心"融合型"思政教育团队。与渭南市委党校、中铁一局共建省级重点马克思主义学院。建立思政课教师、辅导员双兼机制,思想政治教育例会制度,共同开展学生管理、思政教学和课题研究。

成果十四 大师引领 六化联动——高职铁路类专业学生职业素养培养体系的构建与实践

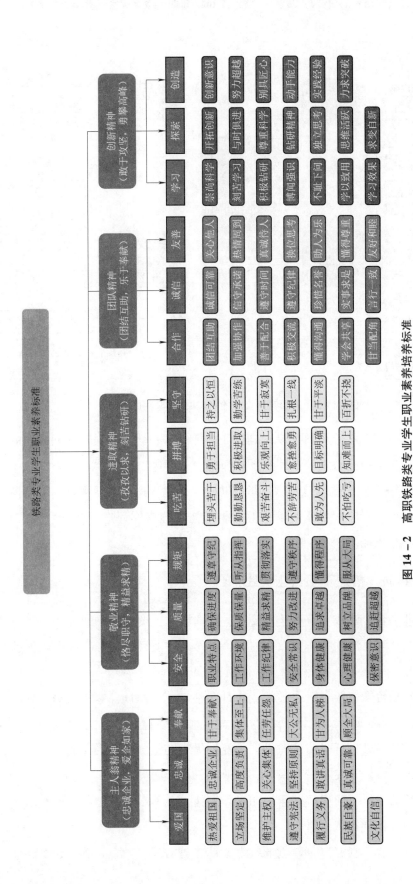

图 14-2 高职铁路类专业学生职业素养培养标准

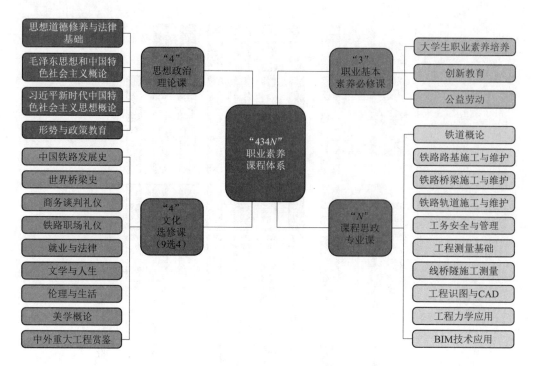

图 14-3　高职铁路类专业 "434N" 课程体系

二是同向"双促式"校企导师团队。建立了专业教师、企业人员对接联系制度。实施现代学徒制培养，为学徒配备学校教师和企业师傅"双导师"。

三是同行"学伴式"榜样示范团队。举办铁成大讲堂，邀请行业大师、劳动模范、优秀校友现身说法；每年开展"甘于奉献"等五类十佳青春榜样评选，使学生眼中有标杆、心中有榜样、效学有依托。

（四）坚持实践导向，搭建了项目化实践平台

一是实习实训平台。建成与企业技术要求、管理规范、设备水平同步的五大产教融合实训基地，将企业真实生产项目作为教学内容，素养通过项目和任务实施得到体验、训练和养成。

二是技能竞赛平台。每年举行"技能竞赛月"活动，围绕职业素养培养设计高铁轨道精测精调等 30 余项竞赛项目，师生同台竞技，学生参赛率超 90%。择优参加校外各级各类技能竞赛，形成"校赛铺面、省赛拉动、国赛创优"三级大赛联动机制。

三是社会实践平台。开发"校纪校规、专业认知、生涯规划、志愿服务"等 11 个模块，对应 127 个活动项目，形成"一年级知素养入脑入心、二年级融素养精准培育、三年级强素养知行合一"的递进式提升。

四是创新创业平台。制定《创新创业教育改革实施方案》，每年划拨专项资金培育项

目,形成"四融入三推进"教育模式。入选全国校企协同就业创业创新示范实践基地、省级创新创业学院。

(五)突出职业氛围,形成了融合化文化生态

与中铁一局共建窦铁成技能大师工作室、窦铁成事迹展览馆,建成校史馆、中国铁路发展史馆,形成"三馆两廊两广场"育人载体。校园道路以铁路线命名,火车头、架桥机屹立校园,塑造了铁成精神、技能文化、榜样引领等文化品牌,入选第四届"礼敬中华优秀传统文化"系列活动特色展示项目。

(六)强化过程监控,打造了智慧化评价体系

将学生成长纳入目标管理,形成了"三年规划—年度目标—学期目标—月度目标"四层级目标链。制定《大学生发展成长手册》,建立"第二课堂成绩单"制度和学分转换制度。

构建职业素养云服务平台,对学生职业素养成长情况进行即时记录、实时诊断、及时预警,形成个人成长折线图和雷达图,全方位、全流程、数据化呈现学生成长轨迹和培养质量,实现职业素养培养的精准定位、持续改进和全程监控。

四、特色与创新

(一)创立了"大师立标引领、铁路特色育人"的职业素养培养标准

以国家对大学生素养基本要求为基准,全面融入社会主义核心价值观、铁路企业岗位群特质要求和职业素养共性要求,建构了5纲15目98个观测点的铁路类专业学生职业素养培养标准,厘清了职业素养的内涵和理论结构。

紧扣铁路企业用人需求,弘扬窦铁成技能大师的"主人翁、敬业、进取、团队、创新"5种精神,为学生树立真实鲜活、可见可学的精神导师和成才坐标。从团队培养、课程开发、环境营造、载体创新等维度打造了全方位融入、一体化推进的铁路特色育人生态。

(二)创建了"全程贯穿、协同共育"的职业素养培养模式

全面融入专业教育,实现职业素养培养贯穿学生入校到毕业全学程,通过协同化培养

团队保障、一体化课程体系塑造、项目化实践平台支撑、融合化文化生态渗透，形成了素养教育与专业教育融合、培养过程与培养条件交织的学生职业素养培养模式。

该模式有效促进了学生全面发展，提升了人才培养质量，增强了毕业生岗位适应性和职业可持续发展能力。

（三）构建了"智能分析、在线诊断"的职业素养监测预警机制

运用层次分析法，设立职业素养质量控制点，确立纲、目、点三级指标权重，形成职业素养评价指标体系。通过职业素养云服务平台实施全过程监测、大数据分析，实现问题预警和质量评价。

该系统在引导学生多元成才、全面发展的同时，也成为教师分析学生优势特长、潜能和不足的显示器、学校人才培养成效的检验器，在教育教学活动中起到基础性和导向性作用，有效保证了质量目标的达成。

五、推广应用效果

（一）学生职业素养显著提升

成果在高速铁路施工与维护等3个专业试点后，纳入学校学生综合评价体系，推广到铁道养路机械应用技术等31个铁路类专业，近3万名学生受益，有效提升了学生专业认可度、就业竞争力和职业发展力。

相关专业毕业生85%以上就业于中国中铁、中国铁建等世界500强企业，超过60%扎根西部奉献青春，涌现出团中央十七大代表、省级劳模等一批先进典型；8人入选陕西省大学生建功立业先进事迹报告团，位居陕西高校第一。

（二）职业素养改革成果丰硕

成果在《中国职业技术教育》等刊物发表论文15篇，立项省级以上课题7项，出版《感动中国人物窦铁成》等学材7部、专著4部。校园文化建设成果4次获国家级奖、8次获省级一等奖。入选教育部职业院校文化素质教指委委员单位、工匠精神培育专委会副主任委员单位；入选全国职业院校校园文化"一校一品"、教育部与工信部"劳动教育研究中心"等国家级项目13个。

学校全部专业推行项目化教学，铸就了"培养质量高、专业发展快、学生就业好、招

生形势旺"的高速铁路施工等品牌专业群。助推 8 个专业获评教育部"创新发展行动计划"骨干专业，2 个专业群入选国家"双高计划"专业群。

（三）社会影响力明显增强，形成了辐射效应

职业素养培养体系被 58 所院校借鉴应用；职业素养相关教材被 29 所院校使用 8 万余册。该成果引发了广泛的社会关注。学校承办第八届全国职业院校"文化育人"高端论坛、陕西教育系统"工匠精神在陕铁"等大型活动 9 次，成果负责人受邀在中国职教学会等做主题分享 15 次。《人民日报》《光明日报》等主流媒体以《窦铁成与铁路高职学子共话成才》《天山脚下铺坦途　戈壁滩上竞风流》《骑着毛驴去测量》等为题宣传报道。

成果十五　支撑高铁建设　铸就筑路先锋
——高铁工程专业集群的创建与实践
（成果序号：2-469）

获奖等级

二等奖

完成单位

陕西铁路工程职业技术学院、中国中铁股份有限公司西北区域总部、中铁一局集团有限公司、中铁二十局集团有限公司

主持人简介

王津，男，中共党员，二级教授，硕士生导师，第七届黄炎培职业教育杰出校长奖获得者，陕西省教学名师，陕西省首批教育世家学习宣传对象，全国铁道职业教育教学指导委员会副主任委员，全国工业和信息化职业教育教学指导委员会委员，中国高等教育学会职业技术教育学会常务理事。先后主持或参加了20余项教育部、省教育厅的教研与科研项目，主持的"基于'现代工作坊'的高职计算机类专业建设与实践"获2018年国家级教学成果奖二等奖，主编的《计算机应用基础》和《计算机应用基础实训》获首届全国优秀教材奖二等奖，入选"十二五""十三五""十四五"职业教育国家规划教材，主持的"计算机应用基础"课程获2022年职业教育国家在线精品课程。

团队成员

王津、蒋平江、刘明学、张团结、宋德军、叶超、吴海光、南黄河、魏彬、贺建锋、张玉鹏、李兵方、王云波、罗田郎、徐宏、任少强

成果简介

高铁工程专业集群是我校在铁路工程办学 40 年历史积淀的基础上,为适应高铁建设综合化、国际化新要求,联合中国中铁等企业组建的。2015 年,针对以单一专业为基本口径的传统办学模式不能满足高铁建设新需求、服务高铁"走出去"能力不强等问题,依托国家优质校建设和 3 项省级教改课题,以支撑高铁建设为目标,以铸就筑路先锋为使命,开展专业集群建设,经两年半研究、5 年实践完善,形成了以建设模式为引领、培养体系为支撑、合作平台为载体、运行机制为保障的专业集群建设方案,成效显著。成果如下:

(1) 聚焦高铁建设,创建了"依产建群、集束聚力"专业集群建设模式。按照"专业集群对接产业集群、专业群对接技术领域、专业对接岗位"原则,组建包含工程施工、工程管理、工程机械 3 个专业群、11 个专业的高铁工程专业集群,对接了高铁建设 3 大技术领域、16 个关键技术岗位。依产建群、整合资源、集束聚力、协同发展,为高铁施工企业提供了"一揽子"人才供给。

(2) 强化集群支撑,构建了"校企双元、五化五共"专业集群人才培养体系。即:"一专多能、匠心精技"综合化技能人才共培;"集群通开、群内互融、群间互选"模块化课程共建;"大师引领、名匠示范、双师四能"结构化师资队伍共融;"高铁线桥隧站综合实训基地 + 专业教学资源库 + 技术创新中心"一体化资源共享;"多元参与、数据支撑、自主诊改"立体化质量共管。体系有力地支撑了集群人才培养。

(3) 服务高铁"走出去",搭建了"盟、院、坊"专业集群国际合作平台。根据高铁海外项目需求,成立了高铁建设国际人才职教联盟,建成了国际交通学院(中俄合作办学机构)和 2 个海外鲁班工坊。肯尼亚项目入选全国首批鲁班工坊运营项目。平台有效提升了集群服务高铁建设国际化的能力和水平。

(4) 深化集约管理,形成了"产教融合、集群统筹"专业集群运行机制。以专业群建二级学院,建立了校企四级对接、资源共建共享、考核评价和动态调整机制,增强了集群协同创新能力和产学研训一体化功能,保障了集群高质量发展。

成果显著提升了对接产业吻合度、资源共享度和人才培养支撑度。直接受益学生 1.2 万余人,学生获省级以上奖 273 项,就业率稳居 97% 以上,毕业生成为铁路工程局首选。在专业建设、"三教"改革、国际合作等方面获国家级奖 49 项,3 个专业群均立项省级专业群,1 个立项国家高水平专业群(全国唯一的高铁工程施工专业群)。高铁工程类专业综合实力跃居铁路高职院校第一。

成果总结报告

"支撑高铁建设 铸就筑路先锋——高铁工程专业集群的创建与实践"成果总结报告

一、成果背景与问题

（一）成果背景

高铁是国家优先发展的战略性新兴产业，中国高铁施工技术不断发展，领先世界，走向全球。伴随高铁产业技术升级和高铁"走出去"的深入实施，高铁建设呈现出集智慧化、机械化、精细化等施工技术于一体，岗位交叉融通的显著特征，要求具备"一岗多能、多岗迁移"的综合能力，单一专业为基本口径的传统办学模式不能满足高铁建设新需求。

（二）成果主要解决的教学问题

（1）单一专业建设模式与产业需求不匹配，专业间交叉融合不足，难以满足新时代高铁建设综合化发展需求。

（2）高铁工程类专业人才培养缺少系统设计，要素资源聚合度、共享度不高，培养质量难以保障。

（3）高铁工程类专业服务高铁"走出去"能力不强，国际合作路径单一，缺少有效载体，难以满足"走出去"企业需求。

二、主要做法与经验成果

自 2015 年起，项目组基于集群理论、共生理论和系统论，依托国家优质校建设项目和"特色专业的建设与实践"等 3 项陕西省重点教改课题，以支撑高铁建设为目标，以铸就筑路先锋为使命，围绕专业集群怎么组、怎么建、怎么管，联合中国中铁西北总部等企业，从集群架构、人才培养、国际合作、机制保障等方面制定主要教学问题的整体解决方案。2017 年开始实践，经过不断完善，形成如下成果：

（一）创建了"依产建群、集束聚力"专业集群建设模式

坚持依产建群，基于中铁一局等86家企业调研、专家论证，确立"专业集群对接产业集群、专业群对接技术领域、专业对接岗位"的设置原则。聚焦高铁建设关键技术岗位，厘清各专业主岗、辅岗及相互关联性，调整专业构成，组建包含工程施工、管理、机械3个专业群、11个专业的高铁工程专业集群，对接了高铁建设3大技术领域、16个关键技术岗位。专业集束聚力、协同发展，为高铁施工企业提供了"一揽子"人才供给。结合国家职业资格标准，融合行业技术标准，统一开发集群《专业教学标准》《课程标准》《顶岗实习标准》《实训条件建设标准》，主持编制了高铁施工与维护等国家专业教学标准2套。

（二）系统构建了"校企合作、五化五共"专业集群人才培养体系

1. 综合化的技能人才共培

聚焦培养高铁建设岗位"一岗多能、多岗迁移"的综合能力，围绕"精施工、懂机械、善管理"集群人才培养总体要求，根据各专业面向的主、辅岗，融合"质量、安全、规矩、吃苦、坚守、奉献"等6项铁路企业岗位群特质要求，明确专业人才培养目标与规格，修订人才培养方案。建设企业文化、校友风采长廊、中国铁路发展史馆、窦铁成事迹展览馆，高铁文化、巴山文化广场，高铁、隧道、桥梁实训工区，打造"铁军、精技、匠心"专业集群文化育人平台。

2. 模块化的专业集群课程共建

统一人才培养方案原则意见，明确高铁通识模块课程专业集群通开，专业基础模块课程专业群内通开，专业核心模块课程群内专业互融，专业拓展模块课程群内以菜单式选学开设，既实现了集群课程共建共享，又兼顾了专业特色。以课程共享，推进师资团队、教学资源、实训基地等共建共享。

3. 结构化的专业集群师资队伍共融

打破集群内部专业界限，改变传统教研室组织方式，按照专业基础模块课程分设教研室，以专业核心、拓展模块化课程组建教学团队。联建国家级"双师型"教师培养培训基地，建设教师发展中心，分级打造国、省、校三级技能大师工作室，提升教师执教、科研、信息技术应用和双语教学等方面的能力。高铁施工与维护专业教学团队为国家级教学创新团队。

4. 一体化的专业集群资源共享

统一规划设计集群资源建设，融入智慧建造新技术，构建一体化的教学资源。基于集

成化、高共享，建成了集铁路线桥隧结构、测量、检测、工程机械一体化的国家级高铁生产性实训基地、高铁智慧建造虚拟仿真实训基地，建成国家级协同创新中心2个，开发了教学资源库、工程案例集和课程思政案例库，编写了系列新形态教材25部，实现了集群内的广泛共享。

5. 立体化的专业集群质量共管

依托企业、社会、校友、教师、学生等多元主体，聚焦人才培养核心要素，统一构建人才培养目标、标准体系，系统设计人才培养质量评价指标，开发大数据质量监控平台，建立常态化自主诊改运行机制，实施多元多维质量评价，从专业人才培养目标达成度、教学效果满意度、教学条件支撑度等多维度开展质量评价。

（三）搭建了"盟、院、坊"专业集群国际合作平台

根据中国高铁海外项目需求，成立了高铁建设国际人才职教联盟，建成了中俄合作办学机构——国际交通学院、3个海外鲁班工坊，有效支撑了专业集群国际化人才培养、海外本土化人才培训。

1. 组建高铁建设国际人才教育职教联盟

联合中铁一局集团有限公司等74家中外高校、高铁"走出去"企业成立高铁建设国际人才教育职教联盟，搭建国际合作与交流平台，定期开展国际职业教育合作交流等，精准对接高铁"走出去"企业的实际需求，洽谈国（境）外技术培训与技术服务等，形成了资源互补、信息互通机制。

2. 成立中外合作办学机构——国际交通学院

搭建留学中国和出国留学的平台，与俄罗斯萨马拉国立交通大学共建萨马拉交通学院。双方共同修订人才培养方案，联合编写教材、开发课程24门，共建4个专业教学团队，培养懂规则、通商务、会外语的国际化高铁技术技能人才，遴选优秀学生赴国外留学。开发"中文+高铁技能"等留学陕铁项目，培养卢旺达等9国留学生。

3. 建设海外"鲁班工坊"

联合中铁一局集团公司等"走出去"企业、肯尼亚国家铁路培训学院等境外学校，基于"校企校"在肯尼亚、菲律宾、卢旺达等建设海外"鲁班工坊"。开发双语课程、教材和技能培训包32个，输出中国铁路职业教育标准、教学资源，肯尼亚项目入选全国首批鲁班工坊运营项目。

（四）建立了"产教融合、集群统筹"专业集群运行机制

形成了多方联动决策指挥、四级对接产教融合、资源整合群内共享、集群考核评价等

运行机制，保障了集群外接产业、内聚资源、协同发展。

1. 多方联动决策指挥机制

成立由行业企业专家、政府人员、职教专家等组成的专业集群建设指导委员会，推动集群专业与行业企业协作共建、协同育人。建立校领导联系专业群制度，制定专业设置与调整办法，编制专业发展规划与建设标准，规范专业设置与管理，统筹推进专业共同发展。

2. "四级对接"产教融合机制

搭建了陕西铁路建筑职教集团，深入实施学校对接集团公司、二级学院对接子公司、教研室对接项目部、教师对接企业技术人员的校企"四级对接"机制；及时跟踪高铁产业变化和人才需求，动态升级专业内涵、动态更新教学内容、动态开展质量评价，有效保障了集群内专业与高铁产业的紧密对接。

聚焦高铁智慧建造等应用技术难题，与中铁一局、二十局集团公司等共建高铁智慧建造协同创新服务平台，成立3个产业学院，BIM技术应用、高性能混凝土实验室等6个技术应用研究中心，近5年为企业开展培训、技术服务142项，技术服务额达5 650万元，形成了产教融合共同体。

3. 资源整合群内共享机制

实施以群建院，重新划分专业、课程、实训室等归属，优化资源配置，融汇师资、课程、平台等教学资源，组建跨专业教学团队，整合专业集群教学资源。以校院两级管理机制改革为抓手，制定专业群共建共享制度，形成专业集群共生态和命运共同体，提升了集群资源配置的有效度和人才培养的支撑度。

4. 专业集群考核评价机制

以教学诊断与改进制度为根本制度，立足专业集群建设发展，制定专业集群建设绩效考核评价办法。考核评价注重建设绩效，考核内容全部量化、多维呈现，根据评价结果，动态调整专业结构，灵活分配绩效奖励，有力地激发了各专业群、各专业质量主体的内生动力。

三、创新与特点

（一）率先构建对接产业集群的高铁工程专业集群，创建了"依产建群、集束聚力"专业集群建设模式

创新提出并践行了"服务产业集群的高职专业集群建设"理念，并在《中国职业技

术教育》等期刊发表。高铁工程专业集群有效服务了高铁建设 16 个关键技术岗位，提升了专业间的契合性和关联性。创建的专业集群建设模式，突破了教学资源分散的困境，高铁工程类专业综合实力跃居全国铁路类高职院校首位，成为铁道行指委副主任委员单位、铁工专指委主任委员单位。建设经验分别以"支撑高铁建设铸就筑路先锋""集束办学集群建设打造铁路职教高地"为题被《中国教育报》等媒体报道。

（二）系统构建了"五化五共"专业集群人才培养体系，毕业生成为铁路工程局的首选

构建的专业集群人才培养体系，打破了集群内部专业界限，人才培养从"各自为战"到"集群作战"，融合课程、师资、资源、平台等培养要素，增强了学生职业适应性。据第三方评价：毕业生工作与专业相关度高于全国"双高"校 12 个百分点。毕业生呈现出"一年站稳岗位、二年技术骨干、三年独当一面"的职业成长路线。形成的师资队伍建设、质量管理等经验入选教育部典型案例，出版专著 1 部，获评全国育人成效 50 强和学生发展指数百强院校。

（三）创新构建了"盟、院、坊"专业集群国际合作平台，入选全国首批鲁班工坊运营项目

搭建的"盟、院、坊"国际合作平台高效运行，为肯尼亚蒙内铁路、印尼雅万高铁、中老铁路等海外工程项目提供了人才。主持完成教育部"鲁班学堂菲律宾铁路建设人才培养"援外项目课题，案例入选《2021 年职业教育质量年报》。2 个专业教学标准被肯尼亚国家铁路局培训学院认定，开发的教学资源在 10 个"一带一路"沿线国家予以应用。形成的鲁班工坊育人经验被《光明日报》以"传播中国铁路技术 服务中国铁路'走出去'"为题进行报道，连续 2 年入选全国高职"国际影响力 50 强"。

四、应用推广效果

自 2017 年实践以来，高铁工程专业集群的 3 个专业群 11 个专业聚力发展，培养了高素质技术技能人才 1.2 万余名。成果推广到校内 2 个专业集群，被 54 所院校借鉴，成效明显。

（一）专业集群人才培养质量明显提高，塑造了"筑路先锋"品牌

学生获省级以上奖 273 项，同比试点前年均增加 29% 以上；毕业生就业率稳超 97%。

第三方评价：超80%毕业生在500强企业就业，同比全国"双高"校平均值，毕业生就业率、工作与专业相关度、就业稳定性分别高出2.6个、12个、28个百分点，月收入高出1 279元。毕业生扎根京雄高铁等施工一线，涌现出"开路先锋"吴亚东、全国铁路技能竞赛冠军张戈亮等一批先进典型。用人单位普遍认为"学生能吃苦、上手快、留得住、干得好"，是他们的理想选择。

（二）专业集群综合实力不断提升，产生了一大批领先同类院校的国家级标志性成果

专业集群在国家级专业教学资源库、教学创新团队、技能大师工作室、虚拟仿真实训基地、协同创新中心等项目评选中实现全覆盖，教师获全国教学能力大赛一等奖2项，省级奖44项。集群内专业群均立项省级高水平专业群，1个立项国家级专业群。成果推广到校内城轨工程和铁道运管专业集群，提升了学校整体办学实力，学校入选中国特色高水平高职学校建设单位。

（三）服务高铁"走出去"成效显著，国际影响力突出

"盟、院、坊"的有效运行，提升了集群服务中国高铁"走出去"的能力和水平，开办菲律宾国家铁路局、马来西亚吉隆坡建设大学等高铁技术培训班，接收9国留学生来校学习高铁技术；开展国际培训5.1万人日，869人全部入职中资企业。肯尼亚鲁班工坊培训蒙内铁路员工818人（占员工总数1/3），入选全国首批鲁班工坊运营项目。"中马铁路人才培养项目"入选"中国－东盟高职院校特色合作项目"。《中国教育报》以"高铁'走出去'，教育组团送服务"为题进行了报道。

（四）示范引领效应彰显，辐射全国高职院校

专业集群教学资源被215家院校、企业应用，用户超10万人。入选全国"双师型"教师队伍建设、课程思政等优秀案例17个。系列成果被湖南高速铁路职业技术学院等54家院校采用。承办全国轨道交通职业院校高质量发展研讨会等会议12次。团队成员在教育部校长治理能力提升专题研讨班等交流发言11次，在省内外职业院校做专题讲座46次。成果被《光明日报》等主流媒体报道100余次。

成果十六　校企"双主体 六对接"培养现代煤矿土建类技术技能人才的创新与实践

（成果序号：2-470）

● 获奖等级

二等奖

● 完成单位

陕西能源职业技术学院、陕西煤业化工建设（集团）有限公司

● 主持人简介

杨建华，二级教授，建筑工程及矿井建设专业带头人，陕西省2021年高等教育教学成果特等奖主持人，2022年职业教育国家级教学成果奖二等奖主持人，首批"十四五"职业教育国家规划教材主编，陕西省优秀教师，全国注册安全评价师，国家职业技能鉴定考评员，陕西煤炭第七届学会会员，第四十届全国矿山建设学术年会会员，陕西煤业股份有限公司特聘技术专家，西安工业大学兼职教授，西安科技大学兼职研究生导师。近年来主持国、省重大课题3项，发表论文16篇（C刊及核心期刊8篇），授权专利2项；主持完成中国煤炭教育协会《煤矿建设类施工技术岗位能力培养标准及考核评价标准》；主持完成横向课题24项，累计到款金额1 100余万元，其中1项被陕西省煤炭学会推荐参加2022年陕西省科学技术奖评审；主编教材6部，其中获陕西省优秀教材二等奖1部，获首批"十四五"职业教育国家规划教材1部。

● 团队成员

杨建华、朱忠军、张京、苏晓春、王洁、梁博、程良、杨伟樱、王明智、杨洋、武文贤、李振林、吴海龙、王亚娟、李永怀、李浩、齐瑛、李快社

成果简介

陕西省是我国三大煤炭基地之一，2005 年随着一批千万吨级现代矿井建设，急需大量煤矿土建类高素质技术技能人才。针对人才供给与产业需求契合度不高的问题，自 2006 年起，陕西能源职业技术学院与世界 500 强陕煤集团联合共建教学工厂，开展矿井建设工程技术等专业建设，2009 年形成方案。在国家职业教育建筑技术实训基地、陕煤集团小保当煤矿等 2 项国家重大建设项目、教育部及省级 4 项教改课题支持下，经过 13 年探索实践形成本成果。

（1）探索形成了"双主体 六对接"现代煤矿土建类人才培养模式。基于校企双主体建成的教学工厂，实施了专业建设对接核心岗位建标准、对接职业素养育匠心、对接重点项目建资源、对接智慧建造搭平台、对接人才培养建团队、对接实践育人转方式的人才培养模式创新与实践，重构课程体系，开发了新的人才培养方案。

（2）研制了行业认定的 5 项煤矿土建核心岗位职业能力标准。依据研制的教育部资源环境与安全大类专业教学标准开发规程，对标现代煤矿土建核心岗位职业能力要求，开发了施工技术、施工安全、施工监理、施工信息化、施工测量五项岗位职业能力标准，被中国煤炭教育协会和陕西省煤炭学会认定为行业标准。基于五项标准和新的人才培养方案，实施课程思政全覆盖，开发了 29 个课程标准。

（3）共建了线上线下、虚实结合的立体化教学资源。依托陕煤集团国家重点建设项目，梳理矿井建设施工过程典型工作任务，融入矿建思政新元素，开发模块化课程教学资源，编制了《建筑施工组织与管理》等 20 余部规划教材及新形态教材，建成了 16 门在线开放课程及 1 个省级专业教学资源库。

（4）搭建了校企共建共享的生产性创新实践平台。基于国家职业教育实训基地项目建设及核心岗位职业能力培养要求，搭建起陕煤教学工厂人才培养与创新的生产性实践平台。校内建成 VR 施工等 23 个虚拟仿真实训室、模拟智能矿井等 12 个实训基地、科技服务站和名师大师工作室，校外建成 22 个实习实训基地。

（5）建成了"双师型、双带头人"的结构化教师教学创新团队。校企共建了由 36 名高工、教授、劳模、大国工匠等组成的陕煤教学工厂创新团队。其中全国煤炭工业劳模 1 人，全国煤炭行业技能大师 1 人，全国监理大师 2 人，省教学名师 2 人，省优秀教师 1 人。

（6）实现了"真实项目，实践赋能"的育训及评价方式转变。基于共建的生产性创新实践平台，师生共同承接横向课题 24 项，承担小保当煤矿等国、省重点项目 3 项。依托企业真实项目，开展科技创新服务及教学实践，构建校企多元评价体系，实现了育训及评价方式转变。

成果总结报告

"校企'双主体 六对接'培养现代煤矿土建类技术技能人才的
创新与实践"成果总结报告

一、成果背景与来源

陕西省是我国三大煤炭基地之一，2005年《国务院关于促进煤炭工业健康发展的若干意见》中明确提出，加快神东、陕北、晋中等大型煤炭基地建设。随着一批千万吨级现代化矿井开建，急需大量现代煤矿土建类高素质技术技能人才。

针对现代煤矿土建类人才供给与产业需求契合度不高的问题，陕能职院自2006年起在国家职业教育建筑技术实训基地建设项目基础上，与世界500强企业陕煤集团联合共建教学工厂，开展矿井建设工程技术等专业建设，2009年形成方案。依托陕煤小保当煤矿国家重大建设项目、教育部及省级4项教改课题，探索实践"双主体 六对接"人才培养模式，共育具有绿色化、智能化、数字化理念，精施工、重安全、能监理、懂BIM、通测量的现代煤矿土建类高素质技术技能人才。

二、成果主要解决的教学问题及解决方案

（一）解决的主要教学问题

(1) 校企协同合作育人不够深入，人才培养模式尚需创新。
(2) 随着煤矿建设数字化转型升级，核心岗位职业能力标准滞后。
(3) 教学资源难以满足现代煤矿土建岗位职业能力培养需求。
(4) 双主体育人实践教学平台功能有待进一步提升。

（二）解决方案

(1) 实施"双主体 六对接"人才培养模式创新。校企双主体共建教学工厂，制定章程，打造专业共建、人才共育、责任共担、利益共享的命运共同体，共同确立人才培养目

标定位、制定专业人才培养方案,开展育人实践,建立校企共建、共管、保障、评价等合作运行机制。通过"六对接"实施专业建设。对接核心岗位建标准,以核心岗位标准引领,课岗对接,课赛融通,课证融合,依托教学标准,开发施工技术等课程标准,实施教学改革;对接职业素养育匠心,挖掘现代煤矿企业文化、符大利大国工匠精神、劳模精神等思政新元素,融入企业6S管理、安全文明管理、绿色环保等理念,构建职业素质育人体系;对接重点项目建资源,依托小保当煤矿等项目实践,融入现代煤矿土建课程思政新元素,智能矿井建设数字化、5G技术等,开发立体化教学资源;对接智慧建造搭平台,以煤矿建设产业升级技术服务为靶向,搭建学做研创实践平台;对接人才培养建团队,依据煤矿建设工匠培养需求,共建名师大师引领的结构化教师教学创新团队,构建以名师大师技能技艺和职业素质为核心的三全育人体系;对接实践育人转方式,依托陕煤教学工厂,按照实际项目建设流程,实施基于工作过程的教学开发,重构教学内容,进行实岗实战的实践训能方式改革(见图 16-1)。

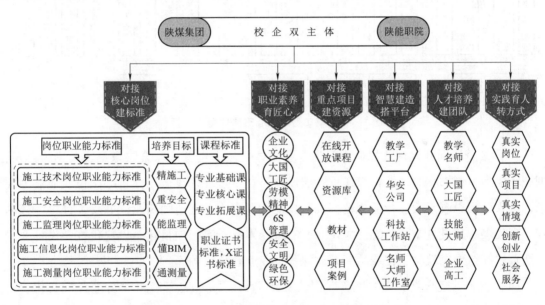

图 16-1 "双主体 六对接"人才培养模式

(2)联合陕煤集团开发现代煤矿土建核心岗位职业能力标准。锚定现代煤矿数字化智能化建设,调研陕煤集团 24 家公司,解析 620 余名员工岗位信息,梳理煤矿土建人才需求岗位,确定施工技术、施工安全、施工监理、施工信息化、施工测量岗为现代煤矿土建核心岗位(见图 16-2)。分析典型工作任务,解析核心岗位的素质、知识、能力要求,融入矿建思政新要求、建筑信息模型、建筑工程施工工艺实施与管理等 X 证书标准,制定 5 项核心岗位职业能力标准(见图 16-3)。在红柳林、柠条塔等现代化大型矿井建设中进行实践检验和完善。

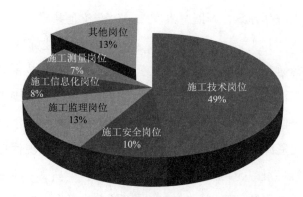

图16-2 煤矿土建岗位需求占比分析

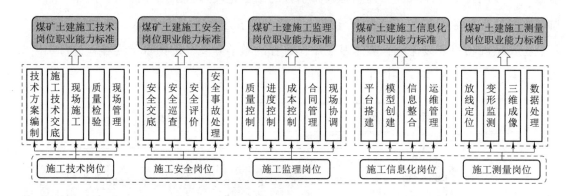

图16-3 煤矿土建核心五岗位能力分析

(3) 校企协同开发现代煤矿土建类专业立体化教学资源。联合陕煤集团、华为公司，围绕小保当、红柳林等智能化煤矿重大建设项目，聚焦现代煤矿土建核心岗位职业能力要求，融入课程思政元素、行业规范标准、技能竞赛内容、建造师执业证书及X证书考核内容、现代煤矿建设BIM及5G技术等，重构课程体系，实施项目化、模块化教学设计，开发活页式等新形态教材、在线精品开放课程及专业教学资源库。

(4) 校企共建全真实境的生产性创新实践平台。融入陕煤集团"奋进者"文化、企业6S管理等理念，以红柳林现代化煤矿智能矿井建设为原型，根据真实岗位情境，建设校内模拟智能矿井、施工综合仿真、安全VR虚拟仿真、BIM技术等矿建基本技能实训基地。全真模拟岗位工作情境，将陕煤集团在建现代化矿井作为学生校外实训基地，完成岗位综合实战实训。校企共建德技并修、学做研创、虚实结合、实践训能的生产性创新实践平台（见图16-4）。

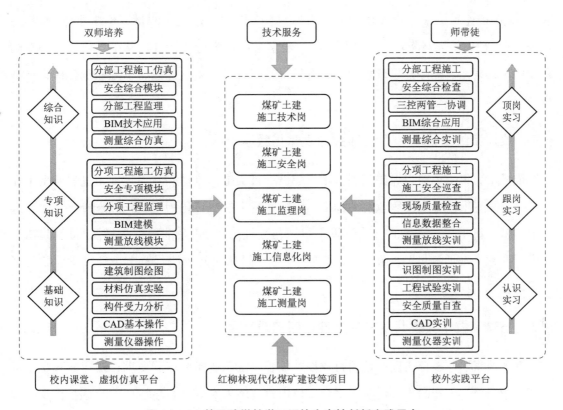

图 16-4 基于陕煤教学工厂的生产性创新实践平台

三、成果内容

(一) 探索形成了"双主体 六对接"现代煤矿土建类人才培养模式

基于校企双主体建成的教学工厂，实施了专业建设对接核心岗位建标准、对接职业素养育匠心、对接重点项目建资源、对接智慧建造搭平台、对接人才培养建团队、对接实践育人转方式的人才培养模式创新与实践，重构了课程体系，开发了新的人才培养方案，培养紧跟煤矿建设行业转型升级的技术技能人才。

(二) 研制了中国煤炭教育协会和陕西省煤炭学会认定的五项煤矿土建核心岗位职业能力标准

学校与陕煤双主体共建教学工厂，依据研制的全国资源环境与安全大类专业教学标准开发规程，对标现代煤矿土建核心岗位职业能力需求，制定《煤矿土建施工技术岗位职业能力标准》《煤矿土建施工安全岗位职业能力标准》《煤矿土建施工监理岗位职业能力标准》《煤矿土建施工信息化岗位职业能力标准》《煤矿土建施工测量岗位职业能力标准》5 项标准，被中国煤炭教育协会和陕西省煤炭学会认定为行业标准。基于五项标准和新的人才培养方案，实施课程思政全覆盖，开发了施工技术、工程测量、工程监理等课程标准29 个。

（三）共建了线上线下、虚实结合的立体化教学资源

依托陕煤集团小保当煤矿等国家重点建设项目实施，梳理矿井建设施工过程典型工作任务，对标五项核心岗位职业能力标准，将矿井建设过程转化为模块化教学资源，融入煤矿土建思政新元素，编制了《建筑施工组织与管理》等 20 余部规划教材及新形态教材，建成了"数字地形测量""施工组织管理"等 16 门在线开放课程及 1 个省级专业教学资源库。

（四）搭建了校企共建共享的生产性创新实践平台

基于国家职业教育实训基地项目建设及核心岗位职业能力培养要求，搭建起陕煤教学工厂人才培养与创新的生产性实践平台。校内建成施工安全 VR 仿真等 23 个虚拟仿真实训室，施工技术、模拟智能矿井等 12 个实训基地，咸阳华安科技服务站及吴成法大师工作室，校外建成 22 个实习实训基地。

（五）建成了"双师型、双带头人"的结构化教师教学创新团队

基于陕煤教学工厂人才培养需求，校企共建了由 36 名高工、教授、劳模、"大国工匠"等组成的陕煤教学工厂结构化教师教学创新团队。其中全国煤炭工业劳模 1 人，全国煤炭行业技能大师 2 人，全国监理大师 2 人，省教学名师 2 人，省优秀教师 1 人。学校成为全国煤炭类"双师型"教师培养培训基地和全国煤炭类院校思政课及课程思政教师研修基地。2009—2022 年教学团队情况对比如图 16-5 所示。

（六）实现了"真实项目，实践赋能"的育训及评价方式转变

依托共建的科技服务工作站、名师大师工作室、国家级煤矿应用技术协同创新中心、陕西能源职教集团，师生共同承接横向服务项目 24 项，承担国家发改委重点项目"陕西小保当矿业有限公司安全设施验收评价体系建设"、陕西省重点项目"4-2 煤层首采工作面矿压规律及覆岩发育观测研究"等 3 项，累计到款金额 781.9 万元。通过开展科技创新服务及教学实践，形成了"真实项目，实践赋能"的育训方式转变。围绕专业人才培养目

成果十六　校企"双主体 六对接"培养现代煤矿土建类技术技能人才的创新与实践

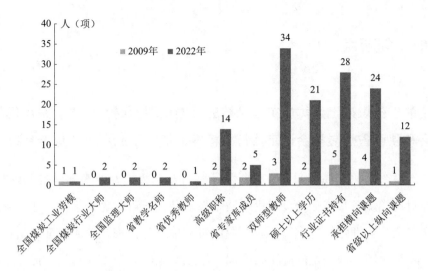

图 16-5　2009—2022 年教学团队情况对比

标，按照"改进结果评价、强化过程评价、探索增值评价、健全综合评价"的原则，调整了煤矿土建类人才培养质量考核指标，构建了校企多元评价体系（见图 16-6）。

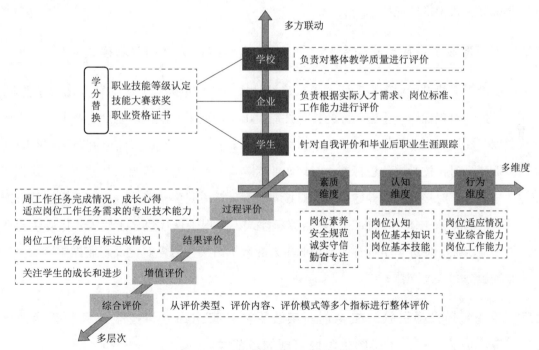

图 16-6　校企双主体多元评价体系

四、成果创新点

（一）制定的现代煤矿土建类施工技术等五项岗位职业能力标准，被中国煤炭教育协会和陕西省煤炭学会认定为行业标准，填补了此项行业标准空白

以教育部教改课题"高等职业教育资源环境与安全大类专业教学标准开发规程研究"为指导，针对现代煤矿智能化建设工程地质条件复杂、不可预见因素多、工程规模大、多专业立体交叉及综合性强的特点，深入企业调研，精准分析现代煤矿土建核心岗位职业能力需求，与陕煤集团协同制定的施工技术岗、施工安全岗、施工监理岗、施工信息化岗和施工测量岗五项现代煤矿土建核心岗位职业能力标准，被中国煤炭教育协会和陕西省煤炭学会认定为煤矿土建行业核心岗位职业能力标准，在陕煤集团、中煤江南建设、四川煤业集团等大型国企及西安科技大学、西安工业大学、江苏建筑职业技术学院、深圳信息职业技术学院等院校中推广应用。

（二）创新形成了煤矿土建类专业"双主体 六对接"人才培养新模式

伴随着煤矿建设产业转型升级，煤矿建设已从传统建造方式升级为智能化、绿色化、数字化建造，对现代煤矿土建人才的技术技能提出了新要求。陕能职院携手产业高端企业陕煤集团开展煤矿土建类专业技术技能人才培养，通过"校企双主体共建陕煤教学工厂，实施专业建设对接核心岗位建标准、对接职业素养育匠心、对接重点项目建资源、对接智慧建造搭平台、对接人才培养建团队、对接实践育人转方式"创新实践，探索形成符合产业转型升级的"双主体 六对接"人才培养新模式。实现了现代煤矿土建人才培养供给侧精准对接需求侧，促进了学校育人与企业用人的有机衔接，为煤矿建设产业提质增效提供技术技能服务和人才支持。

（三）依托名师大师引领的校企创新实践平台，实施师生科技服务和创新能力培养，成为煤矿土建类师生学做研创的新范式

以全国煤炭类院校思政课及课程思政教师研修基地思政育人为引领，实施深度的产教融合，依托陕煤教学工厂建立的名师大师工作室及咸阳华安安全科技公司等，成为人才培养与科技创新的孵化基地，先后完成国家发改委重点项目"陕西小保当矿业有限公司安全设施验收评价体系建设"，陕西省重点项目"4-2煤层首采工作面矿压规律及覆岩发育观

测研究"等3项。围绕各类科技研究项目和企业技术服务需求，师生协同创新，破解企业科技难题，完成横向课题24项，获得发明、实用新型专利授权34项，指导"挑战杯""互联网+"等项目获省级奖项8项，师生参与的红柳林煤矿重大建设项目获"鲁班奖"，学生创业开办公司10余家。打造成的煤矿土建类生产性创新实践平台，实现校企生三方受益，学做研创同提升，形成了新范式。

五、成果推广应用效果

（一）人才培养质量显著提升，就业评价高

近年来，累计810余名学生荣获各级各类奖学金，职业技能大赛获国赛一等奖2项、二等奖1项、三等奖2项，全国行业赛一等奖3项、二等奖2项、三等奖3项，省级奖项50余项。毕业生参与项目获得鲁班奖、"长安杯"等荣誉28项，获得先进个人、青年岗位能手等荣誉称号230余人次，考取建造师、安全工程师、监理工程师等职业资格证书500余人，任职项目经理560余人次。毕业生王皎锋担任20余项工程项目经理，兼任省级行业协会会长、理事，多次获得中煤集团先进个人及青年岗位能手荣誉；左雪艳继升本后又获硕士研究生学历，担任中铝九冶建设BIM技术中心副经理，被评为陕西BIM优秀技术人员。学校成为世界五百强陕煤集团等多家企业的人才培养基地。

（二）专业建设成果在同类院校推广应用

完成的教育部煤炭行业人才需求与专业设置指导报告、资源环境与安全大类专业教学标准开发规程研究和煤矿土建核心岗位职业能力标准，为全国同类院校资源环境与安全大类教学标准开发提供参考，为矿井建设工程技术、建筑工程技术、煤田地质与勘查技术、工程测量技术、煤矿智能开采技术、通风技术与安全管理、计算机网络技术等专业建设提供了范式，在西安科技大学、重庆工程职业技术学院、江苏建筑职业技术学院、深圳信息职业技术学院等院校推广应用。

（三）教师教学科研水平显著提高

通过陕煤教学工厂，深化了产教融合，成立了名师大师工作室，组建了结构化教师教学创新团队，双师型教师占比94.4%。教师教学水平和科研能力不断提升，在《西安科技大学学报》等核心期刊发表论文40余篇。编著的《建筑施工组织与管理》等20余部规

划教材和新形态教材，在江苏建筑职业技术学院等 20 所省内外高职院校中推广，累计发行 6 万余册，其中 3 部获省优秀教材奖。建成的"数字地形测量"等 16 门在线开放课程资源，累计被 60 余家院校和企业选用，其中省级在线精品课程 1 门，并被推荐申报国家级在线精品课程。校企协同完成的项目"浅埋煤层群重复采动覆岩控制与灾害防治研究"，被陕西省煤炭学会推荐参加 2022 年陕西省科学技术奖评审。

（四）社会服务功能彰显

依托校企共建共享的创新实践平台，承担煤矿建设行业专业技术人员培训 17 900 余人次，竞赛培训 400 余人次。为企业开展多方位、多层次技术服务，完成大柳塔矿业"浅埋近距煤层群下 4-2 煤开采覆岩三带发育及水害防治研究"工程技术攻关等科技服务项目 24 项。淮南职业技术学院、中煤地建设等 80 所中高职院校、企业来校交流学习。专业建设成果被《中国教育报》《中国青年报》等 50 余家媒体宣传报道及转载。

成果十七 高职自动化类专业"情境化沉浸式"人才培养模式的创建与实践

（成果序号：2-471）

获奖等级

二等奖

完成单位

陕西工业职业技术学院、西门子工厂自动化工程有限公司

主持人简介

夏东盛，男，陕西工业职业技术学院电气工程学院院长，教授，省级教学名师，咸阳市青年岗位能手。主持省级教学成果一等奖1项，获国家教学成果二等奖1项，全国机械高等职业教育教学成果奖1项；国家级职业教育教师教学创新团队主要负责人，国家级职业教育教师教学创新团队培训基地首席专家；主持1门省级精品在线开放课，1门国家级专业教学资源库课程；国家级职业能力培养电气工程虚拟仿真实训中心负责人，"双师型"电气自动化技术师资培训中心负责人；省级专业群负责人，省级一流专业负责人，现代学徒制试点专业负责人；工业互联网技术专业委员会常务委员，陕西省职业技术教育学会电子信息类专业教学指导委员会副主任兼秘书长，西门子教育领域智能制造专家委员；两项1+X职业技能等级标准起草人，全机械行业职业技能大赛专家。

团队成员

夏东盛、卢庆林、董佳辉、张维、蒋超、段峻、朱震忠、胡平、侯伟、武帆

成果简介

装备制造业是支撑我国综合国力的重要基石，自动化技术是该产业中的关键技术。针对高职自动化类专业人才培养与自动化技术升级引发的人才需求变革不能完全适应的问题，2010 年在国家示范专业建设基础上，参照国际标准提出培养工控领域复合型工程技术人员理念，按照"真实项目支撑，复合能力培养"思路，校企共建基于真实生产设备和工程项目的"情境化"教学场景，学生"沉浸"在具体工作岗位中学习技能、提升素养，探索形成了"情境化沉浸式"培养模式。在国家骨干专业建设等 8 个国家项目支撑下，于 2015 年形成方案开始在自动化类专业试点并全面实践，经过 7 年实践，形成如下成果：

（1）创建了"情境化沉浸式"人才培养模式。针对自控行业呈现的新业态，与名企深度合作，围绕岗位所需关键技术，建立工控领域 6 类岗位核心能力架构。基于岗位能力需求，引入企业真实设备和工程项目搭建工作"实境"，实施岗位认知、职业启蒙，实岗"沉浸"、实操实训，跟岗实践、考核评价三阶段人才培养，创建了"情境化沉浸式"人才培养模式。

（2）形成了"四双六进"校企联合培养机制。通过双主体育人、双班主任管理、双导师培养、双激励驱动的"四双"协同，实施企业文化进校园、企业模式进教学、素质教育进方案、企业管理进课堂、企业活动进班级、企业导师进基地"六进"举措，校企联合开展人才培养，形成了"四双六进"校企联合培养机制。

（3）建成了高素质的"双师型"创新教学团队。对接工控领域关键技术技能和核心职业素养，联合自控行业龙头企业，通过"方案同步、项目提升、企业历练、评价认证"的师资培养路径，建成了高素质"双师型"教学团队。14 名教师获得了西门子、欧姆龙企业认证讲师资格，12 名教师获得行业高级职业技能等级认证。获批国家级教师教学创新团队和培训基地。

（4）开发了国内外认可的系列标准和资源。牵头制定工业过程自动化技术等 2 个国家专业教学标准，"工业控制系统证书"成为机械行业国际化标准，3 个专业教学标准和 23 门课程标准被尼日利亚 4 所学校采用；建成在线精品课程和专业资源库课程国家级 2 门、省级 4 门；入选"十三五"职业教育国家规划教材 1 部。

该成果获得省级教学成果一等奖；近 6 年获全国职业院校技能大赛一等奖 8 项；电气自动化技术专业被认定为国家骨干专业、国家"双高"建设专业；5 个项目被认定为国家级实训基地或中心；成果经验被《光明日报》、中央教育电视台等主流媒体广泛报道；在 40 余所职业院校中推广应用。

成果总结报告

"高职自动化类专业'情境化沉浸式'人才培养模式的创建与实践"成果总结报告

一、成果背景与问题

装备制造业是支撑我国综合国力的重要基石,是我国重要的战略产业。自动控制技术作为装备制造业的关键技术,催生了相关企业对掌握工业网络、机器视觉等新技术复合型技术技能人才的迫切需求。

针对高职自动化类专业人才培养与自动化技术升级引发的人才需求变革不能完全适应的问题,2010年在国家示范专业建设基础上,参照国际标准提出培养工控领域复合型工程技术人员理念,按照"真实项目支撑,复合能力培养"思路,校企共建基于真实生产设备和工程项目的"情境化"教学场景,学生"沉浸"在具体工作岗位中学习技能、提升素养,探索形成了"情境化沉浸式"培养模式。在国家骨干专业建设、国家级职业能力培养虚拟仿真实训中心建设等8个国家项目支撑下,于2015年形成方案开始在自动化类专业试点并全面实践。在此基础上,边实践、边总结、边提升,经过7年建设与实施,重点解决了如下问题:

(1)针对行业出现的新业态、新岗位、新能力的"三新"变革,校企合作不够深入,自动化类专业人才培养与企业需求尚存在一定差距。

(2)应对自动化技术升级引发的相关企业岗位能力变革,缺乏有效的、可实施的人才培养新模式。

(3)基于校企协同的"双师"培养和教学资源开发力度不足,实践教学载体建设尚需优化。

二、主要做法与经验成果

(一)主要做法

1. 随动技术升级,校企深度合作,协同组织教学

联合国际国内知名自动化企业,在多项自动化控制技术不断升级的背景下,为适应自

控行业生产智能化、产出服务化、制造协同化等新业态的不断呈现，工作内容从单一到交叉融合的新岗位逐渐涌现，虚拟调试、生产管理等新能力需求持续更新，以掌握复合型技术技能为目标，校企联合建设数字化工厂控制系统、电气设备安装与调试、工业软件等实训室，引入 G8NB2 车载继电器生产线等企业实际生产设备，搭建自动化技术应用实景，真实再现企业实际工作场景。依托"四双"机制和"六进"举措，构建"四双六进"校企联合培养架构，使学生在企业真实工程环境中获得标准的工作方法和专业技能，职业素养和技术技能同时获得锻炼和提升。自控行业新业态、新岗位、新能力的"三新"变革如图 17 - 1，"四双六进"校企联合培养架构如图 17 - 2 所示。

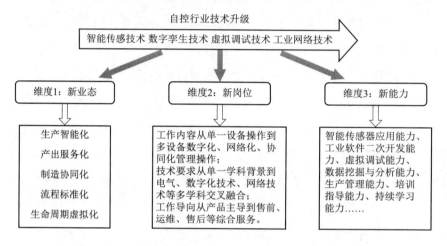

图 17 - 1　自控行业新业态、新岗位、新能力的"三新"变革

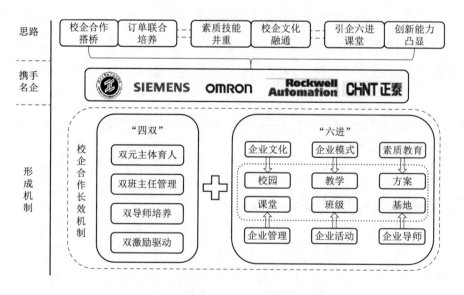

图 17 - 2　"四双六进"校企联合培养架构

2. 构建能力架构，重构课程体系，改革培养模式

深入调研 53 家企业，构建"架构规划、开发设计、安装调试、运维管理、维修维护、质量管控"六类岗位核心能力要素，参照多学科交叉、多要素协同、多系统集成、多链条耦合的技术需求，确定了"懂架构、能设计、善装调、会运维、精操作、知管控"的培养定位。基于工作"实境"，3 年培养周期内设立"1+1.5+0.5"三个培养阶段，依据岗位能力要素，课程体系中加入"5S""TPM""QC""S7-1200 技术认证"等职业素养和技术认证类课程，重构课程体系。在岗位实境中完成"岗位认知、职业启蒙+实岗'沉浸'、实操实训+跟岗实践、考核评价"三阶段培养，利用企业评价反馈建立改进机制，不断完善人才培养模式，实现人才培养与岗位需求相匹配。六类岗位核心能力要素如图 17-3 所示。

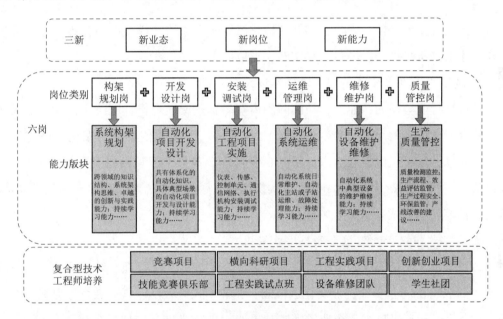

图 17-3 六类岗位核心能力要素

3. 提升"双师"水平，开发教学资源，优化教学载体

校企联合制定培养方案，开展教坛新秀、教学能手、教学名师等活动提升教学能力；通过横向科研、技能竞赛、工程实践等项目提升实践能力；实施 3 年一周期下企业历练计划，更新知识和技能，获得企业认证和职业技能证书，共同提升"双师"水平。对接自控行业核心岗位能力要素，校企协同开发典型工作任务，课程内容及时引入新工艺、新技术、新规范，不断优化教学载体，完成教材、在线开放课程、专业教学资源库课程等资源建设。以支撑"情境化沉浸式"人才培养模式改革为目标，按照企业运营模式建设融岗位认知、沉浸教学、设计制造、培训服务功能为一体的实境载体，建成电气工程虚拟仿真中心等 5 个国家级基地或中心项目。学校教师参加企业培训如图 17-4 所示。

图 17－4　学校教师参加企业培训

（二）经验成果

对接自控行业企业核心岗位，实施情境化沉浸式人才培养模式改革，推动了专业内涵建设与人才培养质量提升。经过 7 年实践，形成如下成果：

1. 创建了"情境化沉浸式"人才培养模式

针对自控行业呈现的新业态，与国际国内知名企业深度合作，围绕岗位所需的关键技术，以复合能力提升的培养思路，建立了工控领域六类岗位核心能力架构。坚持工学结合、德技并修，基于岗位能力需求，引入企业真实设备和工程项目搭建工作"实境"，实施岗位认知、职业启蒙，实岗"沉浸"、实操实训，跟岗实践、考核评价三阶段人才培养，创建了"情境化沉浸式"人才培养模式。

2. 形成了"四双六进"校企联合培养架构

与名企联手，校企深度融合，通过双主体育人、双班主任管理、双导师培养、双激励驱动的"四双"协同，实施企业文化进校园、企业模式进教学、素质教育进方案、企业管理进课堂、企业活动进班级、企业导师进基地"六进"举措，校企联合开展人才培养。基于六类岗位能力需求，建成西门子产教融合示范中心、欧姆龙优秀人才培养基地等高端平台，学生以具体岗位角色"沉浸"在工程项目中，结合校内外实训基地开展双向互补式实地教学。

3. 建成了高素质的"双师型"创新教学团队

对接工控领域关键技术技能和核心职业素养，联合自控行业龙头企业，通过"方案同步、项目提升、企业历练、评价认证"的师资培养路径，建成了高素质"双师型"教学团队，14 名教师获得了西门子、欧姆龙企业认证讲师资格，12 名教师获得行业高级职业技能等级认证（见图 17－5）。入选国家级教师教学创新团队和培训基地。形成校企双带头人领衔、高层次人才示范引领、骨干教师集聚的金字塔式"双师型"人才梯队。依托装备制造业职教集团与陕西产教融合校企联盟，与多家知名自动化企业深度开展师资培养合作。

图 17-5　学校教师获得的企业认证资格

4. 开发了国内外认可的系列标准和资源

牵头制定工业过程自动化技术等 2 个国家专业教学标准，"工业控制系统证书"成为机械行业国际化标准，3 个专业教学标准和 23 门课程标准被尼日利亚 4 所学校采用（见图 17-6）；建成在线精品课程和专业资源库课程国家级 2 门、省级 4 门；入选"十三五"职业教育国家规划教材 1 本。

图 17-6　向尼日利亚输出专业标准和课程标准

该成果获得省级教学成果一等奖；近6年获全国职业院校技能大赛一等奖8项；电气自动化技术专业被认定为国家骨干专业、国家"双高"建设专业；5个项目被认定为国家级实训基地或中心；被《光明日报》、中央教育电视台等主流媒体广泛报道；在40余所职业院校中推广应用。

三、成果的创新与特点

（一）建立了校企深度融合的"四双六进"校企联合培养新机制

按照校企合作搭桥、订单联合培养、素质技能并重、校企文化融通、引企六进课堂、创新能力凸显的建设新思路，与西门子、欧姆龙、罗克韦尔等国际知名自动化企业深度融合，对标工业控制领域复合型技术工程师的能力要求，基于掌握世界一流生产现场知识、管理经验、生产技能，实现企业生产现场骨干技术技能人才培养的目标，把先进的企业理念、严格的生产管理和基本的工作规范等特色内容融入教育教学之中。"校企融通，互惠共赢"构建了"四双"校企合作长效措施，"联合共育，德技并修"探索"六进"校企协同育人路径，以培养自控行业复合型技术人员为目标，创新形成了"四双六进"校企联合培养新机制，树立了校企深度合作新典范，为职业院校提供了校企合作的新范式。

（二）构建了针对工业控制领域复合型技术人才培养的六岗能力体系

通过调研多家自动化企业相关岗位能力要求，明确工业控制领域复合型人才培养目标，按照企业真实产品生产工作流程，确定了高职自动化类专业的六大类技术岗位。经过细化梳理具体能力要求，构建了系统架构规划、项目开发设计、工程项目实施、系统运维、自动化设备维护维修、生产质量管控六类岗位核心能力。依托多种项目载体，坚持以具体工程项目贯穿教学过程，对标国际标准，及时在人才培养过程中融入"思想道德、工程知识、设计开发解决方法、调查研究、现代工具应用、沟通交流、终身学习"等方面的综合素质要求，构建了工业控制领域复合型工程技术人才的六岗能力体系，明确了"三新"背景下高职自动化类专业建设的逻辑起点，为高职自动化类专业建设提供了借鉴。

（三）创新形成了素质技能并重的"情境化沉浸式"人才培养模式

以培养自控行业德智体美劳全面发展的社会主义建设者和接班人为目标，挖掘自动化类专业41门课程的147个思政元素，在教学过程中着重培养学生家国情怀以及有效沟通、团队协作、快速学习和知识管理的能力。课程体系中引入机器视觉技术、运动控制技术、虚拟仿真调试技术等课程，同时加入 5S、TPM 等职业素养类课程，注重职业素养养成。在自动化控制系统装配布线等实践教学中，融入国际企业规范及标准，充分展现工业之美。通过基于六岗的"情境化沉浸式"人才培养模式改革，学生在"实境"中完成"实岗"工作任务的"实操"教学过程，创新形成了素质技能并重的"情境化沉浸式"人才培养模式，实现了传统培养模式到工学结合情境化教学的转变，人才培养质量显著提高。

四、成果的应用推广效果

该成果探索实践 7 年来，效果十分显著，并在教学中得到推广与应用，赢得了同类院校的广泛认可，具体使用与推广情况如下：

（一）校内应用效果

自 2015 年开始改革试点，2017 年全面实践，已在 32 个教学班实践，成效显著。

（1）培养质量显著提升。在电气自动化技术专业全面应用实践，人才培养质量获得大幅提升。近六年取得全国职业院校技能大赛一等奖 8 项、二等奖 4 项、三等奖 5 项；陕西省"互联网＋"大学生创新创业大赛金奖 1 项、铜奖 1 项；1 人入选国家奖学金代表名录，并被人民日报等媒体报道。推广到"应用电子技术""电子信息技术"等相关专业，获全国大学生电子设计竞赛国赛二等奖 2 项，省赛一等奖 19 项、二等奖 13 项、三等奖 10 项。

（2）就业率及毕业生满意度稳步提升。就业率及毕业生满意度连续 5 年保持在 95%以上。毕业生在西门子、欧姆龙、正泰电气、浙大中控等名企就业 800 余人，对母校满意度连年提升（见图 17-7）。

（3）社会影响力凸显。白晨阳同学获得 2018 年中国大学生自强之星；李慧峰同学荣登《人民日报》国家奖学金学生代表名录（陕西省本专科 6 名入选国家奖学金获得者之一，陕西省唯一一名高职院校入选的学生）；张顺星老师入选首批高等职业学校"双师型"教师队伍建设典型案例。

（4）专业建设成效显著。2019 年电气自动化技术专业入选中国特色高水平专业群（A 档）建设项目；建成"电气控制系统装接与调试"国家级在线开放课程，"PLC 应用技术""电力电子技术"省级在线开放课程；牵头制定了《工业过程自动化技术专业教学标准》；完成电气自动化技术专业骨干专业、生产性实训基地、电气自动化技术"双师型"教师培养培训基地、电气工程虚拟仿真实训中心、现代学徒制试点等 8 个国家级建设项目。

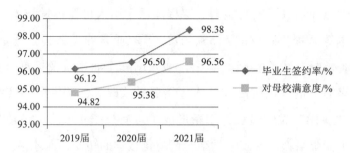

图 17-7 近 3 年毕业生就业签约率与对母校满意度

（二）校外应用效果

（1）牵头制定的《工业过程自动化技术》《电气自动化技术》等 2 个专业教学标准被教育部作为标准与规范在全国同类院校中推广使用。

（2）通过国培等各类培训项目，将成果推广至宝鸡职业技术学院、榆林职业技术学院、西安阎良职教中心等 40 余家兄弟院校。该成果被西安航空职业技术学院、甘肃工业职业技术学院、福建信息职业技术学院等省内外多家职业院校认可并采用。

（3）承担了正泰电气、三星电子、宝钢管、北人印机、兰州铝业等企业员工技能培训、职工技能大赛培训、生产管理培训，培训企业员工近千人，深受企业好评。

（三）媒体报道推广

（1）该成果先后被《光明日报》《中国教育报》《中国青年报》《赞比亚半岛日报》等媒体报道。

（2）该成果在教育部、中国教育电视台联合录制的反映我国职业教育发展成就的大型专题电视节目《梦开始的地方》中予以重点介绍。

（3）该成果培育的教学团队，入选教育部教师工作司首批全国职业院校"双师型"教师队伍建设个人典型案例。

（四）全国性会议推广

在中华职教社专家委员会 2021 学术年会、全国职业高等院校校长联席会议、全国高职创新发展行动计划实施工作暨骨干专业（群）建设研讨会等 10 余次全国性会议上，该成果的经验介绍得到兄弟院校的高度肯定。

（五）发表论文

公开发表《基于"协同理论"的校-校-企融合发展模式研究》《校企协同、产教融合培养创新创业人才的研究与实践》等论文 11 篇。

(六) 国外推广应用

(1) 联合西门子公司立项国际通用资格证书研制项目，西门子工业控制技术认证证书已立项为机械行业国际通用职业资格证书推荐目录研制项目。

(2) 承接"一带一路"援非项目，该成果纳入赞比亚企业员工技能培训内容。

(3) 承接印尼师资培训项目，该成果向印尼各职业院校教师推广。印度尼西亚职业院校师资教学能力培训如图 17-8 所示。

(4) 尼日利亚 4 所院校引进我院电气自动化技术专业标准，23 门课程标准。

图 17-8 印度尼西亚职业院校师资教学能力培训

成果十八　岗位连通 专业联动——高职城市轨道交通复合型人才培养体系的创建与实践

（成果序号：2-472）

获奖等级

二等奖

完成单位

陕西交通职业技术学院、北京交通运输职业学院、西安市轨道交通集团有限公司运营分公司、北京市地铁运营有限公司

主持人简介

何鹏，男，现任陕西交通职业技术学院教学督察员，教授，陕西省教学名师，兼任交通运输部职业资格专家、陕西省大学生电子设计竞赛委员会委员、陕西省职业技术教育学会交通运输类专业委员会副主任委员。

主要从事智能交通控制领域的教科研工作，央财支持的重点专业负责人、教育部首批现代学徒制试点项目负责人，参与组织完成1项国家级专业教学资源库建设。先后主持或参与20余项国家及省级教研与科研项目，公开发表论文40余篇，主编教材10余部，主编或参编交通运输行业培训教材4部。参与交通运输行业职业资格标准编制、行业职业技能大赛技术方案编写等工作，累计为交通行业企业开展技术咨询、员工培训50余次，培训鉴定交通行业员工10 000多人次。获得陕西省人民政府2019年教学成果奖特等奖（第1名）、2021年教学成果奖二等奖（第2名）。

团队成员

何鹏、李军、史望聪、梁娟、卢剑鸿、卫小伟、宋薇、刘莉娜、石静泊、

曲秋莳、梁晨溪、王维华

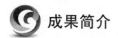 成果简介

城市轨道交通行业是关系国计民生的重要产业，在支撑国家大都市圈建设乃至交通强国建设中发挥着骨干作用。随着行业向智慧化、综合化快速发展，急需知识多元、技能全面、素养综合的复合型技术技能人才。针对高职城市轨道交通六大专业存在的复合型人才培养机制不健全、育人模式不适配、课程教学体系不完善等问题，2012 年来，在省级重点专业、省级重点攻关教改、国家创新发展行动计划等 8 个重大项目支持下，陕西交通职业技术学院和北京交通运输职业学院聚焦育人机制与平台、人才培养模式、专业群课程体系和人才培养质量评价四个方面，形成了岗位连通、专业联动的复合型人才培养体系，主要包括以下内容：

（1）创建了"一机制、一平台、两支撑"教学保障体系。形成了"专委指导、片区协同、校企融通、校校联合"政行企校协同育人机制，完善了制度体系，搭建了全国城市轨道交通职教集团为核心的产教对接平台，以生产性实训基地和教学创新团队建设为支撑，为复合型人才的培养提供了教学保障。

（2）创新形成"校企共育、三维融合、多岗学训"复合型人才培养模式。校企共同组织实施招生、教育教学、就业等人才培养全过程，思政教育、专业教育、创新教育三维融合推进，学生跨 2~3 个相近专业的课程学习和多岗位技能训练，推动了复合型人才培养精准化。

（3）重构了"基础共享、模块互选、课证融通"专业群课程体系。主持编制了 6 个城市轨道交通类专业国家级教学标准和 6 个实训条件建设标准，对接专业教学标准，六大专业共享通识和专业基础课程，互选专业技能模块课程，将基础职业证书、"1+X"证书、职业资格证书等内容融入专业课程体系，建成国家级专业教学资源库，引领了数字化教学改革创新。

（4）建立了复合型人才培养"多层面、全过程、多元化"的质量评价体系。重点针对专业建设与发展、课程建设与实施、学生职业发展三个层面，开发专业人才培养质量标准和评价指标、课程质量标准和评价指标、学生职业发展质量标准与评价指标，建立从学生入学、教育教学、就业到职业发展追踪的全过程人才培养质量动态监测数据库，以智慧校园平台为支撑，对多岗位人才培养过程质量、学生职业发展等及时监测、评价、反馈，实现质量的闭环控制，形成了完善的复合型人才培养质量评价体系。

专业群入选国家高水平专业建设计划，建成了国家职业教育城市轨道交通专业教学资

源库、国家级生产性实训基地和国家职业教育教师教学创新团队。成果被37所高职院校借鉴使用，在全国发挥了示范引领作用。

成果总结报告

"岗位连通 专业联动——高职城市轨道交通复合型人才培养体系的
创建与实践"成果总结报告

一、成果的背景与问题

（一）成果的背景

城市轨道交通行业是关系国计民生的重要产业，在支撑国家大都市圈和交通强国建设中发挥着骨干作用。随着行业向智慧化、综合化快速发展，职业岗位呈现出交叉、相融的特征，急需大批知识多元、技能全面、素养综合的复合型技术技能人才。

陕西交通职业技术学院（以下简称"陕西交院"）是全国城市轨道交通类专业学生规模较大的院校，北京交通运输职业学院（以下简称"北京交院"）是我国开办城市轨道交通专业最早的院校之一。两校分属行业人才培养的排头兵，在师资培训、行业技能大赛、专业教学标准开发、教学资源库建设等方面紧密合作，在人才培养与开拓创新方面做了大量工作。从2012年开始，在全国城市轨道运输类专业指导委员会（以下简称"专指委"）指导下，陕西交院和北京交院充分发挥联合优势，在省级重点专业、省级重点攻关教改、国家创新发展行动计划等8个项目支持下，探索构建和实践城市轨道交通专业群复合型人才培养体系。

（二）成果解决的主要教学问题

（1）宏观上育人机制和平台不健全。校企双主体育人、生产性实训基地功能、多元教学创新团队结构等不完善，制约城市轨道交通复合型技术技能人才培养成效和质量。

（2）中观上人才培养模式不适配。传统的人才培养模式，无法满足现代城市轨道交通复合型技术技能人才培养要求。

（3）微观上专业群课程体系耦合度不够。专业教学标准和实训条件建设标准空缺，专业群课程体系与行业多岗位融合工作要求不匹配。

（4）多岗位工作复合型技术技能培养质量评价体系不完善，评价成效不高。

二、主要做法与经验成果

本成果基于利益相关者、产教融合、能力本位教育、多元智能等理论,构建以教学保障体系为基础,以创新人才培养模式和重构课程体系为核心,以完善人才培养质量评价体系为检验,探索实践以岗位连通、专业联动为核心特征的复合型技术技能人才培养体系(见图 18-1)。

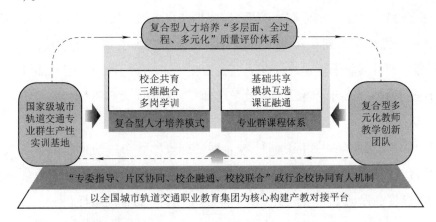

图 18-1 复合型技术技能人才培养体系

第一阶段(2012 年 2 月—2013 年 2 月),初步形成"一专多能"人才培养教学改革方案。

第二阶段(2013 年 3 月—2017 年 12 月),研究实践阶段,教学改革模式崭露头角。

第三阶段(2018 年 1 月至今),实践推广阶段。

复合型技术技能人才培养体系创新三阶段如图 18-2 所示。

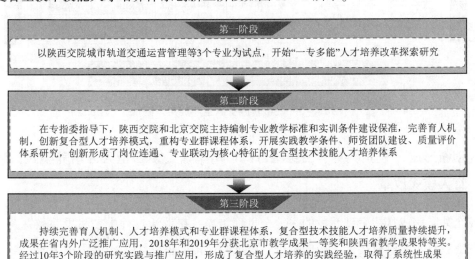

图 18-2 复合型技术技能人才培养体系创新三阶段

（一）创建"一机制、一平台、两支撑"教学保障体系，深化了育人机制改革

（1）构建产教对接平台、实践教学和师资队伍两支撑。

发挥专指委的指导作用，联合西北、华北等7个片区校企，成立全国城市轨道交通职业教育集团，打造人才培养产教对接平台。按照实训条件建设标准，对接行业企业15个核心岗位要求，与西安地铁公司等5个行业知名企业共同设计和规划，建成国家级城市轨道交通专业群生产性实训基地（见图18-3），作为教学支撑，基于真实环境和真实事件，配套开发39个实训项目，实现全岗位技能训练与综合演练；按照"大师引领、团队合作、分类培育、结构优化"的建设策略，行业专家和教学名师引领专业建设，"双带头人""双骨干教师"等开展教学。建成了以"三秦工匠"王浦民、樊刚为代表的2个技能大师工作室，打造了由3名行业专家、2名教学名师、3名技能大师引领的复合型多元化教师教学创新团队。

（2）形成"专委指导、片区协同、校企融通、校校联合"协同创新育人机制。为了确保发挥平台合作育人成效，出台了《全国城市轨道交通运输类专业指导委员会工作制度》等16项制度，保证了"一机制、一平台、两支撑"的有效运行。

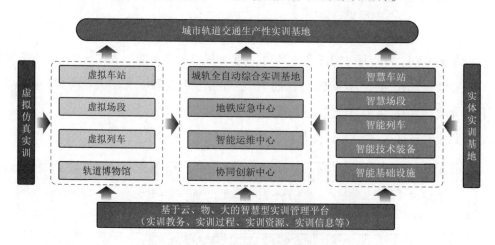

图18-3 城市轨道交通生产性实训基地

（二）创新形成"校企共育、三维融合、多岗学训"复合型人才培养模式，深化了育人模式改革

校企共同完成从招生到就业的人才全过程培养；在教学过程中，将思政教育、创新教育和专业教育三者有机融合，同向推进；根据企业多岗位融合工作能力的要求，城市轨道交通运营管理、车辆技术和通信信号3个专业相互跨选相应的复合与创新技能包课程，城

市轨道交通机电技术、供配电技术和通信信号3个专业相互跨选相应的复合与创新技能包课程，学生在校内交叉学习2~3个相近专业的课程，在企业完成多个相应岗位的技能训练。经过探索实践，创新形成了"校企共育、三维融合、多岗学训"复合型人才培养模式（见图18-4），实现了学生综合素质和多岗位能力的全面培养。

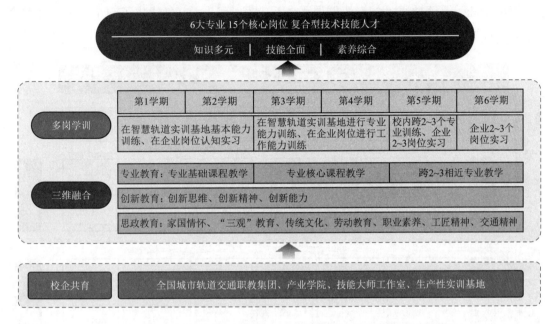

图18-4 "校企共育、三维融合、多岗学训"复合型人才培养模式

（三）重构"基础共享、模块互选、课证融通"专业群课程体系，深化了课程体系改革

（1）主持编制了6个国家级专业教学标准和6个实训条件建设标准。完成教育部职成司委托行指委项目，形成《城市轨道交通行业人才需求与职业院校专业设置指导报告》，主持编制了专业群6个国家级专业教学标准和6个实训条件建设标准（见表18-1），为专业群课程体系和实训基地建设提供了依据。

表18-1 主持编制的国家专业教学标准和实训条件建设标准

标准类型	专业	标准类型	专业
专业教学标准	城市轨道交通运营管理（已颁布实施）	实训条件建设标准	城市轨道交通运营管理（已颁布实施）
	城市轨道交通车辆技术（已颁布实施）		城市轨道交通车辆技术（已颁布实施）
	城市轨道交通通信信号技术（已颁布实施）		城市轨道交通通信信号技术（已颁布实施）
	城市轨道交通机电技术		城市轨道交通机电技术
	城市轨道交通供配电技术		城市轨道交通供配电技术
	城市轨道交通工程技术		城市轨道交通工程技术

(2) 重构复合型人才培养的专业群课程体系。对接专业群面向的 15 个核心工作岗位，依据 6 个专业教学标准，将立德树人、"五育"并举贯穿专业群课程体系，构建了包含 5 个通识共享包、8 个专业共享包、6 个专业技能包、5 个复合互选包、4 个创新互选包等模块化的课程体系，同时将相应职业证书鉴定考核内容融入课程内容。重构了"基础共享、模块互选、课证融通"的专业群课程体系（见图 18-5），优化了 6 个专业人才培养方案，实现了教学内容和企业多岗位工作内容的紧密对接。

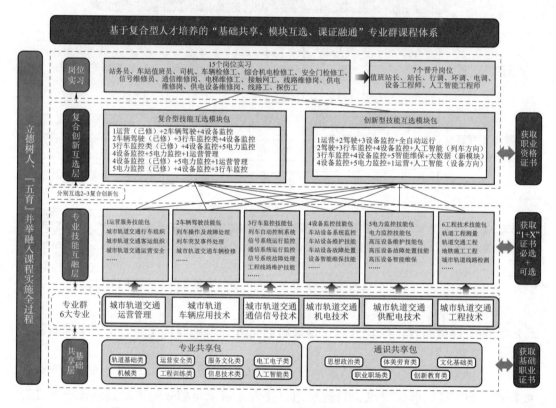

图 18-5　"基础共享、模块互选、课证融通"专业群课程体系

(3) 建成国家职业教育城市轨道交通专业教学资源库。服务专业群城市轨道交通运营管理等 6 大专业人才培养和行业员工培训需要，建立了包含 28 门核心课程的教学资源库（见图 18-6），资源总数 30 660 多个，引用学校及单位 800 多个，教师职教云组课 178 门，全面服务陕西交院和北京交院的人才培养，辐射服务全国兄弟院校同类专业的教学改革。

（四）建立了复合型人才培养"多层面、全过程、多元化"的质量评价体系，深化了评价体系改革

重点针对专业建设与发展、课程建设与实施、学生职业发展三个层面，开发了专业人才培养质量标准和评价指标（设计 36 个质量控制点）、课程质量标准和评价指标（设计

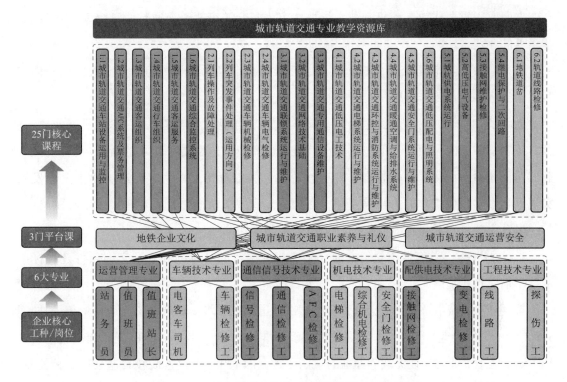

图 18-6　城市轨道交通专业教学资源库课程体系

37 个质量控制点)、学生职业发展质量标准与评价指标（设计 51 个质量控制点），建立了从学生入学、教育教学、就业到职业发展追踪的全过程人才培养质量动态监测数据库，以智慧校园质量监控平台为支撑，形成学校、企业、社会和学生四方对人才培养质量及时监测、评价、反馈，根据发现的问题提出改进措施并及时改善提升，实现了人才培养过程的闭环控制。创新形成复合型人才培养"多层面、全过程、多元化"的质量评价体系，形成常态化、全程化、螺旋式上升的人才培养诊断改进机制。

三、成果的创新与特点

（一）成果创新点

1. 创建了"专委指导、片区协同、校企融通、校校联合"四位一体的协同育人机制，丰富了产业升级背景下产教融合内涵

创建了"专委指导、片区协同、校企融通、校校联合"四位一体的协同育人机制，健全了组织机构、运行机制和管理制度，打破了地域、校域、场域限制和专业建设壁垒，促进了专业之间联动发展，实现了协同育人新突破，在服务产业升级、深化产教融合、校企

合作方面取得重要成效。该机制被专指委认定为契合城市轨道交通行业复合型技术技能人才培养的典范。

2. 创新了城市轨道交通"校企共育、三维融合、多岗学训"的复合型人才培养模式，实现了学生多岗位工作目标

创新了"校企共育、三维融合、多岗学训"复合型人才培养模式，深化了专业建设内涵，拓展了职业岗位面向，适应了城市轨道交通行业快速发展对人才的新需求；重构了专业群课程体系，深化了思政教育、专业教育、创新教育相互融合，促进了学生全面发展，实现了学生多岗位工作能力培养目标。在推动高职城市轨道交通类专业人才培养供给侧改革、提升人才培养质量等方面发挥了示范与引领作用。

3. 主持开发了首套城市轨道交通6个专业的国家教学标准和6个实训条件建设标准，示范与辐射作用显著

首次开发的城市轨道交通运营管理、城市轨道车辆技术、城市轨道交通通信信号技术等6个专业的国家专业教学标准和实训条件建设标准共12个（其中6个已正式颁布实施），填补了城市轨道交通类专业无教学标准的空白，被全国120多所高职院校普遍采用。相关专业教学标准通过资源库及"一带一路"项目向泰国、缅甸等国家推广，实现了教学成果"走出去"，推动了全国城市轨道交通职业教育发展并走向国际，展现了教学成果贡献力与美誉度。

4. 创新形成了复合型人才培养"多层面、全过程、多元化"的质量评价体系，实现了专业群建设和人才培养质量的共同发展

基于过程评价和多元评价，开发了专业人才培养质量标准和评价指标（设计了36个质控点）、课程质量标准和评价指标（设计了37个质控点）、学生职业发展质量标准与评价指标（设计了51个质控点），从学生入学、教育教学、就业到职业发展全过程的动态监测与反馈，实现了人才培养质量的闭环控制，服务学生全面成长成才，保障了人才供给符合行业转型升级的多元需求，促进了专业群的融合与发展，为复合型技术技能人才培养质量评价提供了范例。

（二）成果特色

紧跟行业快速转型升级发展对人才的新需求，开展专业群建设和人才培养，体现了先进性；针对城市轨道交通专业群全部6个专业，从育人机制和平台、人才培养模式、专业群课程体系、人才培养质量评价等4个方面探索实践人才培养之路，具有系统性；直面高职教育的重点难点问题，既有理论研究，又有实践支撑，逻辑性强；提出的思路与方法、路径与保障措施清晰分明，可操作性强；提出的整体方案具有鲜明的交通职教特色。

四、成果的应用推广效果

（一）人才培养质量显著提升

5 年来，成果在专业群 7 300 多名学生中应用，专业群招生持续火爆。毕业生一次性就业率始终保持在 97% 以上，学生跨专业学习能力强、多岗位技术技能强、综合素质高，在西安地铁就业的 1 200 余名学生多岗位工作能力得到了充分肯定。2012 年与 2021 年城市轨道交通专业群人才培养质量对比如图 18-7 所示。

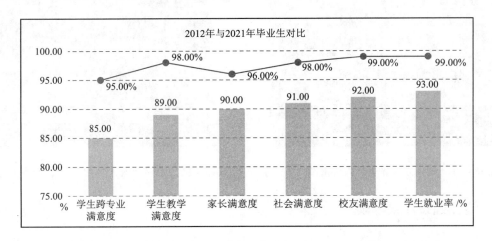

图 18-7　2012 年与 2021 年城市轨道交通专业群人才培养质量对比

累计 346 名学生获国家奖学金、励志奖学金。在各类职业技能大赛中获国际奖 2 项（见图 18-8、图 18-9）、国家级和省级奖 86 项（见图 18-10）。涌现出一大批优秀毕业生，学生靳雨诺和许海潮分别获得陕西高校毕业生建功立业先进人物荣誉称号（见图 18-11），"跪地救人"站务员靳雨诺（见图 18-12）、"地铁最美女孩"谭扬等优秀事迹被省级以上多家媒体宣传报道。

图 18-8　吕卓权（左）获 VEX 机器人世锦赛冠军　　图 18-9　郭昊晨获"蓝桥杯"国际赛二等奖

图 18-10　学生获全国职业技能轨道交通运营与维护大赛一等奖

图 18-11　建功立业先进个人许海潮（左二）　　图 18-12　"跪地救人"站务员靳雨诺（右三）

（二）专业建设成果丰硕

主持编制了 6 个专业的国家教学标准和 6 个实训条件建设标准，建成国家职业教育城市轨道交通专业教学资源库，辐射用户超过 12 万人。城市轨道交通运营管理、城市轨道交通车辆技术被认定为全国职业院校交通运输大类示范专业，城市轨道交通运营管理、城市轨道交通机电技术 2 个专业被列为教育部现代学徒制首批试点专业，城市轨道交通通信信号技术、城市轨道交通供配电技术等 5 个专业被认定为高等职业教育创新行动计划项目骨干专业，专业群入选中国特色高水平专业建设计划。

教师团队获得国家级教师教学创新团队；出版教材 27 部，其中"十二五""十三五"职业教育国家规划教材 3 部；主持省级以上教科研项目 6 项，发表相关论文 26 篇；在省部级职业院校教学能力比赛中获奖 4 项，获省部级教学名师等荣誉 2 项。

（三）专业示范和引领作用不断彰显

成果经验逐步拓展到学校智能交通技术和新能源汽车技术专业群，带动了国家智能交通技术专业教学资源库的建设。成果在省内外院校教学改革会议广泛推广（见图 18-13），85 家单位和团体 1 200 多人次到校学习，西安交通工程学院、辽宁省交通高等专科学校等

37 所高职院校借鉴成果经验（见图 18-14）。主持编制的专业教学标准已被 20 多个省 800 多所单位使用，出版的 27 部教材被 50 余所院校使用。《中国交通报》《陕西日报》等 20 余家主流媒体报道本成果内容（见图 18-15），反响良好。

图 18-13　何鹏在专指委会议推广宣传成果　　　图 18-14　杨凌职院来我校学习成果经验

图 18-15　媒体宣传推介

（四）产业支撑与社会服务能力大幅提升

成果助力专业做精做强，校企共建国家级生产性实训基地 2 个，提升了专业服务社会的能力和影响力。近 5 年，作为全国城市轨道交通类师资培训基地，先后组织 12 期师资培训，累计培训 940 人次；牵头承办交通运输部、西北片区、华北片区轨道交通运营管理、信号维护、车辆技术等职业技能大赛 12 次，荣获"全国技能大赛突出贡献单位"荣誉称号；开展行业企业培训和技术服务 36 场，累计培训与鉴定交通行业一线员工 12 300 多人，助力交通运输产业发展。

成果十九 财经高职院校"五位一体"厚德育人模式的探索与实践

(成果序号：2-473)

🌀 获奖等级

二等奖

🌀 完成单位

陕西财经职业技术学院、铜川照金干部学院

🌀 主持人简介

窦曼娟，女，中共党员，毕业于西安美术学院，艺术硕士。学前教育专业带头人，美术设计学科副教授。陕西财经职业技术学院纪委副书记兼纪委综合室主任。

从事大学生思想政治教育研究工作10余年，坚持在一线教学实践中总结提炼德育育人模式。主持重点教改项目1项，参与精品课程1门，主持或参与课题16项，发表学术论文16篇，主编教材2部。指导学生参加各类大赛获奖13项。个人先后获得"全国优秀共青团干部""全国艺术教育科研论文二等奖""陕西省高校优秀共产党员"等国家级省级荣誉31项，获得学校"教学成果特等奖""教学能手"等校级荣誉33项。

结合多年共青团工作经验，主持的"基于'向日葵'育人计划的高职院校立德树人探索与实践"项目获2021年职业教育陕西省教学成果二等奖，依托该项目获批专利5项，实现科技成果校内外转化。在历任校领导的带领和全校各部门的通力协作下，历经13年的探索与实践，形成财经高职院校"五位一体"厚德育人模式研究成果。

🌀 团队成员

窦曼娟、程书强、张志华、邓迪夫、常茹、严丽丽、阎平、雷旭、王玉芳、

杜凯、周辉辉、郭彦朋

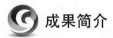
成果简介

践行立德树人根本任务，教育引导广大青年学生明大德、守公德、严私德是高校人才培养的重要遵循。财经高职院校肩负着培养财经商贸领域技术技能人才的重任，在经济社会发展变革、法律制度不断完善的时代，财经领域的毕业生需要更高的道德水准、更强的职业操守，才能筑牢不敢腐、不能腐、不想腐的思想防线。探索精准培养依规守法、诚信廉洁的高素质技术技能财经人才的育人模式，是财经高职院校落实立德树人根本任务的关键。

本成果依托省级示范院校、国家骨干专业、省级"双高计划"专业群和陕西省哲学社会科学重大教改项目，吸收中华优秀文化精髓，提出了"做人做事先做人、德能并重德为先"的育人理念，凝练了"厚德重能、惟精惟一"的学院精神，经过13年探索与实践，构建了"五位一体"厚德育人模式。

（1）厘定了"六三三"德育培养框架。做德育加法，确定了"依规、守法、诚信、廉洁、慎独、慎微"六个厚德目标；遵循人才培养规律，划定了"他律底线、自律基线、自觉高线"三个德育层级；对照人才培养目标定位，明晰了"一年级根植底线、二年级夯实基线、三年级内化高线"三个学段德育任务。

（2）研制了"五位一体"德育实施路径。其中，优秀文化引导是基础，通过优化课程体系和教学内容，根植厚德理念；教工品行示范是关键，通过师德示范建设和德育师资整合，带动学生养成；学生素养提升是重点，通过德育课程、德育活动，深化厚德实践；平台基地是支撑，通过共建德育载体，强化环境熏陶，拓展德育空间；评价考核是保障，通过德育成效量化考评，形成德育长效机制。制定校院两级方案，组建领导小组，投入专项经费近亿元，形成"五位一体"同频共振的育人效果。

（3）构建了德育质量评价考核体系。建立大学生德育体检中心，制定《大学生德育评价考核实施方案》，针对不同学段德育目标，围绕个人品德、社会公德、职业道德等设置检测点，研制5套德育检测指标，从入学到毕业后分5个阶段测试，学生、教师、家长、用人单位多主体参与，为学生绘制个性化的德育成长画像。通过量化评价、正向激励、负面清单，建立德育达标、德育预警、德育反馈制度，引导学生以德修身、以德领才，提高德育实效。

成果应用成效显著，阶段性成果获得陕西省高等教育教学成果奖一等奖1项、二等奖2项，得到了陕西省委、省政府认可，并向全省推荐，在陕西、江苏、浙江、山西、宁夏等多个省份的24所本科、高职院校推广应用，反响良好，30余家主流媒体进行了宣传推广。

成果总结报告

"财经高职院校'五位一体'厚德育人模式的探索与实践"成果总结报告

一、成果背景

践行立德树人根本任务,教育引导广大青年学生明大德、守公德、严私德是高校人才培养的重要遵循。财经高职院校肩负着培养财经商贸领域技术技能人才的重任,在经济社会发展变革、法律制度不断完善的时代,财经领域的毕业生需要更高的道德水准、更强的职业操守,才能筑牢不敢腐、不能腐、不想腐的思想防线。进入新时代,探索精准培养依规守法、诚信廉洁的高素质技术技能财经人才的教育教学模式,是财经高职院校落实立德树人根本任务的关键。

二、成果来源

成果依托国家骨干专业、省级专业综合改革评价、省级"双高"专业群建设和"高职院校立德树人的实践逻辑及其保障机制建设研究"等教育教学重大项目,根据麦可思对学校毕业生社会评价10年的数据跟踪与分析,经过13年探索与实践,凝练了"厚德重能、惟精惟一"的学院精神,提出了"做人做事先做人、德能并重德为先"的育人理念,确定了"六三三"德育培养框架,构建了"优秀文化引导、教工品行示范、学生素养提升、平台基地支撑、评价考核保障"的"五位一体"厚德育人路径,形成了德育评价考核新体系。"五位一体"厚德育人模式之探索过程如图19-1所示。

成果应用成效显著,得到陕西省委、省政府高度认可,多个省份的本科、高职院校学习借鉴,反响良好,得到《光明日报》、《中国教育报》、《中国青年报》、人民网等30余家主流媒体宣传推广。

三、成果主要内容

成果紧密对接财经人才岗位职业道德要求,从"优秀文化引导、教工品行示范、学生素养提升、平台基地支撑、评价考核保障"五个方面研制了多维联动、同向发力、协同育人的德育新方案。"五位一体"厚德育人模式图解如图 19-2 所示。

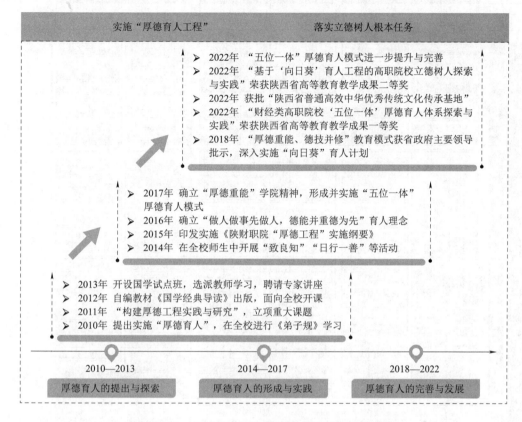

图 19-1 "五位一体"厚德育人模式之探索过程

（一）传承优秀文化，创新人才培养

依托陕西厚重的文化底蕴，率先推进中华优秀传统文化进校园，弘扬革命文化，践行社会主义先进文化，结合财经高职院校人才培养特色，凝练出"依规、守法、诚信、廉洁、慎独、慎微"德育培养目标。重构课程体系，设置64学时、4学分的国学经典导读等必修课程，推荐《论语》《增广贤文》等导读书目100余部，出版《大学生人文素养与国学》等教材。重塑课程内容，开设国学试点班，打造厚德学堂，建设德育案例库，立足校史馆、大师工作室、红色研习室等大思政教学点，开展"品味农耕文化•承袭华夏之美"、经典诵读等活动，将厚德理念融入思政课程、课程思政、活动思政、岗位思政、职业思政。"五位一体"厚德育人模式之优秀文化引导如图 19-3 所示。

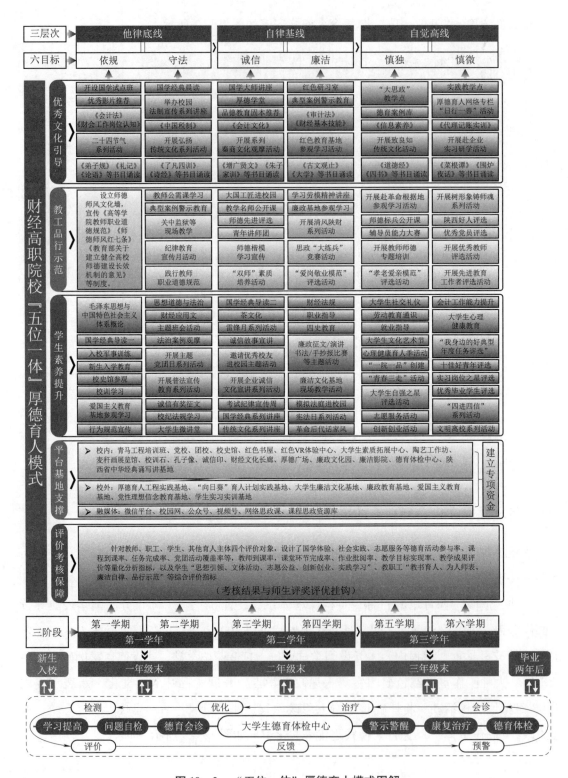

图 19-2 "五位一体"厚德育人模式图解

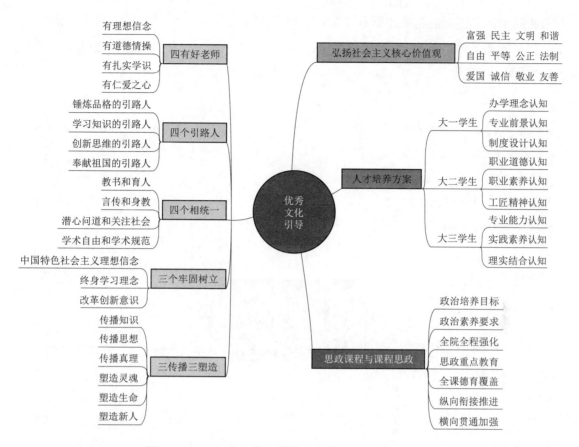

图 19-3 "五位一体"厚德育人模式之优秀文化引导

（二）发挥示范教育，强化品德培养

引进全国劳模、中国工艺美术大师进课堂，建立大师工作室；与华为、京东等企业合作，共建企业工作室；整合教学名师、师德标兵资源，建立名师工作室。建设"双师＋名师＋大师"德育教学团队，强化理论教学、实训指导、社会服务三种能力。制定了教工品行规范"爱国守法""廉洁自律"等12个指标和"自尊自律""情操高尚"等36个观测点，开展了"外塑形象、内铸师魂"主题活动，广泛遴选，树立典型，以教工的良好品行，示范学生养成教育。"五位一体"厚德育人模式之教工品行示范如图19-4所示。

（三）优化培养方案，提升人才素养

开设了"思想品德修养"等3门核心德育课程，"书法""劳动通论"等12门基础德育课程，建立了德育课程群，16.5学分。实施"向日葵"育人计划，开设拓展德育课，5学分。围绕"孝悌之义""礼仪之范""诚信之本""爱国之魂"等主题，每年开展不少于40场的主题活动。从品德教育固本、行为养成塑形、综合能力提质、人文素质养性、社会实践培优、创新创业成才等6个方面开展系列主题活动，将课堂教学和主题活动融通，将厚德理念贯穿到学生成长成才的全过程。"五位一体"厚德育人模式之学生素养提升如图19-5所示。

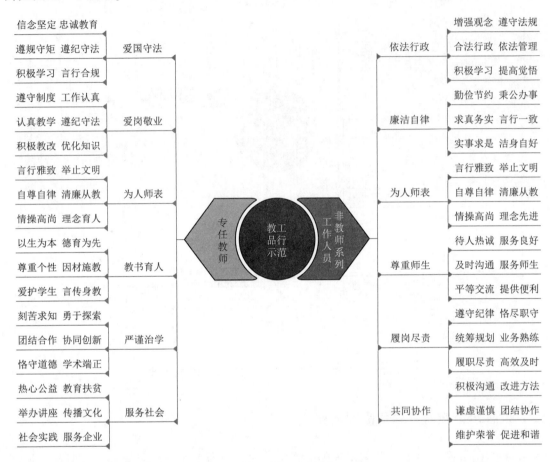

图19-4 "五位一体"厚德育人模式之教工品行示范

（四）依托平台建设，拓展德育空间

对校园环境进行整体规划，坚持文物互渗，将学院精神、育人理念等软文化与校园道路、建筑、景观等硬件相结合，重新设计学院标识，建设了厚德广场、财经文化长廊、廉政文化园、红色书屋、红色VR体验中心等校园场馆，打造了校训石、孔子像、诚信印等景观小品。在校内建有校史馆、麦秆画展览馆、陶艺馆，正在筹建钱币展览馆、秦商文化馆，在铜川照金干部学院、马栏干部学院建有党性理想信念教育基地，另建有厚德育人、"向日葵"育人、廉洁教育等德育平台近百个。强化融媒体平台建设，不断拓展德育空间。"五位一体"厚德育人模式之平台基地支撑如图19-6所示。

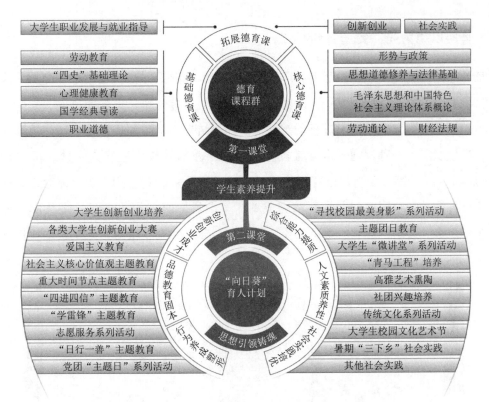

图 19-5 "五位一体"厚德育人模式之学生素养提升

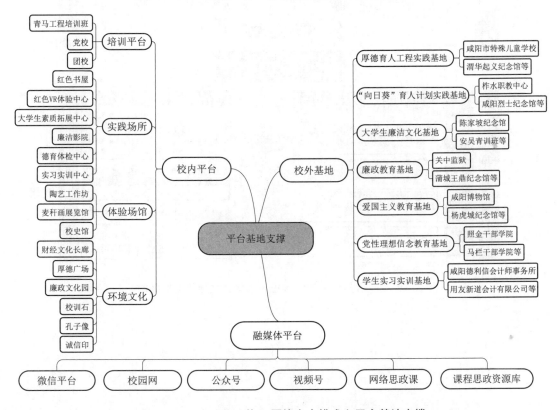

图 19-6 "五位一体"厚德育人模式之平台基地支撑

（五）坚持以德为先，完善评价标准

赋予德育课堂和第二课堂活动相应学分，制定学分置换办法，运用量化分析手段，及时追踪学生国学体验、社会实践、志愿服务等德育活动参与率、任务完成率、党团活动覆盖率等，对学生德育素养情况进行动态评价。评价结果与学生评优评奖、优先推荐就业等挂钩。对教职工、外聘教师、客座教授、社团指导教师等校内外育人主体，从"教书育人""履职尽责"等方面制定德育评价指标，通过听、查、看、测、访、评等方式进行考核，检查督导教师到课率、课堂环节完成率、教学目标实现率等信息，将其作为教师评奖、职称评审、续聘、解聘、缓聘的重要依据。"五位一体"厚德育人模式之评价考核保障如图19-7所示。

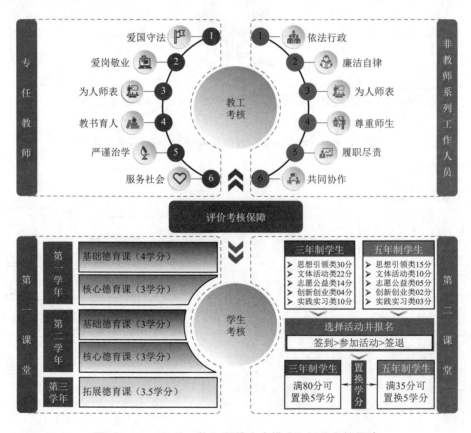

图19-7　"五位一体"厚德育人模式之评价考核保障

四、成果解决的主要教学问题及解决问题的方案

（一）主要解决的教学问题

本成果解决的教学问题如下：

（1）财经高职院校德育培养目标与财经岗位职业道德更高要求匹配度不够。

（2）财经高职院校德育第一课堂第二课堂融合、校内外融通、育人主体融合路径不清晰，合力不强。

（3）财经高职院校德育工作缺乏过程性、动态化、多主体的考核机制。

（二）解决问题的方案

（1）确定财经高职院校德育核心要素，分阶段、分层次培养。从中华优秀传统文化中汲取营养，凝练出"依规、守法、诚信、廉洁、慎独、慎微"六个德育目标。一年级强化思政课程，开设国学等必修课，组织入学教育、法制讲座、秦商优秀案例进课堂等，夯实"依规、守法"他律底线；二年级优化课程思政，开设经典导读等选修课及诚信、廉洁专题讲座，利用秦商文化馆开展实践教学，筑牢"诚信、廉洁"自律基线；三年级强化职业道德，进行现代学徒制培养，传承工匠精神，通过岗位思政、职业思政，厚植"慎独、慎微"自觉高线。通过"六三三"全过程培养，提高了德育培养的精准度。

（2）融合第一、第二课堂，融通校内、校外资源，多渠道、全方位育人。优秀文化引导是基础，开设国学试点班、厚德学堂，编写德育教材，建立德育案例库，优化课程体系和教学内容，根植厚德理念；教工品行示范是关键，加强师德师风建设，组建"双师+名师+大师"德育团队，发挥示范引领作用；学生素养提升是重点，开设16.5学分基础德育课、拓展德育课，5学分德育活动课，打造"有灵魂的德育课堂"和"行走的德育课堂"，塑造学生品德；平台基地是支撑，打造厚德广场、非遗展览馆等校内德育场所23个，联合铜川照金干部学院、华为、京东等共建优质德育基地近百个，拓展德育空间；评价考核是保障，进行量化德育考评，形成德育长效机制。制定校院两级方案，组建领导小组，投入经费近亿元，形成"五位一体"同频共振的育人效果。

（3）建设大学生德育体检中心，多主体、全过程评价德育成效。成立德育成效评价考核专设机构，设计学习提高、问题自检、德育会诊、警示警醒、康复治疗、德育体检等六个功能模块，研制5套德育检测指标体系。新生入学进行德育检测分析、底线画像，反向

制订德育培养规划;第一、二学年末分别进行德育体检、基线画像,检验德育成效,进行德育预警;三年级末进行德育测试、高线画像,为职业发展提供指导;就业两年后进行德育跟踪测评,检验育人效果。将评价结果作为评优评奖、优先推荐就业的重要依据,同时作为改革课程设置、师资配备、活动设计、载体搭建等重要参考。通过学生自查、同学互评、教师考核、家长反馈、用人单位评价,完善德育评价体系。"五位一体"厚德育人模式之大学生德育体检中心运行如图 19-8 所示。

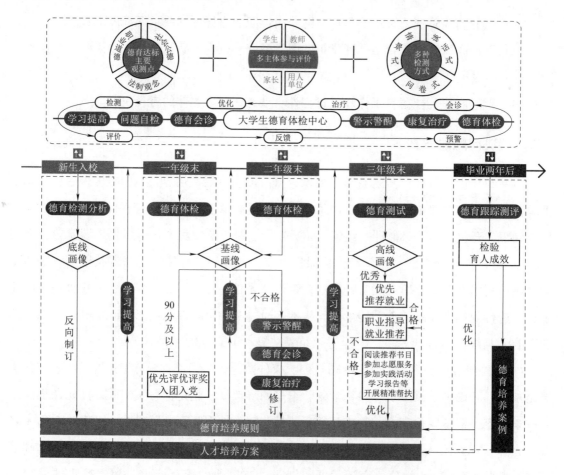

图 19-8　"五位一体"厚德育人模式之大学生德育体检中心运行

五、成果的创新点

(一)厘定了"六三三"德育培养框架

根据财经岗位人才需求调研和麦可思毕业生跟踪调查,参照财会人员职业道德规范,吸收中华优秀文化精髓，构建了"守法、依规"他律底线→"诚信、廉洁"自律基线→"慎独、慎微"自觉高线六目标、三层级的德育培养框架。依据人才成长规律，将六个德育目标划分为三个培养阶段，改革人才培养方案，重塑课程结构，重构课程体系，通过人文通识课、思政课、课程思政、主题活动根植底线、夯实基线、内化高线，全学段、递进式上升，将"做人做事先做人，德能并重德为先"的育人理念落到实处。

（二）建立了传承优秀文化与德育工作有效融合的新路径

秉承"厚德重能、惟精惟一"的学院精神，依托陕西丰富文化资源，以传承中华优秀传统文化为切入点，赓续红色文化，践行以社会主义核心价值观为引领的先进文化，将优秀文化与课程改革融合、与师德师风建设融合、与学生活动融合、与校园环境融合，发挥以文化人、以文育人功能，将传承优秀文化贯穿在教育教学的各个环节，充分发挥优秀文化和教育教学的导向、引领、凝聚功能，塑造学生良好道德品行，实现二者在育人功能、育人内容、育人载体上的有效融合。

（三）构建了德育质量评价考核新体系

研制了 5 套德育检测指标，按学生入学、一年级末、二年级末、三年级末、就业后等不同阶段进行过程性检测和精准画像，广泛吸收学生、教师、家长、用人单位的评价意见，利用大数据手段，综合分析评定德育成效，实现了德育评价主体、评价手段、评价内容的提质增效，完善了原有单一的、静态的德育评价考核方式。通过五个阶段、四个主体全过程、多维度评价，对接教育教学改革，修订人才培养方案，改进德育培养举措，实现全方位信息的有效诊断反馈与教育过程的动态调整优化，达成人才培养质量的持续提升。

六、成果的推广应用成效

成果得到陕西省委、省政府高度认可，向全省推广；在全国 24 家财经类本科、高职院校应用，得到《光明日报》、《中国教育报》、《中国青年报》、人民网等 30 余家主流媒体宣传推介。

（一）校内应用

（1）学生品德素养明显提高。学生言行举止不文明、考试作弊、违纪违规等现象由 9.3% 下降到 2.8%，志愿服务活动参与率由 31% 上升到 87.9%，课堂抬头率由 78% 提升到95%,图书借阅率由36.6%提升到65.7%,递交入党申请书人数提升18.9%。"五位一体"厚德育人模式之学生品德素养变化如图19-9所示。

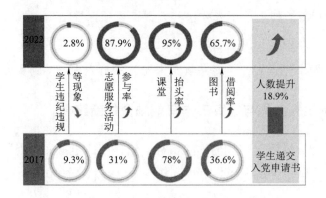

图19-9 "五位一体"厚德育人模式之学生品德素养变化

(2)学生情怀担当显著提升。先后涌现出30余起拾金不昧、助人为乐的先进事迹;800多名学生主动参与当地疫情防控工作,20多名校友为学校、社会捐款捐物百余万元。学生参军入伍198人,参加西部计划17人,省级优秀志愿者3人,全国最美志愿者2人,全国大学生"自强之星"10人,大学生暑期"三下乡"社会实践获团中央表彰6项、省级表彰39项。

(3)学生以德促技成绩突出。职业证书获得率100%;在陕西省创新创业大赛中金银铜奖80余项;在会计、市场营销等技能大赛中获全国一、二等奖52项,获陕西省团体奖74项(一等奖33项)。

(4)用人单位满意度大幅提高。用人单位对学生的满意度从5年前的86%上升到92%,多数毕业生成长为单位骨干。

(5)教师德育综合实力明显增强。获陕西省"师德先进个人""师德标兵"5人,"师德建设示范团队"2个;思政"大练兵"标兵2人、能手7人;9人被评为"省级教学名师""省级优秀教师""陕西好人"。

(6)形成了一批有影响的理论成果。编写《国学经典导读》《国学与大学生人文素养》教材2部,发表论文89篇;获批陕西省教育综合改革重点项目等教改项目38项,获得陕西省高等教育教学成果奖3项。

(二)校外推广

(1)政府高度认可。2018年陕西省政府研究室对学校"厚德重能、德技并修"教育模式进行调研,研究报告得到时任常务副省长梁桂的关注,分管教育副省长方光华批示"其他高职院长参考";2022年9月围绕成果撰写的《探寻高等职业教育高质量发展的可行路径》调研报告，在陕西省委办公厅内参《陕西工作交流》刊发。

（2）同类院校广泛学习借鉴。2018 年在国家教育行政学院职业教育研究中心主办的"新时代高职院校管理创新与能力提升"论坛上，学院以"浅析陕财职院的厚德育人工程与校园文化建构"为题做大会交流，得到同行高度赞誉。2020 年成果入选《陕西高等职业教育改革创新实践研究》。江西财经大学、西安财经大学、江苏财经职业技术学院、山西财政税务专科学校等 24 所兄弟院校学习借鉴。

（3）企业家长充分肯定。陕西最大会计师事务所——希格玛会计师事务所吕桦董事长评价学院学生："懂礼仪、上手快、肯吃苦、能力强，德能并重育人理念效果显著。"学校 2017 级"创业之星"杨启瑞的母亲讲道：孩子自己创办公司，帮助贫困人员就业，得益于学校的教育教诲。

（三）社会影响

《中国教育报》《陕西日报》和人民网、中国教育新闻网、西部网、陕西省教育厅网站等 30 余家主流媒体聚焦学校厚德育人举措和成效，累计报道 150 余次。《光明日报》以《陕西财经职业技术学院厚德育人工程结硕果》为题，《中国青年报》以《陕西财经职业技术学院"六融合"继承和发扬中华优秀传统文化》为题，进行了重点推介。

成果秉持"厚德重能、惟精惟一"学院精神，践行"做人做事先做人，德能并重德为先"育人理念，构建的"五位一体"厚德育人模式，为财经类高职院校提高人才培养质量提供了教育教学改革方案。

成果二十 高职院校"德技相融、四方协同、多元并举"实践育人体系的构建与实践

(成果序号：2-474)

获奖等级

二等奖

完成单位

陕西工业职业技术学院

主持人简介

张晓云，女，1963年出生，汉族，工学硕士，教授，陕西省第三届"黄炎培职业教育杰出校长奖"获得者，1981—1985年在西北工业大学学习，获学士学位，1998—2000年在西北工业大学在职攻读硕士研究生，获硕士学位。曾任西安航空学院计算机应用教研室主任，计算机系副主任、主任，教务处处长，教学机关党总支书记，纪委委员，升本办常务副主任以及陕西工业职业技术学院党委副书记、院长等职务，先后获国家级教学成果奖二等奖2项、陕西省高等教育教学成果奖一等奖4项。

团队成员

张晓云、李龙龙、何奇彦、舒蕾、苏宏志、胡平、张磊、苏兴龙、段峻、杨少斌、磨莉

成果简介

中国的强盛迫切需要具有坚定理想信念的建设者，我国产业结构调整升级迫切需要大量的一线高端制造人才，高职生源多样化带来以生为本的培养新要求。课题以"特色人才

培养的探索与实践"等国家级、省级课题研究及成果为基础，基于高职教育实践学时占比高的特点，着力在实践教学育人中实现德技相融的培养目标。

（1）提出了德技相融实践育人理念及方案。从实践教学的课程体系、场地环境、协同育人、实施路径、运行机制五方面，基于产教融合平台，丰富人才培养模式，形成基于不同人才培养模式思政贯穿实践的教学方法路径，建立保障评价机制，构建了实践育人体系。配套制定了《课程思政"耦合育人"行动方案》等方案4项。获高职网络思政创新案例50强等荣誉7项。

（2）构建了四方协同平台及机制。围绕高端制造人才培养需求，建立了职教集团、职教联盟和协同育人等三大类平台，成立了先进制造精雕等6个产业学院；建成了分布式能源及智能微电网系统等4个国家级协同创新中心、机加工技术训练中心等4个国家级生产性实训基地、1个电气工程国家级虚拟仿真中心，获机械制造等3个国家级"双师型"教师培养培训基地。

（3）形成了以生为本分类培养模式。形成7类培养模式：企业定向培养模式（58个班）、教育部现代学徒制试点3个专业、国赛及资源转化"赛教融通"模式12个班、依托36个职业技能证书项目的"书证融通"模式、依托材料成型与控制技术等3个国家专业资源库并拓展"育训一体"模式、"实境一体"模式、"学做创一体"模式10个专业。目前各专业在教学实践中根据需求采取不同模式及叠加，构建对应实施方案。如"欧姆龙班"企业第二年介入并定制10余门课程。共制定（修订）试点专业人才培养方案42个，向赞比亚等国输出16个专业标准。

（4）凝练形成实践教学育人路径和方法。瞄准高端制造人才培养，按照环境、项目、设备、流程"四真实"标准，构筑由基础到实操三层递进能力培养路径，基于典型工作任务的岗课融通、技能等级证书标准融入的课证融通、技能大赛内容考核融入的赛课融通，编写工作手册式教材46部。近3年，获技能大赛全国一、二等奖21项，重构新型课程803门。向赞比亚、尼日利亚输出166门课程。

（5）构建了"多元并举"的保障及评价机制。基于智慧校园及教育部首批试点诊断改进质量保障体系建立了质量监控和管理平台及数据采集、监控预警等4大模块，分类制定了《现代学徒制试点项目管理办法》等5类34项制度，将实践教学全过程纳入实时管理中，构建起制度支撑、平台决策的保障及评价体系。

成果总结报告

"高职院校'德技相融、四方协同、多元并举'实践育人体系的构建与实践"成果总结报告

一、成果背景及来源

随着世界百年未有之大变局及意识形态斗争加剧,国家迫切需要大力培养具有坚定理想信念的合格建设者。我国经济转型和产业调整升级,迫切需要专业能力、学习能力和创新意识等更高的一线高端制造人才。随着教育改革深入,高职生源多样化带来以生为本的新时代人才培养新要求。

项目基于高职实践教学学时占比较高(工科专业实践环节学时(含理实一体课程)占比近70%)的特点,以"特色人才培养的探索与实践"等国家级、省级课题研究为依托,提出德技相融的实践育人理念并构建实践育人体系,即搭建政行企校四方平台,基于以生为本的分类培养模式,从实践教学的课程设置、场地环境、协同育人、实施路径、运行机制五方面,校企合作研究思政教育贯穿实践教学的方案、路径和方法,共同在实践教学过程中培育信念坚定、品德优良、技能精湛的高质量人才,同时建立多元并举的诊断改进评价机制以保障德技相融实践育人目标的实现。

项目历经了11年探索与实践,主要解决了以下四个方面的教学问题:
(1)立德树人在实践教学中融入不够。
(2)育人模式与社会、企业和学生的多样化需求不完全匹配。
(3)德技相融的实践育人路径不清晰。
(4)实践育人评价和保障机制不完善。

二、解决问题的方法

(一)提炼思政要素,强化德技相融,构建实践育人实施方案

根据思想品德教育、实际工作岗位及高职人才培养要求,提炼出理想信念等核心要素。根据实践教学不同环境融入相应要素,实现理想信念、工匠精神、创新意识与工程训练、实践教学、技能大赛及创新活动的有效融合;制定劳动教育专项方案,让学生在实践

中激发兴趣、启迪智慧、磨炼意志、陶冶情操；将质量意识和校企文化融入生产性实训基地、协同创新中心及校内实践环境中，让学生在教学中体验并强化质量意识和校企文化认知。分析校企各自优势，确定德技相融的育人内容和协作方式，制定校企协同育人方案，实现思政核心要素贯穿实践培养全过程。

（二）搭建四方平台，双主体四递进，探索育人赋能实施路径

根据一线高端制造业人才岗位需求，依托政府支持、行业支撑，拓展校企合作广度和深度，搭建政行企校四方协同平台，拓展行企校朋友圈，为校企协同育人和分类培养模式拓展创造更大空间。以原有陕西装备制造业职教集团为基础，拓展行业企业协作平台，促进校校、校企、企企交流合作，激发不同主体合作和育人的积极性。校企双主体从设备、功能、育人和服务四方面递进发力，根据不同合作方式和人才培养模式特点，协同探索在实践教学中德技相融的分工、实施路径和方法，一体开展项目研发、教学设计、制定德技相融育人方案并编写工作手册，共建共享生产性实训基地、协同创新中心及大师工作室等，丰富协同内容，强化校企黏性，促进沟通交流，在实境中培养理想信念和创新能力，在训练中锤炼工匠精神和奉献的精神，实现人才培养与产业需求无缝对接和培养质量递进式提升。

（三）校企协同试点，国家项目拓展，稳步推进分类培养格局

学校长期与10余个行业、近500家企业紧密合作，持续开展人才需求调研并撰写分析报告。基于"欧姆龙"等订单班探索经验，扩大定向培养力度，根据岗位需求，立足教学和学生成长规律，共同确定培养目标、设计育人项目及载体、开发课程、共建资源并开展教学。积极响应教育部改革倡导，依托现代学徒制试点和国家"1+X"证书制度推行先行先试，探索现代学徒制和"书证融通"培养模式；基于承办国家技能大赛及成果转化探索形成"赛教融通"培养模式；基于主持的3个国家专业资源库拓展"育训融合"模式；基于企业需求和创新培养等拓展"学做创一体""实境育人"的人才培养模式。逐步实现以生为本的分类培养模式。

（四）信息技术支撑，多元并举保障，完善实时诊断改进机制

升级智慧校园，以教育部教育教学质量诊断与改进试点为抓手，打造集信息采集、处理、分析及决策的质量监控平台，从学校、专业、课程、师资和学生五层面多元诊断，以目标、标准、设计、组织、实施、监控、预警和改进为链路多措并举，搭建决策指挥、质

量生成、资源建设、服务和监督控制的五纵系统，抓住实践教学准入、方案、指导书、实习实训、毕业管理、资源建设及考核评价七个关键环节，注重常态、追求长效，并建立政府监督、行企评价、学校考核、学生自评的多元评价机制和信息推送共享机制，实现全链条监督管理和实时改进。

三、成果内容

（一）提出了德技相融实践育人理念及实施方法

提炼出理想信念、工匠精神、创新意识、质量意识、劳动素养、校企文化及美学鉴赏等核心要素，依托"新时代高素质技能人才教学模式的研究与实践"等30多个课题研究实践，完善了基于德技相融实践育人新理念的实施方法；校企协同，结合各自优势及不同人才培养模式，将理想信念、工匠精神等核心要素落实于实践育人中；制定了《课程思政"耦合育人"行动方案》《劳动素养培养专项提升方案》等4个专项方案和配套制度，并纳入学校质量监控体系中。学校获全国高校思政工作创新发展中心、高职网络思政创新案例50强、教学管理50强、实习管理50强等荣誉。德技相融的实践育人架构如图20-1所示。

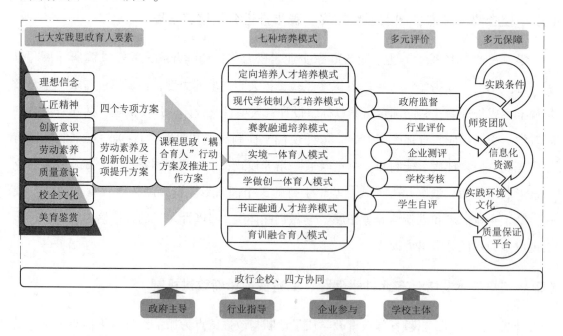

图20-1 德技相融的实践育人架构

（二）搭建了四方协同平台并增强校企合作黏性

政行企校四方协同，建立职教集团、职教联盟和协同育人三大平台，在原有陕西装备制造业职教集团基础上，建立了全国机械行业材料成型与控制技术职教集团，拓展了原有的校企协同战略联盟，新建全国机械行业服务先进制造高水平职业院校建设联盟，合作企业达到500多家。围绕高端人才培养成立先进制造、精雕等6个产业学院；建成分布式能源及智能微电网系统、现代制造技术等4个国家级协同创新中心，机加工技术等4个国家级生产性实训基地以及国家级电气工程虚拟仿真实训中心，建成制造类专业、电气自动化技术等3个国家级"双师型"教师培养培训基地，校企合作更加紧密深入，学校获产教融合50强等荣誉。

（三）形成了以生为本分类培养模式及实施方案

探索形成七类人才培养模式。各专业可根据专业特点和企业需求确定培养模式：目前有以"欧姆龙"订单班为代表的3个专业58个班面向51家企业开展定向人才培养和现代学徒制培养；12个班进行"赛教融通"培养模式实践；依托36个职业技能等级证书的"书证融通"育人模式覆盖42个专业；基于工作过程的"实境育人"育人模式、"学做创一体"模式覆盖10个专业。在教学实践中各专业可根据实际采取不同模式叠加的方式实施教学。如根据企业要求的介入时间和方式，将实境育人与定向培养融合。学校还建成"材料成型与控制技术"等3个主持、9个参与的国家专业资源库，基于网络的仿真生产实景等教学资源为"育训融合"提供良好平台。学校16个专业标准和182门课程资源已被赞比亚和尼日利亚采用，并实现网络共享。

（四）凝练形成了校企协同实践育人路径和方法

基于四方协同平台和校企深度合作，聚焦产业实际需求，从实践教学的课程体系、场地环境、协同育人、实施路径、运行机制五方面推进德技相融育人实践。基于典型工作任务模块化构建课程体系，将职业技能等级证书和技能大赛内容考核要求，融入实践教学的训练及考核中，实现岗课赛证融通（见图20-2）；按照真环境、真项目、真设备、真流程四"真实"及思政要素融入的要求，构筑了校内外实训基地及校办工厂等实践环境，校企合作确定育人路径和协作方法，修订人才培养方案64个，按照基础—仿真—实操三层递进路径实施能力培养并编写工作手册式教材46本，重构"数字化精密制造技术"等新型课程803门。近3年学生获全国技能大赛一、二等奖21项，省级一、二等奖135项，获全国高校爱国主义教育实践教学方案一等奖，入选"高职院校网络思政创新示范案例50强"。

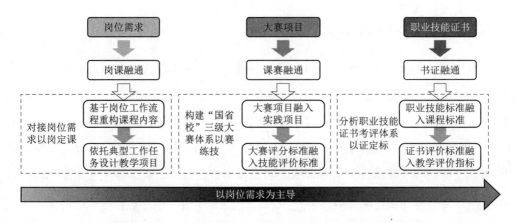

图 20 – 2 "岗课赛证"融通的实践育人路径和方法

(五) 建成了多元并举实践育人保障及评价机制

基于智慧校园和教育部试点项目,建成质量诊断改进支持与决策平台,基于质量监控、分析及预警等系统,分类制定《"校企共建"实训室(基地)建设及管理暂行办法》《现代学徒制试点项目管理办法》等 34 项实践教学配套制度,将实践教学目标、标准、设计、组织、实施、问题诊断、创新、改进、监测和预警等纳入实时管理中,围绕实践条件及文化氛围建设、双主体育人团队建设、运行实施跟踪及信息化资源应用等进行质量评价和反馈,构建起制度支撑、平台决策的保障评价体系。如图 20 – 3 所示。

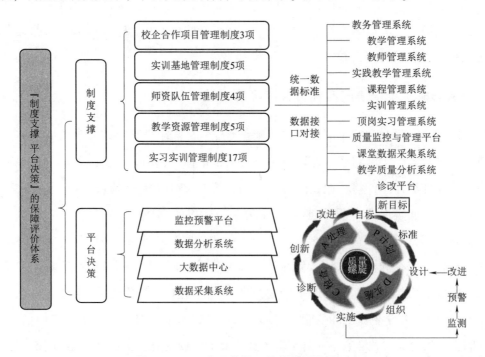

图 20 – 3 "多元并举"的保障评价体系

四、成果创新点

（一）提出了德技相融的实践育人新理念

基于新时期育人要求和高职实践学时占比高特点，聚焦实践环节，强化思政要素融入，率先提出德技相融实践育人理念。构建了实践育人体系，即搭建政行企校四方平台，基于以生为本分类培养模式，从实践教学的课程设置、场地环境、协同育人、实施路径、运行机制五方面，校企合作研究的思政教育核心要素贯穿实践教学的路径和方法，同时建立多元并举的诊断改进评价机制以保障德技相融实践育人目标的实现。学校被认定为全国高校思政工作创新发展中心，获全国高校思想政治理论课实践教学联盟爱国主义教育实践教学方案一等奖。

（二）构建了校企协同、以生为本的实施路径

紧跟企业需求变化，加强行业企业需求跟踪调研，通过拓展政行企校协同建设形成的三大类平台，在分类培养、资源建设、协同育人及机制等方面创造了更大合作空间。依据生源结构及特性变化分析学情，以学生为本，拓展丰富并实施了定向培养、现代学徒制、实境育人、赛教融通、学做创一体、书证融通和育训融合七种人才培养模式，形成分类培养格局。以校企协同实施德技相融育人为主导，创新校企深度融合实践育人路径，丰富以"岗课赛证"融通为主线的实践教学改革内涵、手段及方法，更好地发挥了实践育人作用。毕业生就业满意度均在92%以上，学院被授予"全国就业竞争力星级示范校"。

（三）创建了多元并举的保障及评价新机制

基于智慧校园和教育部诊断改进项目试点，建成集数据采集、分析、监控及预警于一体的信息化服务、监控和决策支持平台。将实践教学准入、方案、教材、实训、毕业、资源及考评七个关键环节纳入管理系统中，从学校、专业、课程、师资和学生五层面多元诊断，分析其目标、标准、设计、组织和实施中的问题，多措并举，实时改进。建立了政府监督、行企评价、学校考核、学生自评的多元评价和信息推送机制，分类制定了《"校企共建"实训室（基地）建设及管理暂行办法》等34项实践教学配套制度，制度支撑、平台决策，创新形成实践育人保障和评价机制。学院被评为实习管理50强、教学管理50强，成为全国10所"双高"A档立项建设院校之一。

五、成果推广应用效果

（一）校内应用

（1）学生综合实践能力稳步提高。成果应用以来，试点专业新生报到率稳定在97.04%以上；毕业生就业率连续4年保持在95%以上、其相关度稳定在90%左右、就业满意度保持在92%以上；在国有大中型企业、世界500强企业就业占比39%；近3年，学生获得技能大赛国家级和省级一、二等奖153项，成绩居全国高职院校前列。学院被授予"全国就业竞争力星级示范校"。

（2）教师团队综合实力显著提升。成果实践推动了教师教学、实践和科研能力提升，近三年试点专业中涌现出国家级教师教学创新团队2个、课程思政教学团队2个，教师教学能力大赛国赛获奖团队8个；获全国机械行业职业教育服务先进制造专业教学团队1个、省级师德建设示范团队、课程思政教学团队、科技成果奖获奖团队10个；培育二、三级教授19人、国省模范教师及师德标兵等5人。

（3）学院发展实力得到高度认可。成果实践成为助力学院率先发展、创新发展、跨越发展的强大动力。2019年学院被确定为"中国特色高水平高职学校和专业建设计划"A档立项建设单位，办学综合实力、核心竞争力和社会认可度不断提升。

（二）校外推广情况

（1）兄弟院校广泛推广交流。该成果吸引了广东、浙江、江苏等10余个省高职代表团来校交流，并被日照职业技术学院等省内外263所院校广泛学习吸纳。

（2）社会服务能力有效提升。承办国家级、省级大学生技能大赛57项，参赛学生2 785人，完成18所院校1 043名学生国赛赛前集训；在全省23所院校进行大赛师资培训；建立的18个国家级基地，12个国家专业资源库，25门国家级、省级在线精品课程等被学校、企业共享，针对院校长和专业带头人等进行省内外培训5 201人次。

（3）主流媒体持续关注。成果先后5次被中央电视台《新闻联播》报道，近5年《光明日报》《中国教育报》《中国青年报》以及中央人民政府、教育部、中国高职高专教育网等7家主流媒体、网站累计专题报道学院实践育人成效超过600余篇次。

成果二十一 对接产业高端 依托高职集团化办学协同培养数控技术专业人才的创新与实践

（成果序号：2-475）

获奖等级

二等奖

完成单位

陕西工业职业技术学院、陕西机电职业技术学院、咸阳职业技术学院、陕西法士特汽车传动集团有限责任公司、北京精雕科技集团有限公司

主持人简介

祝战科，男，教授/高级工程师。陕西工业职业技术学院教师，党支部书记，专业带头人，智能制造装备技术研究所负责人，校学术委员会委员。先后荣获全国机械职业院校"数控装调人才培养优秀教师"、陕西省人民政府"教学成果特（一）等奖"、全国机械职业行指委"教学成果二等奖"、陕西省机械工程学会"科技成果二等奖"、"陕西省高校科技成果三等奖"等，获陕西省师德标兵、陕西省黄炎培职教名师、学院教学名师、"工匠型"双师教师等多项荣誉称号。主持纵、横向教科研项目18项，发表论文20余篇，其中核心9篇。指导学生获得国赛三等奖4次、省赛一等奖8次，二等奖6次。多次担任教育部、人社部、全国总工会、团中央等主办的全国技能大赛专家裁判等。

团队成员

祝战科、卢文澈、许世杰、刘其兵、杨延波、李晓鹏、刘艳申、陈会玲、韩伟、段峻、梁盈富、段文洁、马海彦、罗联合、吴兵、朱瑨、王帅、魏康民、王彦宏、郝军、孙荣创

成果简介

随着现代制造业与新一代信息技术深度融合，高端装备制造步入高质量发展新阶段，但长期以来我国装备制造应用型人才培养办学力量分散，融合汇聚不足，人才培养体系难以满足产业转型需求。2009 年，国家大力推动职业教育集团化办学，为汇聚办学力量、创新人才培养模式创造了契机，陕西工业职业技术学院（以下简称"陕西工院"）牵头组建陕西装备制造业职业教育集团（以下简称"装备制造职教集团"）。2011 年，陕西省承担国家教育体制改革试点项目——探索职业教育集团化办学，数控技术专业承担子项目试点任务。通过突破机制约束，融合办学优势，推动培养模式创新，经过 12 年探索实践，形成了数控技术专业人才培养新体系。

（1）形成装备制造类职教集团实体化运行机制。以装备制造职教集团为实践平台，创新管理体制，构建起政府及行业指导、理事会决策、二级委员会具体实施的三级管理体制，形成以"集团章程"为引领，以"议事决策、经费管理、项目管理、考核激励"等 4 个层面 12 项制度为支撑的职教集团实体化运行机制，创建了"标准驱动、内涵提质、区域支撑、质量评价"的特色专业建设路径，为专业层面开展集团化办学奠定了基础。装备制造职教集团 2020 年入选全国首批示范性职业教育集团（联盟）培育单位。

（2）构建了"一平台四对接四融合四递进"数控技术专业人才培养模式。为适应装备制造业数字化、智能化发展趋势，依托装备制造职教集团平台，联合集团内龙头骨干企业实施人才培养模式改革。通过"培养目标与企业需求、教学标准与行企标准、教学过程与生产过程、专业教师与企业大师"的"四对接"，促进"校企理念文化、行企校标准、教学任务与生产任务、专业教师与能工巧匠"的"四融合"，实现学生从专业认知能力到基础能力、核心能力、拓展能力、岗位工作能力的"四递进"。通过分析职业岗位标准，明确职业能力要求，重构专业课程体系，形成全新的数控技术专业人才培养方案。

（3）建立了"基地共建、师资共培、质量共评"数控技术专业人才培养支撑体系。联合装备制造职教集团内骨干企业共建产教融合实训基地，依托实训基地，组建教学、培训、技术服务等三支队伍，通过共建课程、"双导师"授课、协同解决技术难题等方式，建成由名师大师领衔，适应人才培养需求的"双师型"教学团队。校企联合研发出包含专业人才培养、专业建设质量、职业岗位能力、专业综合实力、个人成长成才、专业服务贡献等 6 个层面、29 个具体指标和 42 个观测点的人才培养质量评价指标体系。

成果总结报告

"对接产业高端 依托高职集团化办学 协同培养数控技术专业人才的创新与实践"成果总结报告

一、成果背景及来源

高端装备制造是国家基础实力的核心表征,陕西装备制造在国家工业体系中占有重要地位。随着现代制造业与新一代信息技术深度融合,高端装备制造进入新的发展阶段,但长期以来我国装备制造应用型人才培养办学力量分散,融合汇聚不足,人才培养体系难以满足中国制造向中国智造的重大产业转型。2009 年,国家大力推动职业教育集团化办学,为汇聚办学力量、创新人才培养模式创造了契机,陕西工业职业技术学院率先牵头组建了陕西装备制造业职业教育集团。2011 年,陕西省承担国家教育体制改革试点项目——探索职业教育集团化办学,装备制造职教集团承担子项目试点任务,数控技术专业列入试点。在 16 个国家级、省级建设项目和 12 个省部级研究项目支持下,对接产业高端、突破机制约束、融合办学优势、创新培养模式,经过 12 年探索实践,形成了数控技术专业人才培养新体系。

二、成果主要内容

(一)形成装备制造类职教集团实体化运行机制

依托装备制造职教集团,政行企校四方联动,构建起政府行业指导、集团理事会决策、二级委员会负责具体实施的集团化办学管理体制。聚焦集团化办学全过程和重点领域,以决策部署、项目执行、绩效评价、考核激励为核心,形成以《陕西装备制造业职业教育集团章程》为统领、12 项制度为支撑的职教集团实体化运行机制,在实践中提出了"标准驱动、内涵提质、区域支撑、质量评价"的特色专业建设路径,为数控技术专业开展集团化办学奠定了坚实基础。装备制造职教集团 2020 年入选全国首批示范性职业教育集团(联盟)培育单位。陕西装备制造业职业教育集团组织构架和运动机制如图 21-1、图 21-2 所示。

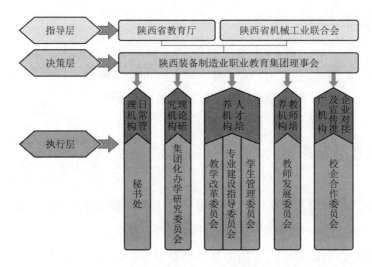

图 21 – 1　陕西装备制造业职业教育集团组织构架

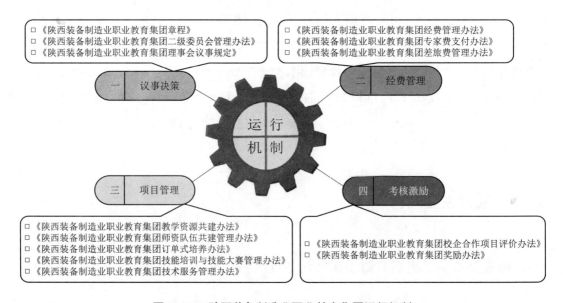

图 21 – 2　陕西装备制造业职业教育集团运行机制

(二) 构建了"一平台四对接四融合四递进"的数控技术专业人才培养模式

立足区域经济和产业结构升级,对接产业高端,适应装备制造业数字化、智能化发展趋势,依托装备制造职教集团平台,遴选集团内龙头骨干企业,实现数控技术专业对接产业高端企业。通过"培养目标与企业需求、教学标准与行企标准、教学过程与生产过程、专业教师与企业大师"的"四对接",促进"校企理念文化、行企校标准、教学任务与生产任务、专业教师与能工巧匠"的"四融合",实现学生从专业认知能力到基础能力、核心能力、拓展能力、岗位工作能力的"四递进"。通过分析职业岗位标准,明确职业能力要求,重构专业课程体系,创新形成数控技术专业人才培养方案,如图21-3、图21-4、图21-5所示。

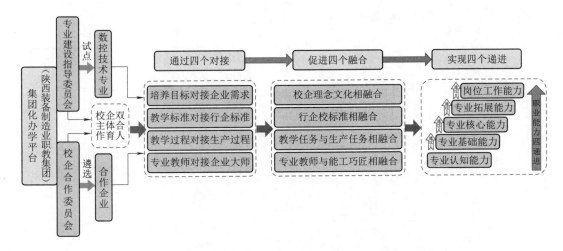

图21-3 "一平台四对接四融合四递进"数控技术专业人才培养模式

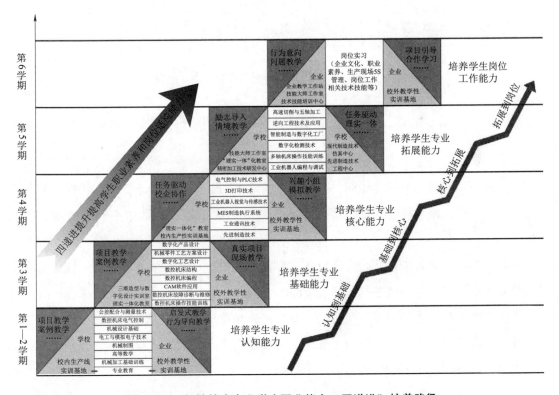

图21-4 数控技术专业学生职业能力"四递进"培养路径

将思政元素、行业企业新技术、新工艺和新标准等融入课程内容和教学过程,依托校内外实训基地,推行"教学做"一体化教学。使学生在专业认知能力向基础能力提升中树立匠志,在专业基础能力向核心能力提升中锤炼匠技,在专业核心能力向拓展能力提升中锻造匠艺,在专业拓展能力向岗位工作能力提升中淬炼匠心。"数控设备改造""先进制造技术""快速成型与3D打印"入选国家专业教学资源库课程,"高速切削与五轴加工"入选教育部课程思政示范课程。

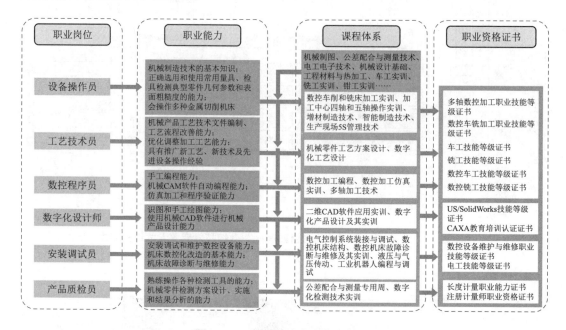

图21-5 数控技术专业课程体系

(三) 建立了"基地共建、师资共培、质量共评"的数控技术专业人才培养支撑体系

以学生实践能力递进式提升为目标,按照基础训练学中做、专项训练做中学、综合训练做中创的学生实践能力培养思路,联合北京精雕等制造业龙头骨干企业,协同建成具有实践教学、产品试制、社会培训、产品研发等功能的实训室、实训中心和产教融合实训基地。

制定《教师进企业锻炼管理办法》等7项激励制度,学校设立技能大师工作室,企业设立教师工作站,大师走进校园与专业教师共同制定人才培养方案、共建课程、共同授课;教师走进企业,通过高端设备实操、参与产品开发、复杂零件工艺研制、协助解决技术难题等,建成由名师大师领衔的专业化"双师型"教学团队。"双师型"教师培养机制和培养路径如图21-6、图21-7所示。

校企联合研发出以专业人才培养等6大一级指标为统领,以教学质量等29个具体指标为支撑,以实践动手能力等42个基本观测点为基础的人才培养质量评价指标体系。通过政、行、企、校、毕业生和社会第三方的人才培养质量评价,持续推动教育教学改革。数控技术专业人才培养质量评价指标体系如图21-8所示。

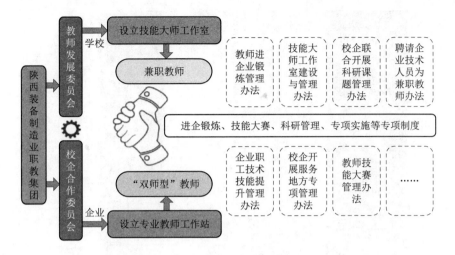

图 21-6 "双师型"教师培养机制

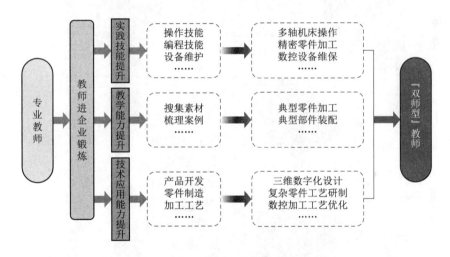

图 21-7 "双师型"教师培养路径

三、成果主要解决的问题

成果主要解决的教学问题如下：

（1）专业层面集团化办学汇聚融合作用发挥不充分，办学体制机制亟须创新创建。

（2）专业人才培养模式不够完善，不能满足产业升级对复合型人才的要求。

（3）对接产业高端的数字化、智能化实训平台薄弱，双师型团队建设滞后，人才培养质量评价指标体系不完善。

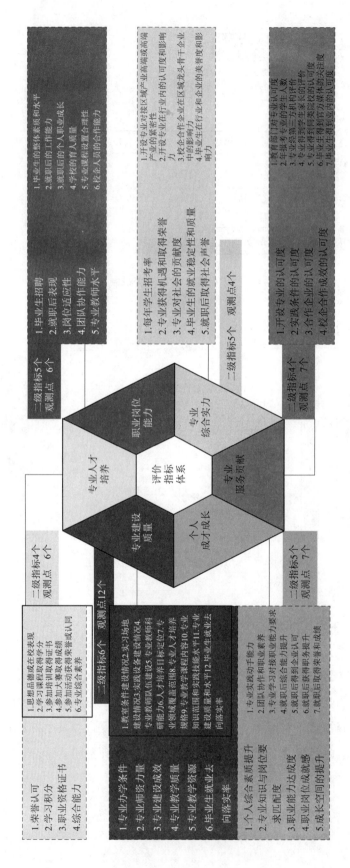

图 21-8 数控技术专业人才培养质量评价指标体系

四、成果解决问题的方法

(一) 协同创新体制机制,发挥集团化办学优势

以装备制造职教集团为实践平台,借鉴吸纳国内外校企合作经验,结合自身实际,构建出陕西省教育厅和陕西省机械工业联合会指导、理事会决策、校企合作等6个二级委员会及秘书处执行落实的管理体制。以校企合作项目全周期生命过程为主线,以校企联合决策、运行、评价、激励等制约校企合作项目高质量运行和产出为核心因素,通过影响因素再分解、细化、重组,形成以《校企合作项目管理办法》等制度支撑的制度体系,为发挥集团化办学优势提供坚实保障,在实践中不断完善,畅通集团化办学服务专业建设,形成具有陕西地域特色、装备制造业特质的集团化办学管理体制和运行机制。

(二) 紧密对接产业高端,协同制定人才培养方案,实施全过程匠心育人

积极应对制造业数字化、智能化发展趋势,依托装备制造职教集团,遴选集团内产业高端企业,校企联合开展数控技术专业人才培养模式改革。校企联合分析数控技术专业相关职业岗位所需知识、能力和素质,确定相应专业课程和技术技能训练,按照职业岗位标准,明确职业能力要求,对接职业资格证书,优化课程结构,增加先进技术内容、重构课程体系,创新形成数控技术专业人才培养方案。将思政元素,行业企业新技术、新工艺和新标准等融入课程内容和教学过程,实施全过程匠心育人。

(三) 校企携手建设对接产业高端的实训基地,共培师资,共同研发人才培养质量评价指标体系

联合北京精雕等制造业龙头企业,进行实训基地数字化、智能化转型升级。通过校企共同投入,升级包含首批FANUC数控系统应用中心和DMG数控加工中心的国家级生产性实训基地,并借助产品全生命周期管理软件贯通工业产品设计、工艺规划、加工制造、检测入库等生产流程,打造以高端装备制造企业生产制造流程为主线的应用场景,以企业典型零件为载体,让学生沉浸式地学习企业生产模式和制造流程,实现从单一技能训练转变为数字化技术综合应用能力提升。在企业设立教师工作站,学校设立企业大师工作室,共同培养师资队伍。聚焦人才培养重点领域和关键环节,构建以专业人才培养、专业建设质量、职业岗位能力、个人成长成才等核心指标,细化指标内容,形成以观测点和具体指标

为支撑,以核心指标为主干的专业人才培养全过程质量评价体系,适应产业升级新要求和企业用人新需求。

五、成果创新点

(一)率先创建出基于集团化办学的特色专业建设路径

联合陕西装备制造职教集团内龙头骨干企业,以数控技术专业为实践载体,按照"彰显特质、过程完整、要素丰富、普遍适应"基本原则,以适应区域产业发展为目标,以行业标准为基础,以人才培养模式、课程、教学团队、实训基地建设等改革为重点,通过实践、凝练总结与反复论证,在全国职业教育领域率先创建出以行业技术标准、职业资格标准、职业道德标准、特色培养模式、特色培养方案、特色课程设置、特色教学团队、特色实训基地、区域产业特色、区域经济发展水平、区域人才需求、区域职教环境、社会效益评价职业素质养成评价、职业资格证书评价、用人单位评价等16个核心元素为支撑,以"标准驱动、内涵提质、区域支撑、质量评价"为引领的特色专业建设路径,如图21-9所示。

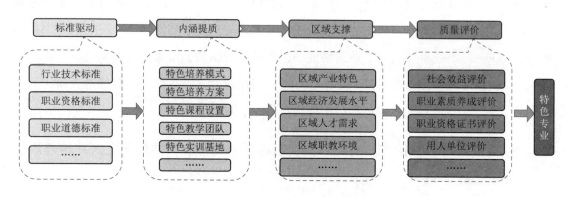

图21-9 基于行业标准的特色专业建设路径

(二)创新形成数控技术专业课程体系

依托装备制造职教集团,以培养"精操作、通连接、能编程、可调试、会维修、懂管理"的复合型、有创新意识、传承工匠精神的爱国、爱岗、敬业的高技术技能型人才需求为导向,与产业高端企业联合开展数控技术专业人才培养模式改革。对照职业岗位标准,明确职业能力要求,对接职业资格证书,划分课程边界,调整课程内容,优化课程结构,先进制造技术类课程从5门调整至9门,专业课程内容涵盖的职业资格证书从4个增加到

12 个，专业核心课程的内容年均更新率保持在 10% 左右，保持课程结构稳中有变，课程内容变中有新。推行思政元素进课程、能工巧匠进课堂、劳模工匠大讲堂等全过程育人，实行"教学做"一体化教学。开发国家专业教学资源库课程 3 门，1 门课程入选教育部课程思政示范课程。

（三）协同构建贯穿专业人才培养全过程的质量评价体系

以专业人才培养过程为主线，紧扣生源质量、课程体系与教学内容、教学资源、教师队伍、理论与实践教学、毕业生质量等核心要素，确定影响人才培养质量的主要因素，对影响因素细化分解，构建出包括专业建设质量、专业综合实力、职业岗位能力、专业人才培养、个人成才成长和专业服务贡献等 6 个一级指标，专业教学资源等 29 个二级指标和毕业生去向落实率等 42 个观测点的人才培养质量评价指标体系。健全政府、行业、企业、学校、毕业生和社会第三方评价等多元参与的人才培养质量评价机制，通过评价反馈，驱动人才培养模式再改革、课程体系再优化、教学模式再创新，实现人才培养与产业发展同频共振。

六、成果的推广应用实效

（一）校内应用实效

1. 集团化办学成效显著

出版《高等职业教育集团化办学研究》专著 1 部、案例集 3 本，发表论文 20 篇，参与制定国家层面集团化办学相关文件 5 份。装备制造职教集团入选全国首批示范性职业教育集团（联盟）培育单位，集团院校每年 70% 以上的毕业生在陕西当地就业，企业对毕业生整体满意度 95% 以上。每年为集团内企业提供技术服务 50 项以上，为企业产生经济效益 2 亿元以上，校企联合研发超细粉磨设备等产品投入市场，研制的数控工具磨床等技术标准已应用实际生产。

2. 人才培养质量稳步提升

学生在国家级、省级各类技能大赛中获奖 112 项；彭佳浩等 18 名同学在校期间被授予"陕西省技术能手"；毕业生去向落实率始终保持在 95% 以上，每年 90% 以上的毕业生通过订单式培养成功就业，企业对毕业生满意度超 98%；12 名毕业生在清华大学等知名高校担任实习教师，毕业生中涌现出全国五一劳动奖章获得者李锋，全国技术能手李春、郭康康等一批现代工匠。

3. 专业建设成果丰硕

专业人才培养模式在12个专业推广应用，建成央财支持提升服务产业能力专业1个，省级一流专业7个，受益学生16 000余名；建成国家级虚拟仿真示范实训基地1个、国家级协同创新中心1个，1个实训基地获全国"工人先锋号"；建成国家职业教育专业教学资源库课程3门，"高速切削与五轴加工"课程入选教育部课程思政示范课程，5名教师入选教育部课程思政教学团队，培养省级教学名师及技术状元14名、国家技能大赛裁判5人；出版教材13部，发表论文63篇，申请专利22项。

4. 社会服务能力显著增强

依托集团内高职院校设立的国家职业教育师资培训基地和国家高技能人才培养基地，积极开展中高职院校师资和企业职工培训，培训人数累计1 636人；每年技能鉴定、承接集团内院校学生实训教学超过3 500人；先后为航天四院、陕西法士特、三星（中国）半导体有限公司、中铝兰州铝业有限公司等企业开展多期职工操作技能培训，年均社会培训人数2 500人日；年均承接企业技术服务项目10个。

（二）校外推广效果

专业人才培养模式、专业人才培养质量评价等经验做法在浙江机电职业技术学院、咸阳职业技术学院等省内外37所兄弟院校推广应用；"数控设备维修"等3门课程标准被赞比亚教育部采纳；指导陕西、山东、辽宁、广东、四川、重庆等6个省市建成省级"集团化办学公共服务平台"。

（三）社会服务成效

成果被《光明日报》《中国教育报》等主流媒体专题报道，校企合作案例获2016年全国机械行业职业教育校企合作典型案例一等奖，入选《中国高等职业教育质量年报（2017）》和《全国集团化办学典型案例集》；参与起草《教育部关于深入推进职业教育集团化办学的意见》，相关建议被《国务院关于加快发展现代职业教育的决定》和《国家职业教育改革实施方案》采纳；参与起草《示范性职业教育集团化办学遴选指标体系》和《示范性职业教育集团化办学遴选办法》，助力国家示范性职教集团遴选工作。

附件

附件一

教育部关于批准 2022 年国家级教学成果奖获奖项目的决定

教师〔2023〕4 号

国家级教学成果奖评审委员会评审确定的 2022 年国家级教学成果奖项目，已经公示并完成异议处理，共计 1 998 项成果获得国家级教学成果奖。

经国家级教学成果奖评审委员会评审确定，依据《教学成果奖励条例》规定，报经国务院批准，上海市黄浦区卢湾一中心小学吴蓉瑾等申报的《数智技术与情感教育双驱动的小学育人模式实践探索》、江苏省南京市浦口区行知小学杨瑞清等申报的《大情怀育人：扎根乡村 40 年的行知教育实验》、天津职业技术师范大学戴裕崴等申报的《模式创立、标准研制、资源开发、师资培养——鲁班工坊的创新实践》、江苏联合职业技术学院刘克勇等申报的《五年贯通"一体化"人才培养体系构建的江苏实践》、清华大学邱勇等申报的《践行"三位一体"教育理念，培养肩负使命、追求卓越的创新人才》、天津大学金东寒等申报的《新工科教育》、中国农业大学张福锁等申报的《面向农业绿色发展的知农爱农新型人才培养体系构建与实践》等 7 项成果被评为国家级教学成果特等奖。

教育部批准，北京市东城区史家胡同小学洪伟等申报的《"服务中成长"：协同育人的创新实践》、北京市昌平职业学校段福生等申报的《区办中职学校"大地课堂"育人创新实践》、北京大学田刚等申报的《建设世界一流数学人才培养高地——北京大学基础数学拔尖人才培养创新与实践》、北京师范大学乔志宏等申报的《高质量应用心理专业硕士培养模式创新与实践》等 245 项成果被评为国家级教学成果一等奖；北京市广渠门中学李志伟等申报的《宏志育人：办人人出彩的高质量教育》、北京市丰台区职业教育中心学校赵爱芹等申报的《纵横贯通 立体多元：区域职成教育"一体四化"发展模式研究与实践》、首都师范大学孟繁华等申报的《构建教师教育"双链循环"机制，培养高素质专业化创新型教师》、吉林大学王庆丰等申报的《哲学博士核心课〈当代哲学前沿问题研究〉"三导向"课程设计与教学实践》等 1 746 项成果被评为国家级教学成果二等奖。

在全国开展教学成果奖励活动是加快建设教育强国、落实立德树人根本任务的重要举措，是对学校人才培养工作和教育教学改革成果的检阅和展示。本次获奖项目，是广大教育工作者坚守三尺讲台、潜心教书育人取得的创新性成果，充分体现了近年来广大教育工作者在立德树人、教书育人、严谨笃学、教学改革方面所取得的进展和成绩。希望获奖集体和个人珍惜荣誉，牢记为党育人、为国育才的初心使命，坚定理想信念、陶冶道德情操、涵养扎实学识、勤修仁爱之心，积极探索新时代教育教学方法，不断提升教书育人本领，为培养德智体美劳全面发展的社会主义建设者和接班人做出新的更大贡献。

各地教育部门和各级各类学校要以习近平新时代中国特色社会主义思想为指导，深入贯彻党的二十大精神，主动超前布局、有力应对变局、奋力开拓新局，结合实际情况认真学习和应用好获奖成果，全面提高人才自主培养质量，加快建设高质量教育体系，更好发挥教育在社会主义现代化建设中的基础性、先导性、全局性作用。

附件：

2022 年国家级教学成果奖获奖项目名单.docx

教 育 部
2023 年 7 月 21 日

附件二

教育部关于开展 2022 年国家级教学成果奖评审工作的通知

教师函〔2022〕9 号

各省、自治区、直辖市教育厅（教委），新疆生产建设兵团教育局，有关部门（单位）教育司（局），中央军委训练管理部院校局：

为深入贯彻落实习近平总书记关于教育的重要论述和全国教育大会精神，根据《教学成果奖励条例》，我部决定开展 2022 年国家级教学成果奖评审工作。现将有关事项通知如下。

一、奖励范围

2022 年国家级教学成果奖包括基础教育、职业教育、高等教育（本科、研究生）3 个大类。基础教育包括学前教育、义务教育、普通高中教育；职业教育包括中等职业教育和高等职业教育；高等教育（本科、研究生）包括高等教育阶段的学历教育和非学历教育。其他类型的教育根据其所实施的教育层次，申报相应的教学成果奖。

二、奖励名额

2022 年国家级教学成果奖评审，基础教育、职业教育、高等教育（本科）分别设置特等奖 2 项、一等奖 70 项、二等奖 500 项，高等教育（研究生）设置特等奖 1 项、一等奖 35 项、二等奖 248 项，总计 2 000 项，授予相应的证书、奖章和奖金。坚持标准、质量第一，宁缺毋滥，允许各个等级奖项有空缺。

三、遵循原则

（一）坚持正确政治方向，全面贯彻党的教育方针，落实立德树人根本任务。

（二）坚持以提高人才培养质量为核心，深化教育教学改革，突出实践性和创新性。

（三）坚持引导优秀人才终身从教，向长期从事一线教育教学的教师倾斜。

（四）坚持示范引领，重在应用推广，带动提高相关领域人才培养能力。

四、组织领导

教育部建立 2022 年国家级教学成果奖励工作协调机制，协调机制办公室设在教育部教师工作司，统筹组织实施工作。分别设立基础教育、职业教育、高等教育（本科）、高等教育（研究生）国家级教学成果奖评审委员会，负责实施相应类别国家级教学成果奖评审工作。

五、香港、澳门有关安排

2022年国家级教学成果奖评审接受香港、澳门申报，相关工作安排另行通知。

六、工作要求

（一）做到思想政治和师德表现双把关。各省级教育行政部门及有关推荐单位要做好对推荐成果主持者、参与者的资格审查，确保政治过硬、师德表现过硬。

（二）严格工作纪律。在推荐、评审等各环节，做到利益相关人员主动回避，评审过程信息严格保密。坚决杜绝打招呼、递条子等违规行为。评审委员会对以上行为进行备案，作为评审时的否决性因素予以参考。

（三）坚持公开公平公正。各地要将通知要求广泛宣传，积极动员参与。各省（区、市）的拟推荐成果要通过教育厅（教委）官网等渠道进行公示，主动接受社会监督。评审过程要由纪检监察部门进行监督，确保公平公正。

七、具体工作安排

2022年国家级教学成果奖网上申报工作通过全国教师管理信息系统开展，申报时间为2022年9月15日至10月25日。具体评审范围、申报条件、申报材料、申报方式、评审办法等详见相应类别评审工作安排（附件1、2、3、4）。

联 系 人：教育部教师工作司 刘扬、王薇

联系电话：010-66097105

电子邮箱：jsglc@moe.edu.cn

全国教师管理信息系统联系电话：010-66090906 转7

附件：

1. 2022年基础教育国家级教学成果奖评审工作安排
2. 2022年职业教育国家级教学成果奖评审工作安排
3. 2022年高等教育（本科）国家级教学成果奖评审工作安排
4. 2022年高等教育（研究生）国家级教学成果奖评审工作安排

教 育 部

2022年9月5日

附件2

2022年职业教育国家级教学成果奖评审工作安排

一、奖励范围

（一）职业教育国家级教学成果奖授予在职业教育教学工作中作出突出贡献，有效提高教学水平和教育质量，取得显著成果的集体和个人。成果主要完成人应直接参加成果的方案设计、论证、研究和实施全过程，并做出主要贡献。成果主要完成单位应为成果主要完成人所在单位，并在成果的方案设计、论证、研究和实践的全过程中做出主要贡献。

（二）申报成果应符合国家《教学成果奖励条例》规定的条件，一般应获得省级或部级教学成果一等及以上奖励。往届职业教育国家级教学成果奖的获奖成果，在理论建树和实践研究中如无特别创新或重大突破不能参与本届申报。

（三）成果形式主要包括研究报告、实施方案、著作、论文、课程资源等。成果中可包括教材（含数字教材），但不能以教材为主要成果进行申报。

二、成果要求

（一）成果应坚持正确政治方向，落实立德树人、德技并修，深化"三全育人"改革，对接前沿技术和产业变革，深化产教融合、校企合作、工学结合、知行合一，聚焦现代农业、先进制造业、战略性新兴产业和现代服务业等重点领域，推动专业升级和数字化改造，创新人才培养模式，推进教师教材教法改革，加强教师培养培训，强化实践教学，实行育训并举，深化教育评价改革，促进信息技术与教育教学深度融合，有效破解教学中的难点问题，实施效果显著，具有较高推广价值。

（二）特等奖教学成果应在教学理论上有重大创新，在教学改革实践中取得重大突破，对提高教学水平和教育质量、实现培养目标有突出贡献，在国内外处于领先水平，在全国产生重大影响，并经过不少于4年的教育教学实践检验。

（三）一等奖教学成果应在教学理论上有创新，对教学改革实践有重大示范作用，对提高教学水平和教育质量、实现培养目标产生重大成效，在全国或者省（区、市）内产生较大影响，一般经过不少于4年的教育教学实践检验。

（四）二等奖教学成果应在教学理论或者实践的某一方面有重大突破，在提高教学水平和教育质量、实现培养目标等方面取得显著成效，并经过不少于2年的教育教学实践检验。

（五）实践检验的起始时间，应从正式实施（包括正式试行）教育教学方案的时间开始计算（不含研讨、论证及制定方案的时间）。成果为出版物的，从正式出版的时间开始计算。

三、申报程序

（一）以属地管理原则推荐为主，由成果第一完成人或完成单位向所在地省级教育行政部门提出申请。由省级教育行政部门根据申报限额（在全国教师管理信息系统查看）择优遴选向教育部推荐。

（二）各行业职业教育教学指导委员会、职业院校教学（教育）指导委员会、教学诊断与改进专家委员会、现代学徒制专家委员会等（以下统称专家组织）可接受本专家组织对应的行业、专业或业务范畴的成果申报，推荐的成果应充分体现本领域产教融合成果，鼓励行业龙头企业牵头申报，兼顾区域分布。专家组织按照下达的限额（在全国教师管理信息系统查看）于10月15日前完成择优遴选推荐，由成果第一完成人或完成单位所在省级教育行政部门复核后一并上报教育部，不占本省推荐限额。

（三）申报单位、专家组织、省级教育行政部门拟申报、推荐项目须在本级范围内进行公示，公示期不少于5个工作日。

（四）军队院校或者军人申报国家级教学成果奖，向军队有关教育主管部门提出申请。

四、成果推荐

（一）推荐时应统筹兼顾中等职业教育与高等职业教育（含高职本科）不同层次（原则上不低于1:2）、学历教育与培训不同类型成果的比例，并向一线教师和研究人员取得的成果倾斜，鼓励行业企业专家参与，鼓励推荐教师培养培训等相关成果。

（二）党政机关及其工作人员申请成果奖的，原则上不予推荐。现任校领导（以申报时间为准）作为第一完成人申报的项目数量不超过所在省份推荐总数的30%。同一成果（相同完成人或单位、相同成果内容）不得多途径申报、拆分申报，一经发现按《教学成果奖励条例》等规定严肃处理。

五、成果评审

教育部成立职业教育国家级教学成果奖评审委员会，负责评审具体实施工作，秘书处设在教育部职业教育与成人教育司。评审分为网络评审与会议评审两个阶段。网络评审采取打分排序方式，确定入围会议评审的成果。会议评审分组进行，采取无记名投票方式确定获奖成果。投票须有五分之四以上评审专家参加方有效。二等奖须有二分之一以上的投票专家同意；一等奖须有三分之二以上的投票专家同意；特等奖须有四分之三以上的投票专家同意。必要时安排候选者答辩或进行实地考察。

六、资格审查与异议处理

省级教育行政部门报送的国家级教学成果推荐材料，由职业教育国家级教学成果奖评审委员会秘书处组织资格审查，凡有以下情况之一者将不予通过。

1. 未按照规定程序申报、推荐;
2. 未按规定格式和要求填写申报材料,附件不齐全;
3. 不符合职业教育国家级教学成果奖励内容与范围;
4. 成果持有人或单位不符合规定;
5. 实践检验不符合时限要求。

教育部对通过资格审查的教学成果推荐材料相关信息予以公示,公示期90天。任何单位和个人对公示的教学成果权属、实践时间与实践单位等持有异议,需在公示时间内以书面形式(包括必要的证明材料)提出。单位提出异议,需在异议材料上加盖本单位公章,并写明联系人姓名、通讯地址和电话;个人提出的异议,需在异议材料上签署真实姓名,并写明本人的工作单位、通讯地址和电话。职业教育国家级教学成果奖评审委员会秘书处对提出异议的单位和个人予以保密,并组织调查、核实,将异议核实和处理建议提交职业教育国家级教学成果奖评审委员会裁决。

七、材料报送

(一)申报材料。包括主要申报材料和支撑材料。主要申报材料包括职业教育国家级教学成果奖申报书(以下简称申报书)、教学成果报告、教学成果应用和效果证明材料。支撑材料包括能够反映成果质量和水平的论文、奖励、报道、研究报告等支撑或旁证材料电子文档(PDF格式);教学成果如含教材、著作的,须提交样书及教材电子文档,电子文档包括教材封面、出版信息页、目录及精选内容等(PDF格式);教学成果如参加过其他评比、评奖活动的,可一并提交相关获奖证明材料(PDF格式);其他与成果有关的必要支撑材料。主要申报材料须同时提供纸质版和电子文档(PDF格式),支撑材料仅提供电子文档。

(二)网上填报。请各省级教育行政部门于2022年9月15日至10月25日,组织相关申报个人或单位登录全国教师管理信息系统进行网上填报。申报书通过系统填写生成,申报书样表及填报说明可在系统中查看。每项成果均应填写并提交申报书等成果主要申报材料及支撑材料。

(三)书面报送。请各省级教育行政部门于2022年10月31日前,报送《推荐成果汇总表》(通过全国教师管理信息系统填写生成后打印),申报书、成果报告、成果应用和效果证明材料等主要申报材料(纸质版)。每项成果材料(一式两份)装入一个牛皮纸档案袋。所有报送材料均不退还,请自行留底。

邮寄地址:北京市西单大木仓胡同35号教育部职业教育与成人教育司教学处,邮编:100816。

(四)联系方式。联系电话:010-66096266,电子邮箱:jxjc@moe.edu.cn。

附件:

1、3、4(略)

附件三

关于 2022 年职业教育国家级教学成果奖推荐成果的公示

发布时间：2023-01-04　　信息来源：教育部网站

　　2022 年职业教育国家级教学成果奖推荐工作已经结束，共收到各省级人民政府教育行政部门推荐成果 1 387 项、军队系统推荐成果 29 项，共计 1 416 项。经资格审查共有 1 415 项推荐成果符合要求，予以受理。根据《国务院教学成果奖励条例》，现对受理成果进行公示（军队系统推荐的 29 项成果在军队相关平台进行公示），公示期自 2023 年 1 月 4 日起至 2023 年 4 月 3 日止。公示期内任何单位和个人可对教学成果权属提出异议，提出异议的单位或者个人应以书面方式提出，并提供必要的证明材料及有效联系方式。以单位名义反映的应加盖公章，以个人名义反映的应署真实姓名、身份证号，否则恕不受理。我们将对反映的问题进行调查核实，并为反映人保密。反映情况的书面意见务请于 2023 年 4 月 3 日前送达教育部职业教育与成人教育司。

　　联系电话：010-66096266；传真：010-66020434；电子邮箱：jxjc@moe.edu.cn；邮寄地址：北京市西城区西单大木仓胡同 37 号（教育部职业教育与成人教育司）；邮政编码：100816。

附件：
2022 年职业教育国家级教学成果奖推荐成果

教育部职业教育与成人教育司
2023 年 1 月 4 日

附件：（略）

关于 2022 年职业教育国家级教学成果奖拟授奖成果的公示

发布时间：2023－05－15　信息来源：教育部网站

根据《国务院教学成果奖励条例》和《教育部关于开展 2022 年国家级教学成果奖评审工作的通知》（教师函〔2022〕9 号）有关要求，经专家评审、职业教育国家级教学成果奖评审委员会审议，共评选出 2022 年职业教育国家级教学成果奖拟授奖成果 572 项，其中，特等奖 2 项、一等奖 70 项、二等奖 500 项。现将拟授奖成果予以公示，公示期为 2023 年 5 月 15 日至 5 月 21 日。

公示期内任何单位和个人可对拟授奖成果的权属等提出异议，提出异议的单位或者个人应当以书面方式提出，并提供必要的证明材料及有效联系方式。以单位名义反映的应加盖公章，以个人名义反映的应署真实姓名、身份证号，否则不予受理。我们将对反映的问题进行调查核实，并为反映人保密。反映情况的书面意见请于 2023 年 5 月 21 日之前通过邮递、传真或电子邮件（扫描件）送达教育部职业教育与成人教育司。

通信地址：北京市西城区西单大木仓胡同 37 号（教育部职业教育与成人教育司）；

邮政编码：100816；联系电话：010－66096266；传真：010－66020434；

电子邮箱：jxjc@moe.edu.cn

附件：

2022 年职业教育国家级教学成果奖拟授奖成果名单

教育部职业教育与成人教育司
2023 年 5 月 15 日

附件：（略）

附件四

陕西省教育厅办公室关于开展
2022年国家级教学成果奖申报工作的通知

陕教师办〔2022〕48

各设区市教育局，杨凌示范区教育局、韩城市教育局，神木市、府谷县教育和体育局，各高等学校、厅属有关单位：

根据《教学成果奖励条例》，教育部于近期启动开展2022年国家级教学成果奖评审工作。根据教育部文件精神，经研究，现就做好2022年度陕西省国家级教学成果奖申报工作提出以下工作要求，请结合实际认真贯彻落实。

一、高度重视，加强领导

为保证全省国家级教学成果奖推荐申报工作平稳有序开展，省教育厅成立2022年陕西省国家级教学成果奖推荐评审工作领导小组，组长由相关厅领导担任，基教一处、职成教处、高教处和研究生处分别负责相应类别的国家级教学成果奖评审推荐工作；领导小组办公室设在省教育厅教师工作处。各级教育行政部门和各有关单位要高度重视、统筹安排，切实加强组织领导；成立专项工作小组，由主管领导负责，相关部门分工，落实责任；做好广泛动员宣传，及时传达申报有关信息；准确领会评审工作政策要求，制定具体工作方案，严格评审推荐流程。

二、精心组织，严把成果质量

各级教育行政部门和各有关单位要精心组织、把握关键节点，严格按照教育部通知的相关规定准备材料。坚持以质量为核心，突出实践性和创新性。评审推荐过程中要严格把关、择优推荐，把最能代表国家级教学水平的成果推荐出来，务必在规定时间及时向相关处室上报材料。

三、严格纪律，保证评审效果

各级教育行政部门和各有关单位在评审推荐过程中要坚持公开、公平、公正的原则，坚持向一线教师倾斜，鼓励中青年教师产出优秀成果；强化监督、公示环节，提高工作透明度，加强评审推荐工作纪律，确保评审推荐工作平稳有序进行。

具体工作安排详见2022年陕西省基础教育、职业教育、高等教育（本科）、高等教育

（研究生）国家级教学成果奖评审工作安排（附件1、2、3、4）。

联系人：周淼（省教育厅教师工作处）；029-88668611

附件：
1. Ⓦ 2022年基础教育国家级教学成果奖评审工作安排
2. Ⓦ 2022年职业教育国家级教学成果奖评审工作安排
3. Ⓦ 2022年高等教育（本科）国家级教学成果奖评审工作安排
4. Ⓦ 2022年高等教育（研究生）国家级教学成果奖评审工作安排

陕西省教育厅办公室
2022年9月16日

附件2

2022年职业教育国家级教学成果奖评审工作安排

一、申报范围

2022年职业教育国家级教学成果奖陕西省申报成果应为陕西省2019年、2021年获得职业教育省级教学成果一等奖及以上奖励的成果。各单位推荐成果经公示无异议后报送。同一成果奖项严禁多头申报，一经查证，取消申报资格。

二、评审原则

1. 坚持正确政治方向，全面贯彻党的教育方针，落实立德树人根本任务。
2. 坚持以提高人才培养质量为核心，深化教育教学改革，突出实践性和创新性。
3. 坚持引导优秀人才终身从教，向长期从事一线教育教学的教师倾斜。现任校领导（以申报时间为准）作为第一完成人申报的项目数量不超过推荐总数的30%。
4. 坚持示范引领，重在应用推广，带动提高相关领域人才培养能力。

三、申报材料

1. 申报单位正式文件（单位主管领导签发并盖单位公章），填写《2022年职业教育国家级教学成果奖推荐成果汇总表》作为公文附件。提交书面材料2份，汇总表EXCEL格式电子材料1份；

2. 《2022年职业教育国家级教学成果奖申报书》、教学成果报告（限5 000字）和教学成果应用及效果证明材料（另装一册），提交书面材料1份，PDF格式电子材料1份。

汇总表、申报书样表电子版请在邮箱 sxzcjcwj@163.com 文件中心下载，密码：Zcjc12345。

3. 能够反映成果质量和水平的论文、奖励、报道、研究报告等支撑或旁证材料电子文档（PDF 格式）；

4. 成果如为教材，须提交样书及教材电子文档，电子文档包括教材封面、出版信息页、目录及精选内容等（PDF 格式）；

5. 教学成果中如含视频材料的，视频时长控制在 10 分钟以内，画面清晰、图像稳定，声音与画面同步且无杂音。分辨率：1 920 * 1 080 25 P 或以上；编码为：H.264，H.264/AVC High Profile Level 4.2 或以上；封装格式为：MP4；码流为：不小于 5Mbps；

6. 其他与成果有关的支撑材料。

上述第 3 至 6 项材料应放在自行创建的成果网址下，同时，全部申报材料应制成 CD－R 光盘一张（650 M/720 M）附于纸质材料中。

四、工作要求

（一）本次国家级教学成果奖推荐工作，时间紧、任务重、要求高，请各单位务必高度重视，加强组织领导和动员部署，准确把握国家级教学成果奖的具体要求，突出重点、突出创新、突出特色，做好成果的整合、凝练、申报等工作。

（二）在申报推荐国家级教学成果奖时，成果第一完成单位不得改变，成果主要内容应与原获省奖项目相衔接，成果名称应与原获省奖项目保持大体一致。成果主持人有改变的，须提交说明材料，并由原获省奖项目主持人签字。

（三）请各单位于 2022 年 9 月 23 日（星期五）前，将申报书面材料报送至陕西工业职业技术学院，电子材料发送至指定电子邮箱，逾期不予受理。

裴生芬（省教育厅职成教处－中职）029－88668836

唐婷、赵彧（省教育厅职成教处－高职）029－88668807

卢寅（陕西工业职业技术学院）029－33152138，15388694159

电子邮箱：568497917@qq.com

邮寄地址：陕西省咸阳市文汇西路 12 号陕西工业职业技术学院（建议顺丰邮寄）。

附件：

1、3、4（略）

附件五

关于对 2022 年职业教育国家级
教学成果奖申报情况进行公示的公告

日期：2022－09－26 18：06：16 陕西省教育厅网站

信息来源：职业教育与成人教育处

根据教育部《关于开展 2022 年国家级教学成果奖评审工作的通知》（教师函〔2022〕9 号），陕西省教育厅办公室《关于开展 2022 年国家级教学成果奖推荐工作的通知》（陕教师办〔2022〕48 号）要求，省教育厅组织开展了 2022 年职业教育国家级教学成果奖申报工作。经学校推荐，省教育厅初审，现将 11 所中职学校、17 所高职院校、陕西省教育科学研究院和陕西省职业技术教育学会上报的 56 个项目公示如下，接受社会监督。

一、公示时间：2022 年 9 月 26—30 日。

二、公示期间如对公示对象有异议，可通过书面或电子邮件形式向陕西省教育厅职业教育与成人教育处实名反映。单位反映情况的，请出具正式函件并加盖公章。对教学成果奖申报材料内容有异议，可依申请查阅申报资料。

联系人及联系电话：

裴生芬（中职）029－88668836

唐　婷（高职）029－88668837

邮箱：sxzcjc@163.com

地址：西安市长安南路 563 号陕西省教育厅职业教育与成人教育处

邮政编码：710061

附件：

2022 年职业教育国家级教学成果奖申报成果汇总表

陕西省教育厅

2022 年 9 月 26 日

附件：（略）

关于对2022年职业教育国家级教学成果奖陕西省拟推荐成果进行公示的公告

日期：2022-10-17 18：47：45 陕西省教厅网站

来源：职业教育与成人教育处

根据《教育部关于开展2022年国家级教学成果奖评审工作的通知》（教师函〔2022〕9号）和《陕西省教育厅办公室关于开展2022年国家级教学成果奖推荐工作的通知》（陕教师办〔2022〕48号），经各地、各单位推荐、评前公示、组织评审等环节，全省拟推荐参加职业教育国家级教学成果奖评审项目共35项（其中：中职9项、高职26项）。现将推荐名单（见附件）予以公示，接受社会监督。

一、公示时间：2022年10月17日至21日。

二、公示期间，如对公示内容有异议，可通过书面或电子邮件形式向陕西省教育厅职业教育与成人教育处反映。单位反映情况的，应出具公函；个人反映情况的，应提供反映人本人的姓名、身份证号和联系电话。

联系方式：

裴生芬（中职）029-88668836

周　杰（高职）029-88668851

电子邮箱：sxzcjc@163.com

通信地址：陕西省西安市长安南路563号陕西省教育厅职业教育与成人教育处

邮政编码：710061

附件：

2022年职业教育国家级教学成果奖陕西省拟推荐成果汇总表

陕西省教育厅

2022年10月17日

附件：（略）

附件六

陕西省2014年职业教育（高职）国家级教学成果奖获奖成果名单

一等奖成果

序号	成果名称	成果完成人	成果完成单位	成果推荐单位
1-11	高职机械制造与自动化专业人才培养体系的建设与实践	田锋社、邓志辉、王金辉、赵利平、朱航科、舒蕾、胡建辉、魏康民、刘清	陕西工业职业技术学院	陕西省教育厅

二等奖成果

序号	成果名称	成果完成人	成果完成单位	成果推荐单位
2-62	煤炭类专业人才培养与社会服务"双向促进、同步提升"的研究与实践	赵新法、吴革新、魏焕成、李志、闫光准、贾雨顺、李克孝、李永怀	陕西能源职业技术学院	陕西省教育厅
2-106	基于行企校联合制定的专业人才培养标准建设高职特色专业的研究与实践	崔岩、刘向红、黎炜、张碧、蒋平江、贺天柱、段峻、刘永亮、焦胜军	陕西工业职业技术学院、陕西铁路工程职业技术学院	陕西省教育厅
2-167	中英合作构建符合国际框架和具有中国建筑行业特色的建工专业标准研究与实践	邓振义、张迪、刘洁、申永康、王云江、王琦、张小林、马建锋	杨凌职业技术学院	陕西省教育厅
2-267	创建校企合作工作站深化计算机网络技术专业改革的探索与实践	刘敏涵、孟繁增、郭立文、李小遐、王公儒	陕西国防工业职业技术学院、西安开元电子实业有限公司	陕西省教育厅
2-300	航空特色"三维一体"人才培养模式的探索与实践	苗润才、陈万强、张晓云、张同怀、谭少敏、杨少斌、郑东红	西安航空学院	陕西省教育厅

陕西省 2018 年职业教育（高职）国家级教学成果奖获奖成果名单

一等奖成果

序号	成果名称	成果完成人	成果完成单位	成果推荐单位
1-17	对接产业 制定规范 产教融合贯穿标准——高职材料成型专业建设的新模式	杨兵兵、王晓江、韩小峰、罗怀晓、王艳芳、李光照、田昊、郭新玲、刘洋、王举、袁亚娟、雷王平	陕西工业职业技术学院	陕西省教育厅
1-24	对接现代能源化工核心岗位，实施"产教五融合"应用化工技术专业建设与实践	杨建民、尚华、纪惠军、姚海伟、刘迪、赵双军、赵明威、孙琪娟、张朝美、张小军	陕西工业职业技术学院	陕西省教育厅

二等奖成果

序号	成果名称	成果完成人	成果完成单位	成果推荐单位
2-19	高职高铁建设类专业七维度综合实践教学体系的构建与应用	焦胜军、刘超群、周安福、王宏礼、祝和意、张学钢、毛红梅、张碧、罗建华、李昌宁	陕西铁路工程职业技术学院	陕西省教育厅
2-21	高职交通土建类专业五大能力培养体系的创建与实践	李林军、蒋平江、张福荣、张团结、吴海光、赵东、刘明学、赵晓智、杨小玉、宋德军	陕西铁路工程职业技术学院	陕西省教育厅
2-31	基于"现代工作坊"的高职计算机类专业建设与实践	王津、何玉辉、梅创社、王坤、夏东盛、刘引涛、刘明学、赵东、赵晓智、史小英、裴清福、姜东亮、刘鹏、赵革委	陕西工业职业技术学院、陕西铁路工程职业技术学院、西安航空职业技术学院	陕西省教育厅
2-50	军民融合共研促教、协同培养军工人才——机电类专业建设模式研究与实践	王明哲、孟繁增、高葛、李慎安、马书元、姜鑫、张永军、刘向红、鲁伟、谷瑞杰、郝瑾、山峰、郭杰	陕西国防工业职业技术学院、中国兵器工业集团第二一二研究所、中国重型机械研究院股份公司、陕西省户县东方机械有限公司	陕西省教育厅

续表

序号	成果名称	成果完成人	成果完成单位	成果推荐单位
2-62	园林工程技术专业创新创业型技术技能人才培养研究与实践	赵建民、刘新燕、衣学慧、刘卫斌、陈祺、张君超、张纯、陈丹	杨凌职业技术学院	陕西省教育厅
2-64	重大项目引领，对接德国标准，汽车维修人才现代学徒制培养体系探索与实践	蔺宏良、崔选盟、廖发良、冯晓、Sabine Porsche（白思妍）、房大军、郭建明、罗明、邱官升、李占锋、黄珊珊、刘涛、李帆、丁春莉、李婷婷	陕西交通职业技术学院、SGAVE项目中方秘书处（同济大学）、德国国际合作机构、新丰泰集团控股有限公司	陕西省教育厅
2-77	高职电子商务专业"训、赛、创、服"四位一体实践教学模式的探索与实践	张永良、张宗民、杨宏祥、郑伟、张学琴、郭伟、苏秋芬、蒋霞	杨凌职业技术学院	陕西省教育厅
2-91	基于创新创业能力培养的高职物流管理专业育人模式的研究与实践	李选芒、杨卫军、晋淑惠、何奇彦、王红艳、王冠宁、成志平、李思维、吕文凯、施云飞	陕西工业职业技术学院	陕西省教育厅
2-107	商业形态变革下经管类专业"教产结合、学训合一"人才培养模式的探索与实践	赵居礼、唐忍雪、韩春梅、万珊、王瑞、段建、王玙、吕妮、王吉寅、李色旧、折贝	西安航空职业技术学院	陕西省教育厅
2-153	"工作站载体 集团化办学"培养军工特质技术技能人才的创新实践	刘敏涵、张鑫、修学强、侯晓方、李俊涛、刘建伟、吴玮玮、张晨亮、李会荣、樊建海	陕西国防工业职业技术学院、陕西省国防科技工业办公室	陕西省教育厅
2-208	基于农业生产四类主体需求的职业院校"产教双元分层交融"模式创新与实践	王周锁、王云江、张宏辉、党养性、祝战斌、刘敏哲、范学科	杨凌职业技术学院、杨凌现代农业示范园区开发建设有限公司	陕西省教育厅
2-212	健康中国背景下"大护理、精方向、跨界融合"人才培养新模式的研究与实践	赫光中、冯华、张存丽、邢小燕、李昱、米婧、骆小仲、卢健、王智杰	咸阳职业技术学院	陕西省教育厅